Claude MANZAGOL

D0724434

La mondialisation

Données, mécanismes et enjeux

ARMAND COLIN

Ouvrage publié sous la direction de Jean-Robert Pitte

Dans la même collection

L'industrie. Définition et répartition mondiale
Michel Battiau

Les fondamentaux de la géographie
Annette Ciattoni, Y. Veyret (sous la dir)

Le tourisme
Jean-Michel Dewailly, Émile Flament

Les littoraux. Entre nature et aménagement
Alain Miossec

Géo-environnement
Yvette Veyret

© Armand Colin pour la présente impression, Paris, 2011
© Armand Colin/VUEF, 2003
ISBN 978-2-2002-6407-9

DANGER

LE
PHOTOCOPILLAGE
TUE LE LIVRE

La loi du 11 mars 1957 n'autorisant, aux termes des alinéas 2 et 3 de l'article 41, d'une part, que les « copies ou reproductions strictement réservées à l'usage privé du copiste et non destinées à une utilisation collective » et, d'autre part, que les analyses ou les courtes citations dans le but d'exemple et d'illustration, « toute représentation ou reproduction inté-grale, ou partielle, faite sans le consentement de l'auteur ou de ses ayants droit ou ayants cause, est illicite » (alinéa 1er de l'article 40).

Cette représentation ou reproduction, par quelque procédé que ce soit, constituerait donc une contrefaçon sanctionnée par les articles 425 et suivants du Code pénal.

TABLE DES MATIÈRES

Introduction   5

ANALYSE ET SYNTHÈSE   9

CHAPITRE 1   **Les étapes de la formation du système-monde**   11
                 L'essor des économies-monde européennes, 12
                 Le triomphe de l'État-nation, 14
                 La Révolution industrielle et la différenciation du monde, 15
                 La première mondialisation, 16

CHAPITRE 2   **Partitions du monde au xxᵉ siècle**   20
                 Est-Ouest : capitalisme et communisme, 21
                 Le clivage Nord-Sud, 27

CHAPITRE 3   **La mondialisation des échanges**   36
                 La contraction de l'espace-temps, 37
                 Théories du commerce international
                   et espace géographique, 37
                 Le triomphe du multilatéralisme, 39
                 La nouvelle géographie des échanges, 40

CHAPITRE 4   **La globalisation de la production**   43
                 Un grand basculement ? 44
                 La clé du système : l'investissement direct étranger (IDE), 45
                 L'agent : la firme transnationale, 47

CHAPITRE 5   **La globalisation financière**   53
                 L'effondrement du système de Bretton-Woods, 54
                 Le surgissement de l'eurodollar, 54
                 Le nouveau marché financier mondial : nouvelles règles,
                   nouveaux acteurs, 56
                 Les entreprises dans la logique financière, 57

CHAPITRE 6   **Une planète en mouvement**   63
                 L'explosion des mobilités, 64
                 Des populations transnationales ? 69
                 La planétarisation du tourisme, 71

CHAPITRE 7   **L'espace productif mondialisé**   73
                 La « toute nouvelle division internationale du travail », 74
                 Le grand paradoxe agricole, 75
                 Les nouveaux cœurs de l'espace industriel, 78

Zones franches et paradis fiscaux, 80
La montée des NPI : le « miracle » asiatique, 81

CHAPITRE 8 **Le temps des métropoles** 84
La métropolisation contemporaine, 85
La ville globale, 87
Les espaces mégapolitains, 89

CHAPITRE 9 **Du local au mondial : la reconfiguration des territoires** 92
La régionalisation du monde, 93
Le repli de l'État-nation, 97

CHAPITRE 10 **Les dysfonctionnements du système-monde** 104
Un turbocapitalisme déstabilisant, 105
Dérives criminelles et antimonde, 110
Les angles morts du système-monde, 113

CHAPITRE 11 **À la recherche d'un nouvel ordre mondial** 119
Les tensions identitaires, 120
Les nouvelles configurations géopolitiques, 123
Vers une société-monde ? 129

DOCUMENTS ET MÉTHODES 131

Géopolitique et géostratégie : l'évolution des conceptions, 133
Formation et déploiement des transnationales, 140
Les compagnies transnationales sont-elles apatrides ? 144
Un monde dominé par la finance, 149
La frénesie des fusions-acquisitions, 152
Diasporas et populations transnationales :
  l'exemple de la diaspora chinoise, 157
Les maquiladoras, 162
Géographie des inégalités, 167
Narcotrafics et narcoéconomie, 173

REPÈRES ET OUTILS 177

Quatre modèles du monde, 178
La diffusion spatiale, 179
Graphique triangulaire et structure de l'emploi, 180
L'indice de développement humain (IDH), 181
La mesure de la transnationalisation des économies, 182
Mesures de distribution : la courbe de Lorenz, 183
Les grandes villes, 184
Palmarès des États industriels en 1995, 187
Bibliographie, 188
Index, 190

INTRODUCTION

Aux confins de l'Amazonie, sur le Rio Gregorio, à dix jours de canot à moteur de la plus proche bourgade, les Indiens Iaunaua survivaient naguère en échangeant le latex contre du sel et des étoffes. Ils récoltent désormais le rocou, la graine du rocouyer pour la firme Avedo de Minneapolis qui en colore son rouge à lèvres « bio ». Cette activité a débuté quand le cacique Biraci est venu exposer la misère de son peuple dans un forum du Sommet de la Terre de Rio. La tribu a désormais un site web et un représentant international. Cet exemple entre mille de la mondialisation montre que « le temps du monde fini » annoncée par Valéry est non seulement « commencé » mais solidement installé. La mondialisation, vue comme contacts et échanges généralisés entre les différents points de la planète, est entrée dans notre quotidien. On la charge de tous les maux du monde (« l'horreur économique ») ou de toutes les promesses de l'avenir (« la mondialisation heureuse »). L'économiste Krugman se porte à son secours : « la mondialisation n'est pas coupable ». Chacun se sent impliqué dans des solidarités de fait entre gens et entre pays séparés par des milliers de kilomètres et dont les manifestations sont souvent menaçantes. La rapidité et l'ampleur de la crise asiatique de 1997 illustrent le jeu des interactions et les craintes. Le 2 juillet, le bath thaïlandais est dévalué ; en novembre les investisseurs retirent leurs capitaux d'Indonésie et la roupie s'effondre à la moitié de sa valeur. La Bourse de Hong Kong chute ; la bourse coréenne perd les deux tiers de sa valeur d'août à novembre. Fin novembre, l'indice Moscow Times perd 21 %, Wall Street perd 7 % dans la journée du 7 novembre. Affecté par la dévaluation des monnaies asiatiques, le Brésil perd des débouchés ; les Bourses plongent et le real est dévalué. Le Japon est menacé : 40 % des exportations japonaises ont l'Asie pour destination. En Europe, les Bourses tressaillent et on ramène la prévision de croissance de l'économie française de 3 à 2 % pour 1998, etc. Malgré les interventions massives du Fonds monétaire international (injection de 17 milliards de dollars en Thaïlande, de 57 en Corée, etc.), la crise s'approfondit et s'étend, on craint une catastrophe mondiale. On sait aujourd'hui que, malgré de rudes séquelles, elle ne s'est pas produite. Mais il est apparu clairement que l'intensité des interactions et des interdépendances entre les économies de la planète, célébrées pour leurs effets bénéfiques sur la croissance, risquait, lorsqu'une pièce du mécanisme faisait défaut, d'enclencher une réaction en chaîne, un funeste effet de dominos.

La mondialisation en tant que processus de mise en relation et interaction de territoires éloignés est un phénomène ancien. On retrouve des poteries phéniciennes dans toute la Méditerranée. Le commerce triangulaire au XVIIIᵉ siècle, mise en relation hiérarchisée des trois continents, a eu une portée considérable : la déstructuration de l'Afrique de l'Ouest, l'essor de l'économie de plantation et de l'esclavage en Amérique, l'accumulation capitaliste en Europe de l'Ouest, puissant adjuvant à son décollage industriel. Au XIXᵉ siècle, l'arrivée massive des blés des pays neufs sème le désarroi chez les paysans d'Europe. Au XXᵉ siècle, par les accords d'Achnacarry de 1928, sept compagnies s'entendent pour organiser le marché mondial du pétrole qu'elles dominent presque sans partage jusqu'en 1970.

La mondialisation a donc des racines anciennes. Ce qui est nouveau, c'est la rapidité avec laquelle un événement se répercute, c'est la quantité de gens et de pays qui sont concernés, c'est la constante irruption du planétaire dans les vies singulières. Simultanéité, portée et ampleur sont le produit de moyens de communication qui transmettent l'information instantanément et sur toute la planète. La chaîne de télévision CNN a joué un rôle pionnier, exemplaire de la manière dont un événement est désormais couvert et diffusé. Les temps de réaction fondent ; moins de trois semaines après les attentats du 11 septembre 2001, les statistiques enregistraient la vague de licenciements annoncés sur la plupart des compagnies aériennes et des constructeurs d'avions du monde. Des marchés boursiers fonctionnant en continu, une information en direct des coins les plus reculés de la planète, des entreprises sans siège social physique et faisant toutes leurs opérations par Internet... : ne constate-t-on pas l'abolition simultanée du temps et de l'espace ? S'appuyant sur le fonctionnement des marchés financiers pour lequel la distance n'a plus de signification, R. O'Brien proclamait dans un article provocateur (1990) la fin de la géographie. Mais les faits sont têtus ; peu de temps après, la revue *The Economist* publiait un article intitulé « La géographie compte toujours ». Et de constater le paradoxe de la concentration spatiale persistante, voire accrue, dans ce monde où la distance n'aurait plus d'importance. Les activités les plus récentes (Silicon Valley) sont au moins aussi concentrées que les anciennes ; Londres accapare les transactions sur les monnaies, Chicago domine le marché des produits dérivés. « Le poids du temps et de l'espace sur l'humanité, en bref de la géographie, excède celui que toute technologie pourra probablement jamais soulever ».

Voici donc dissipées les chimères de l'espace-temps aboli. L'espace, les lieux importent, qui sont l'objet de la géographie, qui se donne pour mission de « penser l'espace pour lire le monde » (J. Lévy). Cet espace que la géographie a d'abord servi à découvrir, à nommer, à cartographier, à inventorier (D. Retaillé, 1998) elle en explique aujourd'hui la logique de production et de fonctionnement. C'est une tâche complexe, car la Terre est un palimpseste où la production de l'espace par les sociétés s'inscrit sur les « mémoires » de la nature et de l'humanité, l'héritage des milieux naturels, des milieux construits, des territoires façonnés au cours des siècles. La multiplication des interactions entre toutes les parties de la planète, son fonctionnement en système dont tous les éléments sont interdépendants, reliés par de multiples boucles de rétroaction, appelle une prise en compte de l'échelle – du local ou mondial – à laquelle nouent les jeux d'acteurs (individus, collectivités, entreprises, États…). C'est cette complexité, qu'à travers l'usage de l'outil géographique, les auteurs du livre second de la *Géographie universelle*, intitulé « Le système-monde », soulignent justement : « l'intérêt de l'approche géographique du système mondial est de relier, dans l'étude de son espace, les réalités économiques aux déterminations politiques et stratégiques, en n'oubliant pas le poids des phénomènes culturels qui donnent vigueur et spécificités aux peuples ».

Éclairer le fonctionnement du système-monde, la logique de l'espace, la dynamique des territoires et la spécificité des lieux guide la construction de ce livre conçu comme un manuel pour les étudiants de première année en géographie et relations internationales pour qui il vient en appui à une introduction à la géographie. La compréhension du système-monde passe par le repérage des phases de sa mise en place et des logiques dominantes qui président à sa structuration. Le jeu de quatre modèles suggérés par J. Lévy (1993) est un outil séduisant de décodage ; le monde est d'abord « ensemble de mondes », archipel fait d'une multitude d'îlots isolés, culturellement distincts. Leur lente mise en relation – migrations, « découvertes », échanges, conquêtes – accouche d'une organisation de « champs de forces » : le monde comme pavage d'États relève de l'ordre international. Sous-jacente, une autre logique se déploie, celle de la production et des échanges, qui remodèle l'espace et étend une emprise de « réseau hiérarchisé » : le transnational propose un nouvel ordre qui reclasse, bouscule, dans un « jeu planétaire complexe de compétition-collusion entre les États, les entreprises transnationales et les entrepreneurs identitaires » (B. Badie). La multiplication des contacts, relations, tensions et solidarités impose progressivement l'idée d'un monde unitaire, d'une société-monde qui, pour relever actuellement de l'utopie, sort lentement des limbes.

Un rapide parcours à travers les étapes de la formation du système-monde (chapitres 1 et 2) amène à l'examen des processus dominants de la mondialisation, (chapitres 3, 4, 5) puis à la mise en scène de ses flux, réseaux et territoires (chapitres 6, 7, 8, 9). Les désordres, conflits et dysfonctionnements (chapitres 10, 11) soulignent l'urgence des questionnements qui fondent en pertinence la réflexion sur une « société-monde ».

ANALYSE
ET
SYNTHÈSE

LES ÉTAPES DE LA FORMATION DU SYSTÈME-MONDE

Il y a dix mille ans, la Terre portait environ cinq millions d'individus sur ses 125 millions de kilomètres carrés. La densité théorique d'occupation était très faible : 0,04 habitant au kilomètre carré, un pour 25 kilomètres carrés. Les chiffres de l'an 2000 montrent le chemin parcouru : 6 milliards d'individus, 48 habitants au kilomètre carré. On entrevoit un étiage de neuf ou dix milliards d'individus dans un siècle. Cette formidable progression est pour l'essentiel le fait des deux derniers siècles au cours desquels elle s'est accélérée. La construction du système-monde a été une lente mise en relation de noyaux de population minuscules et épars. Un rapide survol de ses jalons principaux est un préalable à sa compréhension.

L'essor des économies-monde européennes (page 12)
Les sources de la montée en puissance de l'Europe et du premier partage du monde

Le triomphe de l'État-nation (page 14)
Comment les États ont « pavé » le monde et instauré l'ordre international.

La Révolution industrielle et la différenciation du monde (page 15)
Les origines de l'inégal développement

La première mondialisation (page 16)
La première vague d'échanges mondialisés (1860-1914)

L'essor des économies-monde européennes

Une lente mise en place

On s'accorde à désigner l'Afrique comme le berceau de l'humanité, le long du rift, de l'Éthiopie à la Tanzanie. C'est de ce foyer que, par vagues successives, commandées par les pulsations glaciaires modifiant climat, ressources et conditions de circulation, s'est faite la dissémination de la race humaine sur la planète. L'occupation de la Terre est d'abord un éparpillement entre de multiples noyaux de peuplement entre lesquels migrations des hommes et diffusion des innovations vont créer les conditions d'une mise en relation, préalable à la naissance du système-monde. De la préhistoire au Moyen Âge, l'Europe est balayée de grands déplacements de population. Les groupes qui se déplacent apportent leurs équipements, leur savoir, leur langue, leurs croyances et leurs mentalités qui se mêlent ou se substituent à ceux des groupes qu'ils infiltrent ; l'extension et la maîtrise de l'écoumène sont liées à l'apparition et à la diffusion d'innovations techniques et sociales. La diffusion des innovations a été lente, gênée par la distance, les obstacles physiques, les mentalités rebelles à leur adoption. La vitesse et l'ampleur du cheminement dépendent du mode de transmission : la délocalisation et la contagion. Venu d'Amérique, le maïs arrivé à Bayonne au XVIe siècle a mis un siècle pour arriver en Alsace : adoption de proche en proche à une vitesse moyenne de huit kilomètres par an ! (voir « Repères et outils », page 180).

Au sortir d'une longue période de troubles et d'invasions, l'Europe du Xe siècle n'était qu'un isthme du vaste continent eurasiatique que rien ne promettait à un rôle significatif sur la planète. Pourtant a commencé, par une longue maturation de cinq siècles, une transformation totale des bases de la production soutenant une forte croissance démographique : c'est la transformation la plus déterminante depuis le néolithique, avec l'invention du développement économique et du capitalisme.

Économies-monde et empires-monde

Très tôt, les échanges ont mis en contact les différents points d'un « morceau de planète économiquement autonome, capable pour l'essentiel de se suffire à lui-même et auquel ses liaisons et ses échanges intérieurs confèrent une certaine unité organique », c'est-à-dire une économie-monde suivant la définition qu'en a donnée l'historien Fernand Braudel. La Phénicie en fut la première esquisse, puis Carthage, le monde hellénistique, Rome… La plupart du temps, pourtant, ces systèmes économiques ont été subjugués, absorbés et vidés de leur dynamisme par des constructions politiques que Wallerstein a appelées empires-monde dont le ressort n'était pas le profit issu de l'échange mais le prélèvement au profit des administrations bureaucratiques et militaires les gouvernant ; tantôt ces systèmes sont fragmentés (Europe féodale), tantôt ils sont unitaires (Empire romain).

À la fin du Moyen Âge, les marchés d'Extrême-Orient constituent une série d'économies cohérentes associées en une économie-monde. L'Inde aux milliers de villages pratique les cultures commerciales ; ses innombrables artisans filent et tissent les mousselines de Dacca et mouchoirs de Mazulipatan. Une économie monétaire dynamique soutient les échanges du semi-continent. Mais les structures politiques sont encore alourdies quand elle passe dans l'Empire du Grand Moghol (1526) ; les provinces et districts sont aux mains d'une administration de collecteurs d'impôts, notables et propriétaires captant les surplus (dépenses somptuaires, armée ruineuse). L'Inde est en décadence bien avant la conquête anglaise.

L'économie-monde : structure et fonctionnement

Une économie-monde, pour Braudel, s'édifie autour d'un pôle urbain, une grande ville où se concentrent les capitaux, les informations, les hommes ; les marchandises y affluent et en repartent, sillonnant un espace fortement hiérarchisé. Ce cœur anime, exploite, domine une périphérie dépendante. Les processus dominants au cœur sont liés à une économie plus avancée, une technologie plus affûtée, une production plus diversifiée. La périphérie est plus archaïque, liée à ses ressources brutes dont la mise en valeur alimente la reproduction élargie du capital au centre. Entre cœur et périphérie existent des « semi-périphéries » où se mêlent processus du cœur et de la périphérie, à la fois exploitantes et exploitées, qui peuvent, suivant l'évolution, basculer vers l'un ou l'autre pôle : c'était la situation des États-Unis jusqu'au XVIIIe avant leur incorporation au cœur de l'économie occidentale.

La montée en puissance de l'Europe

Marx reconnaît une première ébauche de production et d'accumulation capitalistes dans les villes italiennes à la fin du Moyen Âge : d'abord Venise qui domine l'Adriatique après la prise de Corfou en 1383 ; puis Gênes et Florence ; au nord Bruges et les villes hanséatiques ; quand la prééminence passe de la Méditerranée à l'Atlantique, les ports de la mer du Nord vont s'affirmer, Amsterdam puis Londres qui l'emporte. D. Landes souligne l'exception européenne : les économies-monde qui s'y épanouissent ne se dissolvent pas dans un empire-monde, un système de pressurage despotique, en raison sans doute du morcellement territorial, de la division du pouvoir. Wallerstein retient la date clé de 1557 qui marque l'échec des Habsbourgs et des Valois à acquérir la suprématie et le contrôle de l'Europe. Dès lors, l'économie-monde européenne s'épanouit jusqu'à dominer la planète vers 1900.

Le premier partage du monde

Alors que la Chine se replie sur elle-même, les Européens lancent caravelles et galions sur la route des Indes par l'est (Vasco de Gama passe le cap de Bonne-Espérance en 1497) et par l'ouest (Colomb atteint Hispaniola en 1492). Magellan fait le premier tour du monde (1519-1522). La conquête du monde est alors un monopole hispano-portugais : les Ibériques se partagent le monde par les traités de Tordesillas (1494) et Saragosse (1523). Venus plus tard, Anglais et Français vont se disputer l'Amérique du Nord et les îles à sucre des Caraïbes ; Hollandais, Portugais, Français et Anglais multiplient leurs comptoirs dans l'océan Indien. Les économies-monde européennes se dilatent et l'emprise européenne s'étend à tous les continents.

Le triomphe de l'État-nation

Ce que nous nommons Europe est, vers 1500, un entassement compliqué de 1 500 entités de toutes tailles, de toutes natures :

La consolidation de l'État territorial

La domination de l'empereur romain sur son empire à prétentions universelles n'a pas de projection territoriale explicite ; les limites (*limes*) sauf exception en sont floues ; l'empire carolingien est flanqué de « marches » incertaines (féodalité). Royaumes et empires sont des accumulations dynastiques de possessions éparses (l'Espagne tient ainsi la Flandre, l'héritage bourguignon, etc.). Le lien entre territoire et souveraineté apparaît quand, par le traité de Tordesillas (1494), le pape fixe entre Portugais et Espagnols le partage de la planète. C'est toutefois le traité de Westphalie en 1648 qui établit clairement que l'État est souverain sur son territoire ; c'est là qu'émerge l'idée d'ordre international, de droit international, de relations internationales : les relations entre les États sont le ressort de la dynamique territoriale mondiale qui perdure depuis quatre siècles (la souveraineté, condition de la participation au jeu international, est encore le principe fondamental qui règle la position de l'ONU, pour qui toute intervention extérieure est une violation de l'ordre établi). La distinction est alors claire entre l'interne et l'externe : apparition au Conseil du Roi de France du Secrétaire à l'Étranger. L'État, dès lors, va établir la sécurité (places fortes, le « pré carré » de Vauban) tandis que la doctrine mercantiliste fonde les bases économiques de la puissance.

La nation à la rencontre de l'État

Si la nation a été admise au XXe siècle comme le seul fondement légitime de l'État, elle est, dans son sens moderne, indépendamment de tout lien monarchique ou religieux, un phénomène récent. Après des longs siècles de genèse d'un esprit protonational, l'émergence du sentiment national et de l'État-nation est le fait du XVIIIe siècle avec le progrès du sentiment démocratique. On peut en voir une première incarnation dans la déclaration d'indépendance américaine (*We, the people…*). C'est manifeste quand la Constituante proclame la Nation souveraine en 1790 consacrée par la Fête de la Fédération ; c'est au cri de « Vive la Nation » que l'armée de la République arrête l'envahisseur à Valmy : « de ce lieu et de ce jour date une époque nouvelle dans l'histoire du monde » (Goethe).

Idée géopolitique complexe selon Y. Lacoste, toute nation est le produit d'une géohistoire. Traditionnellement, on distingue une conception française illustrée par Renan et Fustel de Coulanges (l'adhésion à une collectivité et à un projet) et une conception allemande (l'appartenance à un ensemble organique fondé sur le sang, la langue). Bien que proclamée, la Nation reste à faire : en 1789, Mirabeau constate que la France est « un agrégat inconstitué de peuples désunis ». D'où la nécessaire construction de l'identité française qui se fait dans les luttes contre l'étranger, dans le rappel d'une histoire commune, la mobilisation des héros, des symboles, des lieux de mémoire et dans le travail sur la langue : le rôle en France des instituteurs de la IIIe République et de l'enseignement de l'histoire et de la géographie est capital. Ailleurs, quand l'idée a triomphé, c'est le territoire et l'État qu'il fallait conquérir.

Le XIXᵉ siècle, « siècle des nationalités »

L'Italie, « expression géographique », aspire à devenir « une nation de frères associés à l'œuvre du progrès commun » (G. Mazzini) : la guerre contre l'Autriche donne une impulsion décisive à l'unité italienne autour de la monarchie piémontaise. C'est dans la guerre aussi, contre l'Autriche et contre la France, que Bismarck forge l'empire allemand des Hohenzollern. Mais avant cela, la formidable explosion des nationalismes avait embrasé les Balkans qui se libèrent dans la décomposition de l'empire ottoman : Grèce, Serbie, Montenegro, Roumanie, Bulgarie, Albanie. Les intellectuels européens se mobilisent sur ces combats d'émancipation : Byron, Grimm. Ailleurs, si les Magyars réussissent à faire reconnaître leur spécificité dans la double monarchie austro-hongroise, ni les Tchèques ni les Slovaques ne parviennent à satisfaire leurs aspirations ; la russification se poursuit en Pologne ; les pays Baltes, l'Irlande, etc. s'agitent. Ces nationalismes ne trouvent une expression territoriale qu'avec la Première Guerre mondiale qu'ils contribuent à rendre inéluctable.

La Révolution industrielle et la différenciation du monde

Les soixante-seize aires culturelles que distingue Braudel dans le monde de 1500 montrent la diversité et le cloisonnement du monde. Elles témoignent de l'écart qui sépare les chasseurs et cueilleurs de l'Australie et de l'Amérique du Nord et les civilisations denses à charrue, de l'Atlantique à la mer de Chine. Mais les niveaux de vie sont encore peu différents. Une véritable cassure se produit avec la Révolution industrielle. Entre 1750 et 1840 intervient en Angleterre un changement, progressif mais radical, du mode de fonctionnement de l'économie lié à l'évolution des bases et des structures de la production d'une part, de l'organisation du travail d'autre part. À une économie gouvernée par les rythmes cosmiques et les aléas des récoltes, succède une économie dominée par les cadences du temps contraint et les conjonctures de l'industrie. Les ateliers de la proto-industrie dispersés dans les campagnes, où des paysans-artisans travaillaient à façon pour les marchands-fabricants des villes, cèdent la place aux usines : la mécanisation engendre la concentration de la main-d'œuvre et du capital.

Deux vagues d'innovations culminant vers 1785 (machine à vapeur de Watt, métier à tisser de Cartwright, métier Jacquard, bateau à vapeur de Fulton, fonte au coke de Krupp) et 1828 (locomotive de Stephenson, télégraphe Morse…) sous-tendent une première révolution, un cycle vapo-textilier marqué par le complexe technique textile-métallurgie du fer-locomotive et bateau. Le développement de l'esprit scientifique, d'une recherche autonome, la maîtrise du temps ont donné le branle à l'Europe. Le démarrage se fait en Angleterre par la conjonction de multiples facteurs ; une agriculture productive et novatrice et le commerce de mer ont dégagé des surplus, des routes et canaux performants, un ensemble de valeurs et d'institutions propices a permis l'exploitation des dotations naturelles. Une troisième vague d'innovations autour de 1880 (convertisseur Bessemer, four Martin, colorants d'aniline, turbine électrique) relance le mouvement par un cycle sidéro-métallurgique.

La Révolution industrielle gagne le continent vers 1830. La guerre de Sécession fouette le décollage américain, le mouvement atteint le Japon et la Russie. En 1870, Royaume-Uni, États-Unis, Allemagne et France assurent 78 % de la production manufacturière mondiale ; en 1913, c'est encore 74 %, ce qui dit toute l'importance de la différenciation spatiale sur la planète. À l'échelle nationale, l'industrie tend à se concentrer sur les grands bassins houillers, les ports et carrefours de circulation, les grands marchés urbains. L'industrialisation suscite un puissant exode rural et une irrésistible urbanisation, sur un fond d'augmentation rapide de la population en Occident.

La première mondialisation

Jusqu'au XIXᵉ siècle, la conquête européenne du monde s'est faite avec des effectifs restreints, engendrant des échanges, des courants commerciaux significatifs mais limités. Dans la foulée de la Révolution industrielle et grâce aux progrès de la navigation à vapeur, les rythmes s'accélèrent, les quantités se multiplient ; parallèlement, l'emprise politique de l'Europe se parachève dans un second partage du monde.

Mondialisation : la première vague

L'Angleterre dont l'économie sort transformée de cette longue mue (1750-1840) qu'est la Révolution industrielle, ouvre la voie à la libération des échanges en abaissant les tarifs sur le blé et en abandonnant les Actes de Navigation

Les trois vagues de la mondialisation

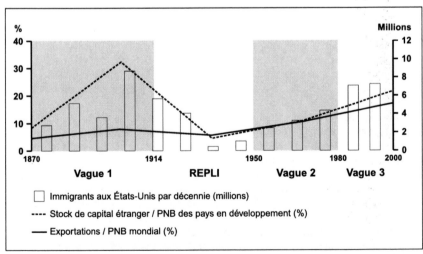

Source : A. Maddison, *L'économie mondiale, une perspective millénaire*, OCDE, 2001.

qui depuis Cromwell réservaient aux navires anglais le commerce extérieur de l'Angleterre. Le traité franco-anglais de 1860 marque un progrès décisif du libre-échange en Europe continentale. Alors s'ouvre dans le monde une période de croissance sans précédent des échanges d'hommes, de marchandises et de capitaux.

Les progrès dans les techniques de transport et de communication jouent un rôle premier : le navire à vapeur en fer circule sur les lignes transatlantiques régulières entre Liverpool et New York ; l'ouverture du canal de Suez (1869) réduit de 40 % la distance entre Londres et Bombay. La baisse des coûts de transport et la sécurité accrue favorisent l'émigration : près de 30 millions d'Européens partent pour les États-Unis et le Canada, l'Argentine et le Brésil, l'Australie et la Nouvelle-Zélande. Des mouvements semblables sont enregistrés en Asie : des Indes et de Chine vers Ceylan, la Birmanie, la Malaisie...

Les voies ferrées pénètrent les pays neufs, ouvrant d'immenses territoires à la culture et l'élevage. Les techniques frigorifiques autorisent l'acheminement des produits périssables sur de longues distances ; en 1882, la première usine de congélation de viande ouvre à Buenos-Aires.

Le rythme des exportations de marchandises s'accélère dans toutes les parties du monde : les taux de croissance annuelle des exportations entre 1870 et 1913, comparés à ceux de la période suivante (1913-1950) en illustrent la vitalité.

Croissance annuelle (en %) du volume de marchandises exportées (1870-1950)

Période/Pays	1870-1913	1913-1950
Europe de l'Ouest	3,24	– 0,14
Pays neufs	4,22	2,28
Asie	2,79	1,64
Afrique	4,37	1,90
Monde	3,40	0,90

La valeur des exportations de marchandises en pourcentage du PIB mondial passe de 4,6 à 7,9 % de 1870 à 1914 ; pour l'Europe de l'Ouest, le mouvement est identique avec des valeurs plus élevées (8,8 % et 14,1 %). Les innovations en matière de communication – service postal, télégraphe – facilitent l'intégration d'un marché mondial des capitaux. Après 1870, la moitié de l'épargne britannique s'investit à l'étranger ; en 1914 les investissements à l'étranger représentent une fois et demie le PIB britannique. Entre 1870 et 1913, le PIB mondial par habitant augmente au rythme de 1,3 % par an, trois fois plus vite que dans le demi-siècle précédent ; les échanges croissent encore plus vite ; toutes les parties du monde participent au mouvement ; les écarts se creusent cependant entre l'Occident et le reste du monde.

Du second partage du monde à la montée des conflits

La première vague de mondialisation est favorisée par la poussée coloniale. Vaincue en 1871, la France de J. Ferry justifie une expansion coloniale par des motifs d'ordre politique et patriotique (ne pas abdiquer, donner des points d'appui à la marine nationale...), économique (débouchés) et humanitaire (contribuer à civiliser, « le fardeau de l'homme blanc » selon R. Kippling). Elle s'y heurte à l'Italie (Tunisie) et surtout à l'Angleterre (Égypte, Soudan, Siam...). Sous la houlette de Bismark, les puissances se partagent l'Afrique au Congrès de Berlin (1878). Quand il ne colonise pas, l'Occident impose ses conditions par la force (ouverture du Japon, de la Chine). La description que donne Keynes du sentiment d'un patricien anglais en 1910 traduit superbement la mondialisation de l'économie : « Un Londonien, sirotant son thé dans son lit, pouvait commander par téléphone des produits dans le monde entier [...] et compter sur une livraison rapide à domicile. Il pouvait [...] risquer sa richesse dans des ressources naturelles ou une nouvelle entreprise dans n'importe quelle partie du monde [...], trouver sur-le-champ un moyen de transport confortable et bon marché pour n'importe quel pays [...] sans avoir à fournir de passe-port [...] Il regardait cet état de choses comme normal, assuré et permanent ».

Mais les tensions s'exacerbent entre les impérialismes concurrents : l'Angleterre se heurte à la Russie qui poursuit sa poussée en Asie et vers les mers chaudes. L'idée impériale gagne l'Asie et les nouvelles puissances : les États-Unis font leur entrée dans le jeu aux dépens de l'Espagne dans les Caraïbes et le Pacifique, tandis que le Japon inflige un étonnant revers à la Russie et s'installe en Corée. L'Allemagne de Guillaume II affiche des prétentions coloniales et maritimes. Les conceptions géopolitiques qui se développent alors, notamment en Angleterre (Mackinder), en Allemagne (Ratzel), aux États-Unis (Mahan), posent la question de la domination du monde (voir « Documents et méthodes », page 133). Les grands États-nations dotés d'une base industrielle puissante se sont partagé le monde, mais le choc des ambitions et les sentiments nationaux exacerbés, de tensions en conflits larvés, conduisent à la guerre, qui met fin à la première vague de mondialisation.

SYNTHÈSE

La construction du système-monde procède d'une lente mise en relation à partir de noyaux de population épars. Les migrations, la diffusion des innovations en sont les agents actifs. Contrairement aux empires-monde dominés par le prélèvement, les économies-monde européennes inventent le développement économique et le capitalisme et étendent leur domination à la planète entière. Le monde se « pave » d'États-nations qui organisent un ordre international. Dans la foulée de la Révolution industrielle qui engendre un formidable développement mais aussi une différenciation fondamentale de la planète, se déploie entre 1850 et 1914 une première vague de mondialisation à laquelle la Première Guerre mondiale met un terme.

Pour en savoir plus

D. LANDES, *Richesse et pauvreté des nations,* Albin Michel, 1998	Panorama d'histoire mondiale éclairant le développement inégal du monde.
A. MADDISON, *L'économie mondiale, une perspective millénaire,* OCDE, 2001	Une histoire économique quantifiée du dernier millénaire.

2

LES PARTITIONS DU MONDE AU XXᵉ SIÈCLE

La Première Guerre mondiale met fin à la première mondialisation et bouleverse l'échiquier politique et la carte du monde. Les empires vacillent, la hiérarchie des puissances est modifiée : la fin de l'hégémonie européenne sonne le temps des empires mondiaux annoncés par Toqueville. Jusqu'alors, la lutte entre les États s'est déroulée en termes classiques selon leur capacité à « faire, produire et détruire » (R. Aron). Mais cette conception simple illustrée par Clauzewitz avec la Guerre de 1870 s'obscurcit au XXᵉ siècle. La révolution bolchevique de 1917 change la donne. Internationaliste dans son essence, la nouvelle utopie incarnée par l'URSS ouvre le temps des idéologies et la lutte entre systèmes. L'affrontement est compliqué par le surgissement des régimes fascistes qui prospèrent sur le terreau de la grande crise économique de 1929. Les démocraties subissent la double attraction déstabilisante du fascisme et du communisme. Un temps, masquée par la douloureuse et sanglante parenthèse nazie, la grande fracture Est-Ouest réapparaît, béante, à l'issue de la Seconde Guerre mondiale, alors que s'affirme entre le Nord et le Sud un autre clivage majeur.

Est-Ouest : mondes communiste et capitaliste (page 21)

Comment l'édification d'un pôle socialiste engendre-t-elle l'opposition de deux blocs hostiles ? Comment l'échec du socialisme ouvre-t-il sur un monde polycentrique ?

Le clivage Nord-Sud (page 27)

Comment se fait l'émergence politique du tiers-monde ? Comment explique-t-on le sous-développement ? Quelles stratégies pour le vaincre ? La chute des Murs et l'éclatement du tiers-monde annoncent-ils la fin de l'Histoire ?

Est-Ouest :
capitalisme et communisme

L'industrialisation a engendré en Angleterre, en Allemagne et en France, le développement de masses prolétariennes et de partis ouvriers puissants qui, pour Marx, sont les fers de lance de la révolution socialiste. La Révolution se produit en Russie, dans un empire paysan.

L'édification d'un pôle socialiste

À la faveur de la guerre (« le plus beau cadeau fait à la révolution » selon Lénine), le pouvoir tsariste, affaibli par les déboires militaires et la misère, tombe sous l'assaut des bolcheviques en octobre 1917. Assiégé, le nouveau régime survit à la guerre civile et à la famine. À la mort de Lénine, Staline entreprend de consolider « le socialisme dans un seul pays ».

La construction d'un monde nouveau

La construction d'un monde meilleur où « du passé… [on ferait] table rase », en mettant fin à « l'exploitation de l'homme par l'homme » avait donc trouvé son chantier : un homme nouveau (l'*homo sovieticus*) allait bâtir une société juste, une économie et une géographie nouvelles.

Les fondements économiques de la nouvelle société

On met fin à la propriété privée des moyens de production : sol, sous-sol, usines et tous outils de production sont socialisés. L'État prend en main l'organisation de l'économie qui est étroitement planifiée. La Commission centrale du Plan – le Gosplan – a lancé en 1929 le premier plan quinquennal. Le Plan fixe les objectifs et les moyens de réalisation, le financement et les prix ; la banque d'État – Gosbank – octroie les crédits à court terme ; l'exécution du Plan est assurée par des Commissariats du Peuple dans chaque branche de l'économie, avec des organisations identiques aux échelles nationale et régionale (plans régionaux). La mobilisation des forces vives est assurée par « l'éducation morale », « le développement de l'esprit d'émulation » : on célèbre les ouvriers de choc (*oudarnicki*) à l'image du fameux Stakhanov qui aurait extrait quatorze fois la norme quotidienne de charbon à Donetzk. Dès le départ, priorité est donnée à l'industrie lourde – à la production d'acier et de ciment notamment – et à un lourd prélèvement sur l'agriculture qui doit nourrir les villes à très bas prix. Un développement économique certain est obtenu au prix de lourds sacrifices et malgré une pesante bureaucratie : le Plan devient au fil des années un document de plusieurs dizaines de milliers de pages dont la méticuleuse précision et les méthodes sophistiquées dissimulent en fait les désordres, lourdeurs et incohérences de l'économie réelle.

Une nouvelle géographie

La réforme agraire bouleverse l'organisation des campagnes ; la confiscation des grandes propriétés et l'abolition de la communauté villageoise permettent une transformation des structures agraires et de l'organisation collective du travail. Les terres sont regroupées en coopératives – kolkhozes – où chacun est rémunéré suivant son travail – et en fermes d'État – sovkhozes – où les travailleurs sont des ouvriers de la terre ; les paysans ont droit à un petit lopin de terre autour de leur isba pour leur consommation personnelle. Le régime lance des grands travaux : conquête des terres vierges du Kazakhstan, plantation d'écrans d'arbres sur les vastes terres noires, assèchement des marais du Kouban, irrigation du bassin du Ferghana : c'est un vaste plan de transformation, de domination de la nature.

Les ambitions sont encore plus considérables pour la mobilisation des ressources minières et le développement industriel ; des travaux pharaoniques sont entrepris ; d'énormes centrales hydroélectriques voient le jour, des usines sidérurgiques et métallurgiques géantes sortent de terre et les villes poussent comme des champignons autour des mines (Norilsk), des centrales (Bratsk), les usines (Magnitogorsk). Les industries sont puissamment intégrées en combinats (groupements d'activités dans un secteur technique et géographique précis). Les mines de charbon de Karaganda ravitaillent ainsi les usines métallurgiques de l'Oural ; il faut construire des voies ferrées au mépris de la distance : second chemin de fer transsibérien, système de canaux des Cinq Mers…

L'ambition constructiviste se manifeste aussi dans la volonté de changer l'habitat : transformer les paysans en citadins des agrovilles, promouvoir une conception socialiste de la ville ; la suppression du commerce privé change la vocation de la ville qui n'est plus centre d'échange, de redistribution mais de production et d'administration. « Les cités nouvelles se veulent expressives de la nouvelle société » (P. George) : donc pas de ségrégation sociale, mais un urbanisme à grands moyens qui met au centre de la cité les grandes institutions sociales et les lieux de la vie collective. Avec le recul, on sait que la propagande a habillé une réalité autrement plus prosaïque : la ville, où la ségrégation est poussée (quartiers des intellectuels, des fonctionnaires, datchas des privilégiés), est souvent un entassement monotone de blocs d'habitations ; les campagnes restent arriérées et, hors des grands axes, les transports sont lents et pénibles.

Le modèle socialiste et le monde

Dans l'entre-deux guerres, l'Union soviétique devient une grande puissance industrielle et militaire. Ses succès mis en relief par un appareil de propagande efficace, relayé par les partis clones dans les pays étrangers, sont admirés par un grand nombre de prolétaires qui tournent les yeux vers Moscou, éblouis par la splendeur du métro, les performances de Stakhanov et les films d'Eisenstein. C'est à Moscou que les révolutionnaires chinois ou espagnols cherchent inspiration et modèles. Les mises en garde de témoins lucides comme Gide, qui décrit dans son « retour d'URSS » (1935) l'écart entre les images proposées et la réalité vécue, ne modifient en rien le prestige et l'attraction de l'URSS sur ceux qui espèrent construire un monde meilleur. À l'inverse, ces succès mêmes rendent le modèle soviétique haïssable aux yeux des conservateurs occidentaux qui craignent la contagion. La crainte du communisme conduira bien des démocrates à sympathiser avec les régimes fascistes.

Les révolutions de 1919 hors de Russie ont été promptement écrasées en 1919, tels le mouvement spartakiste à Berlin ; les pays occidentaux, pour punir l'allié félon et éradiquer la « peste rouge », envoient des corps francs soutenir les généraux blancs. Ils sont battus par l'Armée Rouge. Les démocraties s'affairent alors à édifier un « cordon sanitaire » autour de l'URSS :

création de la Finlande et des États-baltes appui au régime autoritaire de Pil-
sudski en Pologne, réformes agraires dans les pays danubiens pour satisfaire
les paysans. L'URSS ne sera admise qu'en 1934 à la Société des Nations. Ses
efforts pour alerter les démocraties sur le danger nazi sont rendus vains par la
méfiance qu'elle suscite. Elle est tenue à l'écart des négociations de Munich
en 1938. Quand les démocraties pensent enfin à passer une convention militaire avec l'URSS, Staline annonce la conclusion du stupéfiant pacte ger-
mano-soviétique. Il faudra la détermination de Hitler à s'étendre à l'Est pour
que l'URSS et les démocraties se retrouvent alliées.

Un monde bi-polaire

La Seconde Guerre mondiale s'achève avec une Europe exsangue, détruite.
Le mythe de la supériorité européenne a volé en éclats ; les empires coloniaux
vont disparaître. L'écrasement des puissances de l'Axe Berlin-Rome-Tokyo
laisse face à face les deux grands vainqueurs : l'Union soviétique et les États-
Unis dont les relations s'enveniment rapidement.

Une nouvelle architecture mondiale

Dans la dernière phase de la guerre, Roosevelt, Churchill et Staline définissent les grandes lignes d'un ordre mondial à Yalta (février 1945) et Potsdam
(juillet 1945) où ils joueront les premiers rôles. Les États-Unis, épargnés par
les combats, ont porté leur capacité industrielle à des niveaux sans précédents
(au moins les deux cinquièmes du produit mondial) ; ils sont les banquiers de
la coalition antifasciste et se sentent les garants de la paix mondiale. Roosevelt
propose les bases d'un ordre universel, multilatéral, fondé sur une triple base :
politique (Organisation des Nations unies), monétaire (le Fonds monétaire
international) et commerciale (l'Organisation internationale du commerce qui
n'aboutira pas à court terme). On esquisse ainsi le projet d'un monde ouvert
aux valeurs d'échange, d'ouverture, de dialogue, parrainé par les grandes
puissances cherchant à définir des consensus au sein du Conseil de Sécurité de
l'ONU. Mais la méfiance, puis la discorde s'installent entre les deux grandes
puissances.

La Guerre froide

La bombe atomique (août 1945) renforce la position américaine – les relations se tendent. Staline consolide son glacis de sécurité en Europe centrale ;
la Pologne, la Tchécoslovaquie (1948) sont intégrées dans le dispositif. Churchill dénonce ce « rideau de fer » qui de « Stettin à Trieste… tombe en travers
de l'Europe ». L'Allemagne occupée est le théâtre des divergences les plus
graves, et les zones d'occupation se transforment en 1949 en deux États séparés, la République fédérale d'Allemagne démocratique et la République
démocratique allemande, socialiste. Mais dès 1947, renonçant à la méthode
Roosevelt, les États-Unis ont défini une politique d'endiguement du communisme dont ils veulent protéger le « monde libre » en consolidant de puissants
ancrages, l'Europe de l'Ouest, Japon. Sur le plan économique, une vaste
offensive est lancée pour reconstruire l'Europe afin d'éviter qu'elle devienne
la proie du communisme : c'est le plan Marshall, refusé par l'URSS et ses
satellites. En Asie, la reconstruction du Japon vise aux mêmes buts. La tension

est extrême entre les deux camps : blocus de Berlin-Ouest (1948-1949), bombe atomique soviétique (1949), guerre de Corée (1950).

Deux blocs

La division Est-Ouest se concrétise par des alliances qui définissent deux blocs rigides :

Les deux blocs militaires

En 1949, États-Unis et Europe occidentale s'unissent au sein de l'Organisation de l'Atlantique Nord, autour de la force américaine (plus de 350 000 GI sont stationnés en Allemagne de l'Ouest) qui envisage le recours à l'arme nucléaire pour dissuader l'URSS d'attaquer en Europe. Tout le continent américain est rassemblé autour des États-Unis dans l'Organisation des États Américains. En 1954, le Pacte de Défense de l'Asie du Sud-Est associe États-Unis, Grande-Bretagne, France, Australie, Nouvelle-Zélande, Pakistan, Thaïlande et Philippines ; l'URSS, se percevant comme une forteresse assiégée, a cimenté autour d'elle les démocraties populaires au sein du Pacte de Varsovie (1955). Le bloc socialiste est renforcé lorsque Mao Tse Toung et les communistes chinois prennent le pouvoir à Pékin (1949). L'opposition des deux blocs gouverne les conceptions géopolitiques et géostratégiques de la seconde moitié du XXᵉ siècle (Voir « Documents et méthodes » page 133).

Les deux blocs économiques

Pour assurer la reconstruction économique, notamment avec crédits Marshall, est créée l'OCDE (Organisation de coopération et de développement économique : Europe de l'Ouest, États-Unis, Canada, Japon). Le bloc soviétique se refuse à participer à la libéralisation des échanges commerciaux et observe avec méfiance les efforts d'union économique entre les pays d'Europe occidentale qu'encouragent les États-Unis. L'URSS forme avec les « démocraties populaires » le Conseil d'assistance économique mutuelle, le CAEM (1949) : coopération technique scientifique et économique, spécialisation des tâches, grands travaux communs (Danube).

Le bloc socialiste vise à l'autosuffisance : en 1950, les échanges extérieurs de l'URSS se montent à 3 milliards de roubles, dont 2,3 avec les pays socialistes ; la proportion diminuera avec le temps (50 milliards de roubles en 1975 dont 60 % avec les pays socialistes).

Vers un monde polynucléaire

Les Trente Glorieuses : fordisme et prospérité

Après un bref réajustement, l'après-guerre ouvre une formidable ère de croissance économique en Occident : durant près de trente années « glorieuses », le rythme de croissance annuelle se maintient à près de 5 %. La période correspond à l'exploitation d'une grappe d'innovations centrée sur le moteur à explosion, l'électricité, les matériaux légers comme l'aluminium, le plastique. On la qualifie de fordiste en référence aux méthodes préconisées par le grand producteur américain au début du siècle – fabrication à la chaîne de grandes séries de produits standardisés destinés à la consommation de masse. L'augmentation du pouvoir d'achat des travailleurs et l'intervention de l'État qui introduit un nouveau mode de régulation (accroissement des transferts sociaux, garantie du crédit, etc.) fouettent les industries de biens d'équipement (acier, ciment, matériel ferroviaire) et les produits d'équipement des ménages. Les gains de productivité (+ 5 % par an) permettent les hausses de salaires (+ 4 % par an), un doublement du niveau de vie en une génération ; la part de l'alimentation dans le budget des ménages passe de 50 à 25 % en 25 ans ; en même temps le taux moyen d'équipement des ménages en téléviseurs, machines à laver, réfrigérateurs passe de 10 à 90 %, à 70 % pour l'automobile. La libération du crédit, dont le volume est multiplié par 50 en un quart de siècle, stimule la production de logements. C'est le triomphe des idées de Keynes : la demande doit être stimulée pour assurer le plein emploi ; hausses de salaires, dépenses publiques, libération du crédit sont au cœur des politiques gouvernementales. On pense même avoir réussi à éradiquer les maux traditionnels de l'économie, la récession comme l'inflation. Il faudra déchanter dans les années 1970.

Coexistence pacifique et compétition économique : l'impossible rattrapage

Dénonçant les crimes de Staline au XXᶜ congrès du Parti en 1956, N. Kroutchev annonce une ère nouvelle : l'URSS s'engageant sur la voix du dégel et de la coexistence pacifique rattrapera les États-Unis sur le plan économique. Durant près de vingt ans, à l'exception de quelques crises aiguës (à Cuba en 1962), la tendance à la détente se maintient. La conviction d'une destruction mutuelle en cas de conflit nucléaire conduit à chercher des accommodements. Le « téléphone rouge » entre Washington et Moscou symbolise la volonté de désamorcer les crises, tandis que l'on cherche à réglementer la course aux armements. Le traité SALT 1 (1972) limite les systèmes anti-missiles mais pas les lanceurs équipés d'ogives multiples. L'URSS obtient en fait la reconnaissance de la parité en matière nucléaire. Le traité SALT 2 (1979) limite le nombre d'ogives et de lanceurs ; l'Europe de l'Ouest ressent sa fragilité face aux armes nucléaires tactiques de l'URSS dont la supériorité en armes conventionnelles demeure. Toutefois, le traité de Sécurité collective en Europe d'Helsinki 1975 paraît consolider la politique de détente.

L'URSS semble sur la voie de rattrapage : durant les années 1950-60, le taux moyen de croissance du PNB soviétique (7,2 %) est supérieur à celui de l'Occident. Les décennies suivantes ne le confirment pas ; le PNB progresse encore de 4,2 % par an entre 1960-70, mais de 2 % seulement durant la décennie suivante ; en fait, après 1973, c'est la stagnation. À ce moment, l'URSS produit beaucoup plus fonte et d'acier, d'engrais et de tracteurs que les États-Unis, mais elle n'arrive pas à passer au stade suivant du développement industriel. La croissance est le résultat d'une consommation énorme d'énergie, de matières premières, de main-d'œuvre… mais la productivité n'augmente guère : c'est la marque d'un mode extensif dont l'URSS n'arrive pas à sortir. Le gaspillage et l'incohérence bureaucratique constituent une première explication. Kroutchev tente de limiter le rôle du Gosplan, de décentraliser au profit de conseils régionaux (les sovnarkhoz) : le Parti et la bureaucratie se sentent menacés ; Kroutchev est limogé en 1964. La nécessité des réformes n'est pas moindre pour autant. Le Premier ministre Kossyguine et l'économiste Libermann qui prônent les stimulants matériels s'y cassent les dents à leur tour. L'immobilisme prévaut durant toute l'ère Brejnev.

De remarquables succès ont été obtenus : le lancement du premier spoutnik, puis du premier homme dans l'espace, au prix d'une mobilisation des ressources sur des objectifs précis ; l'ensemble du système est incapable de suivre ; on le voit dans la nature des échanges avec l'étranger : l'URSS exporte pétrole, gaz et métaux précieux pour solder les achats de machines qu'elle ne sait produire. Le complexe militaro-industriel est un gouffre ; 15 % du PNB vont aux dépenses militaires ; la production industrielle est liée à 40 % au secteur de la défense, qui accapare les meilleurs savants, ingénieurs et techniciens. Les retombées civiles sont très faibles. Les échecs en matière d'électronique sont probants ; en 1975, l'industrie des ordinateurs et des semi-conducteurs a près de 15 ans de retard sur celle des États-Unis ; il faudra près de 10 ans pour obtenir un pauvre clone du premier Apple. L'état-major en vient à imposer le matériel IBM et les logiciels américains achetés ou piratés par le KGB. La qualité des chercheurs soviétiques n'est pas en cause, mais le contrôle de l'information et la rigidité bureaucratique sont incompatibles avec la culture de l'innovation.

Regain de tensions dans un monde plus polycentrique

L'amorce de la détente s'accompagne d'un relâchement dans la solidarité au sein des Blocs. La Chine se pose en rivale de l'URSS « révisionniste ». La rupture est consommée vers 1960 : les experts soviétiques s'en vont, l'assistance économique est interrompue. Les incidents frontaliers se multiplient sur l'Oussouri. La guerre est évitée, mais c'est le schisme : le camp socialiste est déchiré. Les États-Unis joueront de ces divisions en reconnaissant la Chine en 1972. La détente favorise les manifestations d'indépendance au sein de l'Alliance Atlantique. La France revendique l'autonomie de sa politique étrangère, entend contrôler sa force nucléaire ; solidaire (la crise des fusées à Cuba), elle prend néanmoins ses distances avec l'OTAN, reconnaît la Chine (1964), et marque sa différence quand les États-Unis s'embourbent dans le conflit vietnamien. Sur le plan économique, l'Europe d'une part, le Japon d'autre part deviennent des puissances avec lesquelles il faut compter : le monde bipolaire a vécu.

Au début des années 1970, les Trente Glorieuses prennent fin avec l'épuisement du modèle fordiste ; les chocs pétroliers de 1970, 1973, 1979 accentuent les difficultés économiques. Le prestige des États-Unis s'effrite ; alors qu'ils s'extirpent péniblement du bourbier indochinois, ils font face à une redoutable crise intérieure qui contraint le président Nixon à une démission peu honorable ; la révolution iranienne leur inflige un formidable camouflet. Cet affaiblissement des États-Unis correspond à un regain d'activisme de l'URSS qui compense l'immobilisme intérieur : appui aux mouvements progressistes en Angola et en Mozambique, en Éthiopie, intervention en Afghanistan pour soutenir un allié communiste en perdition et pousser ses pions vers l'océan Indien. Cette opération impériale va rencontrer des difficultés inattendues, tandis que la relance de la course aux armements avec l'élection de Reagan à la présidence des États-Unis va mettre l'Union soviétique devant les réalités d'une « surexpansion » et révéler ses faiblesses profondes.

La chute des murs

C'est l'évolution en URSS qui conduit à la fin de la bipolarité. L'économie soviétique se délite ; victime de crises récurrentes de la production agricole, elle ne parvient pas à fournir efficacement les biens de consommation auxquels aspire une population de plus en plus coupée du Parti et des élites dirigeantes sclérosées. L'URSS s'essouffle dans une course aux armements et une politique mondialiste dont elle n'a plus les moyens. Le programme de M. Gorbatchev, à partir de 1985, cherche à sortir le pays de la stagnation : il propose la transparence (glasnost) et la restructuration (perestroïka) visant à dynamiser l'économie dans le cadre d'un socialisme modernisé et ouvert. L'opinion publique est conviée à soutenir l'effort de Gorbatchev contre les résistances des dirigeants et cadres conservateurs. Mais la liberté d'expression est difficile à canaliser. Les différentes nationalités s'agitent, revendiquent plus de libertés, puis l'indépendance. Affaibli par un putsch conservateur de 1991, il abandonne ses fonctions ; c'est la fin du Parti communiste ; les républiques accèdent à l'indépendance ; la disparition de l'URSS est consommée ; elle a été précédée par le rejet du modèle soviétique par les pays d'Europe centrale. Le symbole en est à Berlin la destruction du Mur édifié en 1961. Le bloc communiste s'est effondré avec une rapidité et une facilité surprenantes.

Ne restent plus que quatre pays communistes : Cuba, Corée du Nord, Vietnam et surtout l'immense Chine, où les « quatre modernisations » de Deng Xiao Ping ont suscité un formidable essor économique. Si le « socialisme de marché » n'est guère qu'un voile couvrant des pratiques qui touchent souvent au capitalisme sauvage, l'appareil bureaucratique du Parti maintient sa tutelle. Mais la Chine, puissance nucléaire, n'est pas encore en mesure de jouer un rôle mondial. Il n'y a plus, à la fin du XXᵉ siècle qu'une seule superpuissance. La guerre du Golfe le montre avec éclat. L'ONU condamne l'intervention de l'Irak au Koweït en 1991 ; la force internationale est conduite par les Américains qui imposent leurs conditions, sans égards aux représentations russes. Le monde bipolaire n'est plus et le président Bush proclame l'avènement d'un nouvel ordre mondial.

Le clivage Nord-Sud

Durant la Guerre froide, la planète est au bord du précipice et la bipolarité Est-Ouest occupe le champ politique. Pourtant, dès ce moment, une autre réalité prend corps que le démographe A. Sauvy perçoit dès 1952. Les pays dits sous-développés sont entrés dans une phase nouvelle ; les progrès médicaux y engendrent une formidable croissance de la population ; il faudrait pour y faire face d'aussi formidables investissements « qui se heurtent au mur financier de la Guerre froide » et dès lors « le cycle de la vie et la mort [...] s'ouvre sur la misère » pour une partie grandissante de l'humanité. Face aux deux mondes capitaliste et communiste, ignoré et méprisé comme le tiers-état de 1789, ce tiers-monde veut affirmer son existence. Sur un fond de décolonisation et d'émancipation politique, le tiers-monde affronte le redoutable défi du développement.

Décolonisation et émergence du tiers-monde

Les conflits qui affaiblissent l'Europe au XXᵉ siècle favorisent la contestation de l'ordre colonial qui s'effondre après la Seconde Guerre mondiale.

La fin des empires coloniaux

La Grande Guerre a ébranlé le mythe de la supériorité blanche. La crise de 1929, les affrontements idéologiques de l'entre-deux guerres et le second conflit mondial l'achèveront. Les Alliés reconnaissent, par la Charte de l'Atlantique (1941), le droit des peuples à disposer librement de leur avenir. Les mouvements nationalistes se durcissent, ne demandent plus simplement des réformes : ils exigent l'indépendance. L'ONU fournit une tribune aux défenseurs de la décolonisation. Ce sont d'abord les colonies anglaises qui s'émancipent de façon pacifique : Inde et Pakistan (1947), puis Ceylan, Birmanie. Les Indes néerlandaises (1949) et l'Indochine française (1954) accèdent à l'indépendance de façon plus douloureuse. L'Afrique noire et le Maghreb y parviennent à leur tour. Le Commonwealth britannique, beaucoup plus durablement que la Communauté française, organise un cadre de relations entre l'ancienne métropole et les pays nouvellement indépendants.

L'affirmation politique du tiers-monde

La conférence de New Delhi réunit 25 pays d'Asie qui condamnent la colonisation et ses méfaits. Des pays comme l'Égypte, l'Éthiopie emboîtent le pas, d'autres pays africains vont suivre. L'« afro-asiatisme » se présente comme un programme anticolonialiste, teinté d'anti-occidentalisme, et qui trouve sa grande tribune à la conférence de Bandoung convoquée par Soekarno et Nehru. Une trentaine de pays, représentant plus de 50 % de la population mondiale mais moins de 8 % du revenu, proclament une volonté d'affirmation politique et d'affranchissement économique. La réalité du sous-développement est affirmée à la face du Monde ; une fraction de l'opinion occidentale prend fait et cause pour les « damnés de la terre » (Fanon). Leur poids politique augmente. En 1964 est créée la Conférence des Nations unies pour le développement (CNUCED) pour promouvoir l'aide et l'assistance technique au développement. Peu à peu progresse l'idée d'un « nouvel ordre économique international » qu'énonce une résolution de l'ONU en 1974.

La conférence de Bandoung a cherché à secouer la tutelle politique exercée par les deux Grands. L'action de Nehru et Nasser donne, au-delà des déclarations de principes (indépendance, égalité, non-ingérence, etc.), un poids et une portée considérables à une prise de position neutraliste, le non-alignement qu'adoptera la Yougoslavie de Tito en prenant ses distances avec l'URSS. Empêtré dans les intérêts contradictoires de ses adeptes, le non-alignement sera plus un drapeau qu'une pratique. Aux conférences de Lusaka (1970) et d'Alger (1973), plus de 80 pays appellent à l'union des pauvres : la décolonisation économique reste à faire ; l'union et l'assistance mutuelle sont une condition nécessaire pour l'atteindre. La concertation pour une stratégie offensive, notamment en ce qui concerne les matières premières, trouve ses premiers succès dans les chocs pétroliers de 1970-1973, qui affirment clairement le grand clivage Nord-Sud.

Décrire le sous-développement

Parler de tiers-monde ajoute une dimension politique à la notion de sous-développement, plus étroitement socio-économique. Y. Lacoste propose en 1965 une liste de critères d'identification qui intègre les deux dimensions, regroupées ici en cinq familles :

L'insuffisance alimentaire

La « Géographie de la faim » du Brésilien Josué de Castro révèle l'ampleur des disparités alimentaires dans le monde. À l'insuffisance quantitative de la nourriture (moins de 2 500 calories par jour) qui afflige une fraction importante de la population, l'insuffisance qualitative ajoute ses effets dévastateurs : les carences en protéines, en vitamines génèrent de multiples désordres physiques.

Les problèmes démographiques

Malgré la diffusion des connaissances médicales, l'inégalité devant la mort demeure forte : le taux de mortalité infantile reste souvent supérieur à 100 ‰. Ces progrès, toutefois, permettent une régression rapide du taux de mortalité qui, combiné à un taux de natalité proche parfois du taux biologique, donne un excédent naturel considérable. Ainsi, en 1983 encore, le Burkina Fasso avait un taux de natalité de 48 ‰, un taux de mortalité de 22 ‰ (avec un taux de mortalité infantile de 150 ‰ et une espérance de vie à la naissance de 44 ans) pour un accroissement naturel de 2,6 % par an. Ces caractéristiques se traduisent par une pyramide des âges à base très large à : 44 % de la population du Burkina Fasso avait moins de 15 ans en 1983.

Les critères économiques

La population active est marquée par l'importance du secteur primaire (agriculture à basse production), la faiblesse du secteur secondaire, l'hypertrophie du secteur tertiaire (multiples petits métiers parasites) ; cette structure coexiste avec un taux de chômage élevé et un fort sous-emploi qui n'exclut pas le travail des enfants. L'investissement est faible et les ressources souvent gaspillées : cela se traduit par un PNB faible (moins de 2 500 dollars/hab.).

Les caractères socioculturels

Un taux élevé d'analphabétisme afflige ces sociétés par ailleurs marquées par de violents contrastes de richesses (société duale).

La situation de dépendance

Vis-à-vis de l'étranger, tant politique, économique, que financière et technique. La CNUCED mesure chaque année l'évolution du développement à l'aide d'un indice composite de l'indice de développement humain IDH (voir « Repères et outils », page 181).

Aux sources du sous-développement

Comment interpréter le phénomène ? Les théoriciens l'attribuent à un faisceau de causes, les unes endogènes, les autres exogènes.

Les déterminismes

Les théories racistes ne sont pas encore totalement oubliées, même si leurs fondements scientifiques ont été discrédités. Les explications liées aux caractéristiques du milieu physique ont la vie plus dure : le sous-développement serait une fatalité, une conséquence de la pauvreté des milieux tropicaux. Il est vrai que les sols tropicaux sont souvent fragiles, s'appauvrissent facilement et que les tropiques humides sont un milieu propice à la prolifération des pathologies. On oublie cependant que l'assainissement des milieux a été souvent une conquête (les marécages, source de malaria) en Europe, que l'appauvrissement des sols tropicaux est souvent lié aux techniques d'exploitation (le défrichement par le feu favorise la minéralisation), à l'absence de fertilisants. Le grand tropicaliste P. Gourou qui a combattu ces explications déterministes a estimé qu'en cultivant les terres tropicales avec le même soin qui prévaut dans l'est de l'Asie, on obtiendrait une augmentation de la production d'un tiers, suffisante pour nourrir la population : les Tropiques peuvent être des « terres de bonne espérance ». Nombre de pays sous-développés ne sont pas en zone tropicale ; le sous-développement ne naît pas de la malédiction du milieu.

Le poids de la démographie

La formidable croissance de la population du tiers-monde a réactualisé les sombres prophéties du pasteur Malthus : la population croîtrait suivant une progression géométrique tandis que les ressources n'augmenteraient qu'en progression arithmétique. C'est une vue simpliste et attribuer le sous-développement à la démographie est simplement fantaisiste. Ce n'est pas moins là une dimension capitale du problème. Il y a quelques siècles, la croissance démographique était très lente avec mortalité et natalité élevées. À partir du XVIIIe siècle, avec les progrès de l'hygiène, de la médecine, de l'alimentation, le taux de mortalité a diminué, le taux de natalité a suivi avec retard : la population a nettement augmenté (la France passe de 25 à 38 millions d'habitants en un siècle).

Au XXe siècle, les pays occidentaux ont retrouvé une croissance lente (taux de mortalité et de natalité bas). Ce passage d'un régime démographique a un autre, qu'on appelle transition démographique, a été graduel, étendu sur 150 ans. Au contraire, dans les pays sous-développés, la mortalité s'est au contraire brutalement effondrée tandis que la natalité se maintenait à un haut niveau. L'Inde est ainsi passée de 360 millions d'habitants en 1950 à un milliard en 2000 et la transition n'y est pas achevée (mortalité à 11 ‰ et natalité à 27 ‰).

Culture et développement

Pourquoi le développement apparaît-il ici et non là ? Pourquoi la Chine inventive et forte se replie-t-elle sur elle-même, laissant le champ libre aux Européens ? Pour D. Landes, « c'est la culture qui fait la différence […] les valeurs et comportements qui guident une population ». A. Peyrefitte, dans une autre mouture de cette argumentation, a soutenu que ce n'est pas le travail et le capital qui sont les ingrédients principaux, mais le « tiers facteur immatériel » qui les inhibe ou les optimise. Le développement serait ainsi le produit d'un éthos de confiance, « ensemble de dispositions mentales et de comportements libérant l'homme de l'obsession de la sécurité et de l'inertie. »

Une théorie du décollage économique

L'économiste américain W. Rostow a proposé une description du processus de développement en cinq étapes :

– la société traditionnelle, rurale, à production et productivité faibles, a une croissance très lente ;

– la transition s'opère avec l'apparition de nouvelles valeurs (idée de progrès, éducation, esprit d'entreprise, etc.) qui font leur place lentement alors que s'organise l'État, qu'augmente l'investissement ;

– le décollage se produit quand les résistances au changement sont vaincues, que les îlots de modernité se multiplient, que les techniques se répandent. Le taux d'investissement atteint 10 % ;

– la marche à la maturité accompagne la croissance de l'investissement de 10 à 20 % du revenu national. Les industries de base bien développées se doublent de productions plus complexes ;

– à l'âge de la consommation, la forte productivité et la croissance démographique ralentie permettent l'accès des ménages à un niveau de vie élevé.

Peut-on prêter à cette théorie une portée universelle et présente-t-elle quelque pertinence pour la situation contemporaine ? Elle met en lumière la complexité du concept de développement, l'importance qui prennent les valeurs, le rôle de la durée dans laquelle se sont transformées de façon graduelle les sociétés occidentales. Les pays sous-développés actuels devant la brutalité du changement démographique doivent consentir des taux d'investissement beaucoup plus élevés, puisque l'investissement doit d'abord satisfaire l'accroissement démographique (investissement de remplacement pour maintenir le niveau de vie et de formation) avant d'investir pour le développement. En outre, les formations sociales du tiers-monde sont bien différentes de celles de l'Europe du xviiie siècle où s'était lentement constituée une bourgeoisie apte à entreprendre. Enfin, l'Europe n'a pas abordé son développement en situation de dépendance.

Les vues radicales

Toute une série de théories, doctrines considèrent que le sous-développement est le fruit de la construction d'un rapport d'exploitation, et fondent la réflexion et l'action des différents courants tiers-mondistes.

La colonisation

L'assujettissement de la planète aux puissances européennes aurait détruit la capacité du développement des contrées soumises. Si l'on peut porter au crédit de la colonisation l'instauration d'un ordre public, la mise en place d'infrastructures et d'institutions, le passif en revanche est très lourd : massacres, épidémies, destruction des économies locales, des cadres sociaux, exploitation effrénée des matières premières, développement d'une bureaucratie paralysante, etc. Y. Lacoste a souligné le rôle du principe de l'appropriation privée des terres par les Européens qui a bouleversé les rapports sociaux, permis de récompenser des oligarchies locales soumises. P. Bairoch a décrit les impacts souvent désastreux de la colonisation sur l'économie des territoires colonisés, la ruine de l'industrie cotonnière de l'Inde par exemple. Si les responsabilités de la colonisation sont indéniables, il faut pourtant se défier d'un simplisme sans nuance : les systèmes politiques étaient souvent affaiblis avant l'arrivée des Européens (Inde, Amérique latine, Afrique noire…) ; certains pays en développement sont politiquement indépendants depuis près de deux siècles ; d'autres autrefois colonies sont depuis longtemps développés.

Centre et périphérie

Marx avait indiqué qu'une des parades du mode de production capitaliste à la baisse tendancielle du taux de profit était le commerce extérieur. Ses émules ont précisé que l'échange entre des formations socio-économiques inégales assure le triomphe de la logique des dominants (accumulation des profits) et exploitation de la périphérie, les pays dominés. Le fractionnement inégalitaire du système capitaliste mondial génère des formes d'exploitation qui ont évolué dans le temps (pillage, surexploitation des ressources naturelles, marchés captifs, enfin exploitation d'une main-d'œuvre pléthorique à faible coût).

Échange inégal et détérioration des termes de l'échange

Cantonnés dans les productions imposées, les dominés sont prisonniers d'un système inégalitaire fonctionnant à leur détriment. Les produits échangés (produits bruts contre produits transformés à plus haute valeur ajoutée) et les conditions de l'échange établissent un rapport défavorable aux pays dominés ; ce désavantage structurel se creuse avec le temps en raison de la détérioration des termes de l'échange ; il faut toujours plus de sacs de café ou de tonnes d'arachide pour acquérir le tracteur qui permet leur culture. On chiffre ainsi à 15 % l'érosion du pouvoir d'achat des pays d'Afrique et d'Amérique latine sur la base de leurs exportations entre 1980 et 1989. Dans le long terme pourtant, P. Bairoch montre que la détérioration n'est pas si évidente, car d'autres périodes ont été beaucoup plus favorables aux pays en développement. Il est vrai cependant que les cours des matières premières sont très instables, ce qui est catastrophique pour les pays qui dépendent souvent d'un seul produit. De plus, pour l'essentiel, les rouages de la commercialisation échappent à leur contrôle ; le cas de fruits tropicaux est particulièrement éclatant : trois sociétés – Del Monte, United Brands et Castle and Cooke – contrôlent 55 % du marché des bananes. Enfin, les pays en développement pour développer leurs cultures et leurs productions minière ont accru leur dépendance en s'endettant lourdement.

Sortir du sous-développement

Le passif des pays sous-développés est lourd, les obstacles sont considérables et ils sont d'autant plus difficiles à surmonter que, contrairement à l'Europe lors de son décollage, ils affrontent les problèmes qui se creusent à grande vitesse, sur le plan démographique en particulier, en situation de dépendance.

Contre la faim : l'exemple de la révolution verte

Augmenter rapidement les disponibilités alimentaires est possible ; l'introduction de variétés performantes de céréales a permis d'augmenter rapidement les rendements, de faire reculer le spectre de la famine. Toutefois, l'exemple de l'Inde montre que ce sont les mieux nantis qui profitent de l'innovation ; la salutaire augmentation de production ne résout pas automatiquement les problèmes structurels.

L'arme démographique

Voyant dans le formidable accroissement de la population la réalisation des prophéties de Malthus, beaucoup annoncent la surpopulation et la nécessaire application d'une politique rigoureuse de contrôle de la natalité. Devant l'ampleur de l'excédent démographique et du déséquilibre croissant avec les ressources, des experts peu suspects de malthusianisme comme R. Dumont ont recommandé une politique de planning familial. Sa mise en œuvre est cependant difficile dans la mesure où il faut triompher des habitudes, de l'ignorance pour mener à un rapide changement de comportement qui ne vient spontanément qu'avec la hausse du niveau de vie. De nombreux pays se sont montrés réticents, d'autres sont engagés dans des programmes autoritaires de réduction, comme la Chine (recul de l'âge du mariage, maximum d'un enfant, etc.) avec des résultats spectaculaires.

Le socialisme

Pour beaucoup d'analystes, la sortie du sous-développement ne se conçoit qu'en rupture avec les structures en place ; il faut écarter les élites qui ont partie liée avec les puissances dominantes et accaparent les ressources locales. Il faut mettre en place un nouveau cadre permettant un développement endogène ouvert, conciliant la valorisation des potentialités locales et les nécessaires apports extérieurs de technologie. Vers 1970, Y. Lacoste souligne les succès des expériences socialistes en matière de modernisation, d'amélioration de la situation de l'emploi, de progrès du niveau de vie. Avec le recul, on voit aujourd'hui que le socialisme a été dans certains cas une technique de développement efficace (Vietnam, Chine), achoppant cependant sur la fourniture de biens de consommation ; Vietnam et Chine, tout en restant officiellement communistes, ont adopté des modes de gestion de plus en plus libéraux.

Les voies de l'industrialisation

Les pays occidentaux se sont développés avec la Révolution industrielle ; vers 1950, une des caractéristiques du sous-développement est la faiblesse de la production manufacturière. Il est logique de penser que la voie occidentale est la solution appropriée et que les modèles des expériences passées autoriseront un raccourci profitable. Deux grandes options sont proposées :
– la substitution aux importations : elle repose sur une industrialisation répondant aux besoins du marché intérieur à l'abri d'une protection douanière ;
– la spécialisation dans les industries exportatrices : cette option prend en compte la faiblesse du marché intérieur, le handicap technologique et mise sur la ressource la plus abondante : une main-d'œuvre bon marché. Le calcul est de procéder à une première accumulation de capital grâce aux profits de l'exportation et aux retombées de l'activité de firmes étrangères, et de gravir progressivement la courbe d'apprentissage : compétence de la main-d'œuvre, maîtrise de la technologie.

D'autres ressources paraissent plus faciles à mobiliser : le tourisme par exemple qui exerce un effet d'entraînement sur toute l'économie et n'implique pas une main-d'œuvre de haut niveau. Le développement touristique a été spectaculaire dans le dernier quart du xxᵉ siècle : le partage très inégal du produit entre les grandes sociétés étrangères et le pays-ressource ne conduit-il pas à une autre forme de dépendance ?

L'éclatement du tiers-monde

Le tiers-monde n'a jamais constitué un ensemble homogène ; les situations de sous-développement ont toujours été variées. Mais il existait, jusqu'aux années

1970, une représentation planétaire de l'unité politique du tiers-monde enracinée dans ses problèmes et ses projets. Révisant ses interprétations antérieures du sous-développement, Y. Lacoste, constate les multiples affrontements entre « pays frères » et se demande si cela ne ressemble pas « au crépuscule [...] à la fin du tiers-monde ». Les disparités s'accroissent. Certains pays sortent rapidement du sous-développement, d'autres s'y enlisent. Un graphique construit en 1985 avec deux indicateurs relatifs à l'industrie, la valeur ajoutée manufacturière par habitant et la part des industries de consommation non durables, éclaire la variété des situations. On peut parler des « quatre tiers-monde » (R. Chapuis).

Les pays exportateurs de pétrole

Dans les années 1970, au cours de trois crises successives, (1970, 1973, 1979), les pays producteurs de pétrole (OPEP) ont brisé la tutelle du cartel en s'assurant le contrôle des prix, du surplus et des gisements. Le prix du baril de pétrole qui était le même qu'au début du siècle – moins de 3 dollars – grimpe à plus de 56 dollars en 1979 au plus fort de la crise iranienne. Les pays exportateurs vont alors engranger de fabuleuses recettes, notamment au Moyen-Orient (deux tiers des réserves mondiales) où les États de la péninsule arabique et du golfe Persique lancent des programmes colossaux d'équipement. Malgré le fort tassement du prix du brut, le PIB des Émirats est à 18 000 dollars/hab., 12 000 environ pour l'Arabie et la Libye. Le fossé s'est donc creusé avec les pays sous-développés dépourvus de pétrole qui ont dû acquitter l'énorme facture énergétique lorsque les cours étaient au plus haut, entravant leur développement et enflant leur dette.

Les nouveaux pays industrialisés

Plusieurs des grands producteurs de pétrole ont pu, grâce à ces plantureuses rentrées, amorcer un processus d'industrialisation. D'autres qui ne disposaient pas de cette manne ont réussi en trente ans à se hisser au rang des pays développés ; cette fulgurante percée a été réussie par les Quatre Dragons : Taiwan, Hong-Kong, Corée du Sud et Singapour. D'autres ont emboîté le pas. Par leur masse et bien que leur transformation structurelle soit bien moins poussée que celle des Dragons, la Chine, le Brésil, l'Inde, le Mexique sont parmi les douze plus grandes puissances industrielles du globe. Ces pays sont déjà des compétiteurs sur certains créneaux de la haute technologie : ainsi le Brésil avec Embraer est un concurrent sérieux dans l'aéronautique civile et militaire et la Chine est en mesure de vendre des réacteurs nucléaires.

Les aspirants

Plusieurs pays sont en passe d'attraper le train du développement. Parfois, les bases d'une industrialisation autonome ont été mises en place avant la Seconde Guerre mondiale : c'est le cas de l'Argentine qui a connu depuis une véritable régression ; c'est aussi le cas de la Turquie où l'impulsion kémaliste tarde à donner des résultats. Plusieurs pays d'Europe centrale ont réussi leur sortie du communisme. De nombreux pays asiatiques suivent l'exemple des Dragons : les Philippines, le Vietnam...

Les pays les moins avancés (PMA)

En revanche, une cinquantaine de pays ne présentent pas de signes notables de développement ; avec une espérance de vie à la naissance de 50 ans, 50 %

d'analphabètes et un revenu par tête inférieur à 1 200 dollars, ils semblent au contraire s'enfoncer dans le sous-développement.

Le monde bipolaire a vécu. Le politologue F. Fukuyama voit dans l'expansion de l'économie de marché et de la démocratie libérale une évolution irréversible. Libre-échange, technologie et démocratie promettent une homogénéisation croissante des sociétés tendant à l'universalisme. C'est « la fin de l'Histoire ». Affirmation prématurée : il est illusoire de penser que la mondialisation n'engendre que convergence et harmonie.

SYNTHÈSE

Le xxᵉ siècle est tout entier dominé par une double fracture séparant d'une part l'Est et l'Ouest, d'autre part le Nord et le Sud. Entre capitalisme et communisme, c'est le rude affrontement de deux conceptions du monde. De la Guerre froide à la coexistence pacifique, les deux blocs cherchent à se gagner les pays du tiers-monde aux prises avec les problèmes du développement. L'échec politique et économique du socialisme débouche sur la chute des murs tandis que le tiers-monde éclate : de nombreux pays progressent sur la voie du développement alors que d'autres régressent.

Pour en savoir plus

S. BRUNEL, *Le sous-développement*, PUF, coll. « Que sais-je ? », 1996.	Exposé synthétique des problèmes et stratégies de développement.
F. FUKUYAMA, *La confiance et la puissance* 1997, Flammarion.	La thèse de la fin de l'Histoire.

3

LA MONDIALISATION DES ÉCHANGES

Définie comme un processus de mise en relation des différentes composantes du monde qui s'articulent en système, la mondialisation renvoie à trois concepts :
– *l'internationalisation* : processus de mise en relation des relations sur la base des États (mesurable par exemple par les flux d'échanges) ;
– *la transnationalisation* : processus décrivant la diffusion croissante de grandes entreprises dans de nombreux États (multinationales) ;
– *la globalisation* : anglicisme décrivant le processus de déploiement à l'échelle mondiale des réseaux de production et d'information, et de généralisation des interdépendances.
La marche à la globalisation s'est faite suivant des modalités successives. La circulation des biens, des services, des capitaux est un phénomène ancien à composantes commerciale, industrielle et financière en proportion variable suivant les lieux et le temps. Le phénomène le plus apparent est la formidable progression des échanges depuis la Seconde Guerre mondiale, sur un rythme très supérieur à la croissance de la production. On ne saurait comprendre la mondialisation sans la mutation du concept de distance associée à la révolution des communications et sans le changement des règles du jeu commercial qui a conduit à une nouvelle géographie des échanges.

La contraction de l'espace-temps (page 37)
   Les effets de la révolution des transports et des communications

Théories du commerce international et espace géographique (page 37)
   Y a-t-il une théorie satisfaisante pour rendre compte des échanges ?

Le triomphe du multilatéralisme (page 39)
   Comment s'est installé le libre-échange ?

La nouvelle géographie des échanges (page 40)
   Comment lire les courants commerciaux ?

La contraction de l'espace-temps

Jusqu'à la Révolution industrielle, on avançait à la vitesse du cheval et de la voile. Le bateau à vapeur et la locomotive vont accélérer la vitesse et réduire le temps des déplacements ; le temps, mais aussi les coûts de transport qui sont divisés par 20 entre New York et Buffalo avec l'ouverture du Canal Erié. Les frictions de l'espace s'amenuisent et les temps de communication diminuent : comme les gens et les marchandises, les informations circulent plus vite, à meilleur compte et par des voies spécialisées avec l'invention du télégraphe, puis de l'électricité. Les techniques de transport au cours du XXᵉ siècle progressent de façon accélérée avec le moteur à explosion, l'avion à hélices puis à réaction. Les navires gagnent en taille et en spécialisation (supertankers) ; la conteneurisation favorise le transfert intermodal ; les réseaux autoroutiers libèrent les transports automobiles ; l'avion à réaction met Paris à trois heures de New York : la contraction de l'espace-temps se poursuit.

En parallèle, les réseaux de communication connaissent une révolution sans précédent. Le premier satellite géostationnaire permettait 240 conversations téléphoniques simultanées sur l'océan Atlantique en 1965 ; Intelsat V en autorise 12 000 en 1995. Les systèmes de fibre optique acheminent à haute vitesse dix fois plus de messages que les câbles co-axiaux. L'essor du réseau Internet multiplie les liens et la communication interactive dans le cyberespace. La technologie digitale permet de convertir le son, l'image, le texte en messages digitaux transmissibles, manipulables et stockables à volonté. On communique et transige en temps réel avec tous les points du monde. Transformant l'espace, ces techniques pourtant ne l'abolissent pas, favorisant d'abord les points de haute intensité de contacts, comme les métropoles des pays développés : les pays en développement ont moins du sixième des lignes téléphoniques du globe. Sur fond d'économie « informationnelle » s'élabore une « société en réseaux ».

Théories du commerce international et espace géographique

La mondialisation a été expliquée à la lumière des théories du commerce international dont on a perçu progressivement les limites.

Économies nationales et mercantilisme

L'économie marchande, née du commerce entre les villes, se diffuse ensuite dans les campagnes ; les souverains européens utilisent les services des banquiers et marchands pour édifier l'État dont la consolidation permet d'unifier l'économie nationale et d'étoffer le marché intérieur. Les souverains ont besoin d'argent pour établir leur administration et financer l'armée : l'accumulation de métal précieux y pourvoit ; c'est le « nerf et la force de la chose publique » (chancelier Duprat). Le mercantilisme vise donc l'autarcie économique, le développement des manufactures, la protection des navires nationaux, éventuellement l'expansion coloniale : il y inspire aussi bien les

Actes de Navigation (1651) de Cromwell que le colbertisme. Le pays tend à se suffire à lui-même : il n'y a pas de spécialisation territoriale.

Le libéralisme : Smith, Ricardo et leurs héritiers

Le protectionnisme réserve le marché aux producteurs nationaux ; c'est pour A. Smith, dans *La richesse des Nations*, aux dépens des consommateurs et de l'efficacité de la production qui est au contraire maximisée par la division du travail. Il importe, pour une meilleure efficacité, d'abolir les protections douanières pour favoriser la division du travail à l'échelle internationale ; il faut produire là où les coûts sont les plus bas. Les pays se spécialisent dans les produits où ils ont un avantage absolu ; l'échange international naît de la spécialisation et de la complémentarité.

Trente ans plus tard (1817), David Ricardo milite aussi pour le libre échange et la spécialisation internationale de la production ; celle-ci, pour lui, se fait en fonction des avantages comparatifs. Un pays qui aurait un avantage absolu dans toutes ses productions gagne cependant à se spécialiser dans la production où il est le plus efficace. Il le démontre avec le célèbre exemple du drap et du vin en Angleterre et au Portugal. Le Portugal produit ces deux denrées à meilleur compte que l'Angleterre.

Coûts de travail comparés du drap et du vin

Denrée Pays	Vin	Drap	Coûts comparés	
			Vin/Drap	Drap/Vin
Portugal	8	9	8/9 soit 0,89	9/8 soit 1,12
Angleterre	12	10	12/10 soit 1,2	10/12 soit 0,83

Le Portugal est relativement plus efficace dans la production du vin que l'Angleterre. Dans l'exemple chiffré, il produit 60 litres de vin 33 % moins cher que l'Angleterre ; il produit 10 mètres de drap 10 % moins cher que l'Angleterre. Il a donc intérêt à se spécialiser dans la production de vin où il maximise son avantage, où il a un avantage comparatif (ou un coût d'opportunité moindre). Inversement, l'Angleterre dont le désavantage absolu est moindre dans la production du drap, y a un avantage comparatif. L'efficacité de la production est plus grande si les deux pays se spécialisent et échangent en complémentarité : le libre-échange entraîne la spécialisation spatiale. La production coûte moins cher, est plus élevée. L'avantage qui en résulte est censé bénéficier aux deux partenaires.

L'analyse ricardienne a été modernisée et enrichie au XXᵉ siècle. Selon le « théorème HOS » (Heckscher, Ohlin, Samuelson), les avantages comparatifs sont liés à l'abondance relative des facteurs disponibles chez les partenaires de l'échange. La dotation en facteurs repose sur la quantité et la productivité du travail, le capital, la terre…, le niveau technique étant uniforme. Ces facteurs de production sont censés être immobiles. Chaque pays se spécialise dans la production de biens liés au facteur dont il est richement doté. Dans le long terme, les coûts des facteurs tendront à s'égaliser sur la planète.

La tradition ricardienne forme le socle théorique du libre-échange et fonde l'optimisme de ses promoteurs sur son rôle dans le dynamisme économique et les bienfaits qu'il est censé apporter. Certains des fondements d'une part, les formes prises par l'échange et la distribution du bien-être d'autre part, paraissent cependant questionnables. Aussi bien les économistes contemporains ont été amenés à corriger le tir en tentant d'intégrer – on le verra dans le chapitre suivant – l'écart technologique et la performance des firmes (économies d'échelle, différenciation des produits) sans répondre cependant à toutes les objections.

Le triomphe du multilatéralisme

Les rivalités des nations, la Grande Dépression de 1929, les deux guerres mondiales ont favorisé le protectionnisme. Pour ouvrir une ère de paix et de prospérité, les vainqueurs souhaitent l'élimination des barrières qui entravent les échanges. Refusé par le Congrès américain, le GATT (General Agreement on Tariffs and Trade) est en 1947 une modeste structure.

Les principes du GATT

Il établit le principe de la nation la plus favorisée, de la réciprocité des concessions, du traitement national, de la transparence (barrières non-tarifaires prohibées). Cependant, une application souple de ces principes permettra l'établissement des univers douaniers régionaux, des quotas, des clauses de sauvegarde autorisées lorsque la production nationale est menacée.

Les cycles de négociation

Le bureau du GATT lance des rondes successives de négociations qui marquent autant d'étapes de progrès dans la réduction des tarifs. Les cycles s'allongent alors que croissent la complexité des problèmes et le nombre des pays participants (120 pays pour l'Uruguay Round).

La création de l'Organisation mondiale du commerce (OMC)

En 1995, le GATT s'est effacé devant l'OMC, organisation au statut comparable au Fonds monétaire international. Elle a pour mandat d'amplifier l'action du GATT : dès la conférence de Singapour (1996), elle aborde le rôle de l'investissement, l'éventuelle introduction d'une clause sociale en plus de convenir de la suppression des droits de douane sur un grand nombre de produits électroniques, et amorce l'accord sur les télécommunications pour l'ouverture des marchés intérieurs en matière de téléphonie. Un autre rôle de l'OMC est de résoudre les différends commerciaux, rapidement et de façon exécutoire ; avec l'Organisation des règlements des différends (ORD), l'OMC joue un rôle essentiel et devient la figure symbolique de la mondialisation.

La nouvelle géographie des échanges

En quarante ans, le niveau des protections douanières a été divisé par sept pour s'établir à 5 % en moyenne vers 1990. La libéralisation des échanges, associée aux progrès des transports et des communications, a puissamment contribué au gonflement des flux commerciaux qui ont évolué dans leur nature et leur configuration.

L'intensification des échanges

Déjà au XIXᵉ siècle, les échanges croissaient plus vite que le produit mondial, tendance qui s'est renversée après 1913 mais a reparu après 1945. Durant la décennie 1960-69, la progression annuelle est de 6 % pour la production et de 9 % pour les échanges. Ces taux se tassent avec le ralentissement cyclique mais se redressent dans la dernière décennie du siècle (avec respectivement 3 et 6,2 %). Cette progression traduit l'ouverture et l'interdépendance de plus en plus poussée entre les divers pays du globe qui montrent des taux de dépendance (importations/PIB) et d'ouverture (exportations/PIB) en forte croissance. En 1970, les flux internationaux portent sur 14 % de la production mondiale : c'est le double en 2000, alors que la production mondiale de biens et services est évaluée à 6 800 milliards de dollars.

Un contenu transformé

La géographie des échanges était autrefois marquée par l'importance primordiale des matières premières et des sources d'énergie dans le commerce mondial. Ces flux sont sans cesse plus importants : 2 milliards de tonnes de pétrole et produits raffinés, 100 millions de tonnes de blé, etc. Mais en poids relatif et en valeur, ils sont passés au second plan, loin derrière les produits manufacturés : entre 1960 et 1990, la part de ceux-ci dans le commerce mondial des biens passe de 50 à 75 %. Le fait nouveau est la montée des services dont le commerce progresse depuis plusieurs années beaucoup plus vite que celui des marchandises. En 1999, on peut chiffrer le montant des services échangés à 1 350 milliards de dollars, soit 21 % des transactions mondiales totales de biens et services.

La prépondérance des pays industrialisés

Six pays occidentaux assuraient en 1955 la moitié du commerce mondial, chiffre maintenu en 1973 ; en 1999, le poids relatif de ces six même pays – États-Unis, Allemagne, Japon, France, Royaume-Uni et Canada – est légèrement plus faible (44 %), mais le poids de l'ensemble des pays industrialisés s'est renforcé avec 69 % du commerce mondial. Les pays en transition font environ 4 %, tandis que la part des pays en développement, avec 27 %, est la même qu'en 1955.

Une très large part du commerce des pays industrialisés résulte des échanges qu'ils font entre eux ; si le cas du Canada qui fait plus de 80 % de son commerce extérieur avec les États-Unis est particulier, la situation de la France est exemplaire : parmi ses quinze premiers clients, seule la Chine n'appartient pas aux groupes des pays développés (au 13ᵉ rang avec 3 milliards de dollars, 14 fois moins que l'Allemagne, premier partenaire de la France).

Le commerce entre le Nord et le Sud n'est cependant pas secondaire. Les pays en voie de développement commercent en effet peu entre eux ; leurs liens commerciaux avec les pays du Nord leur sont essentiels ; pour beaucoup, il s'agit surtout de vendre des matières premières agricoles ou minérales ; certains pays sont fortement dépendants de l'exportation d'un ou deux produits. En comparaison, des pays développés comme les États-Unis sont de gros exportateurs de matières premières agricoles, mais elles ne représentent qu'une part modeste de leur commerce extérieur. Le fait nouveau du dernier quart de siècle est le rôle croissant d'une douzaine de pays du Sud (Asie, Amérique latine) sur les marchés extérieurs, notamment par l'exportation de produits manufacturiers. Ainsi la Chine et Hong-Kong, Singapour, la Corée et Taiwan qui ne faisaient que 3,2 % du commerce mondial en 1973, y participent pour 15 % en 1999. Leur rôle est moins considérable, mais non négligeable, dans le secteur des services (9 %).

La Triade, ossature du système-monde

L'analyse des échanges commerciaux sur la base des États est un élément essentiel de la compréhension du système international fondé sur les relations inter-États. S'y limiter masquerait cependant l'émergence de faits nouveaux

Le commerce intra et inter régional des marchandises en 2000

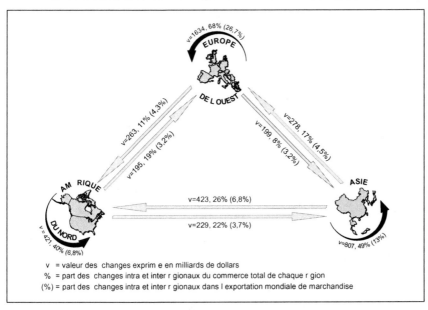

v = valeur des changes exprim e en milliards de dollars
% = part des changes intra et inter r gionaux du commerce total de chaque r gion
(%) = part des changes intra et inter r gionaux dans l exportation mondiale de marchandise

Source : International Trade Statitstics, OMC, 2001.

essentiels et notamment la consolidation de blocs régionaux qui polarisent l'essentiel des échanges mondiaux ; une lecture à petite échelle de l'organisation des échanges montre qu'ils s'organisent autour de trois pôles : l'Amérique du Nord, Union européenne, la sphère Est-Sud-Est de l'Asie – qui accaparent 80 % des échanges mondiaux. En 1980, ce n'était que 71 %. Il y a donc concentration accrue et interaction de plus en plus poussée au sein de cette Triade. Les chiffres varient suivant que l'on considère chaque pôle comme un bloc ou une somme de partenaires. Ainsi, l'Union européenne considérée comme un tout – c'est-à-dire en excluant du calcul le commerce intra-européen – est au premier rang avec 18 % des échanges mondiaux, mais au-delà de 40 % si l'on inclut le commerce intra communautaire. Les échanges intra-bloc sont aussi très importants au sein des pôles asiatique (50 %) et nord-américain (40 %). Mais quelle que soit la méthode de calcul retenue, la toute puissance de la Triade est telle qu'on peut parler d'oligopole mondial.

L'évolution des échanges commerciaux a porté un coup sévère à la théorie du commerce international. Son pouvoir explicatif apparaît singulièrement faible. Elle ne permet pas de comprendre pourquoi les échanges se sont accrus entre les pays très développés qui possèdent une dotation en facteurs comparable. Elle ne peut rendre compte des échanges croisés considérables qui ont lieu au sein d'une même branche, par exemple les flux croisés d'automobiles au sein de l'Union européenne. Enfin, elle est incompatible avec l'existence des firmes multinationales dont le rôle primordial au sein de l'économie mondiale se trouve ignoré : c'est dans son dévoilement que se trouve la clé des transformations en cours.

SYNTHÈSE

La révolution des transports et des communications engendre la contraction de l'espace-temps et ouvre une véritable économie informationnelle. La libération des échanges est le second facteur qui autorise leur mondialisation. Une nouvelle géographie des échanges où les produits industriels et les services prennent la plus grande place montre la prépondérance des pays de la Triade qui constituent un oligopole mondial. Les théories du commerce international qui postulaient la spécialisation des productions, la croissance et complémentarité des échanges, ne réussissent plus à expliquer ses formes actuelles.

Pour en savoir plus

Cahiers français, *Le commerce mondial* Documentation française, n° 299, 2001.	Analyse très fouillée (théories, faits, données) de l'évolution des échanges.

4

LA GLOBALISATION
DE LA PRODUCTION

Les transformations des courants commerciaux dans leur volume, leur contenu, leur direction laissent la théorie du commerce international à court d'explications. C'est en effet à la mobilité croissante des facteurs de production que l'on doit la dynamique contemporaine de la mondialisation. À l'échange s'est substituée l'internationalisation de la production, celle-ci d'ailleurs engendrant de puissants courants d'échanges associés à sa logique propre. La Révolution industrielle a laissé un héritage durable : l'extrême concentration de la production dans un petit nombre de pays qui, bénéficiant de leur avantage initial, ont assuré leur suprématie et maintenu leur avance sur le reste du monde. Au cours du dernier tiers de siècle, ce schéma figé s'est mis à bouger. La production s'est diffusée. Si l'industrie a été le moteur principal de la transformation, les services sont aujourd'hui en pointe de la globalisation.

Un grand basculement ? (page 44)
Le monopole des pays industrialisés mis en cause par les NPI.

La clé du système : l'investissement direct étranger (page 45)
Comment la diffusion de l'investissement direct change la géographie de la production

L'agent : la firme transnationale (page 47)
Pourquoi les entreprises choisissent-elles d'investir à l'étranger ?

Un grand basculement ?

En 1900, 10 pays faisaient 95 % de la production ; la situation avait peu varié en 1950. Mais en 1986, ce sont 25 pays qui contribuent au même résultat. Cet élargissement du cénacle doit d'abord être interprété à la lumière de l'érosion de la position écrasante des États-Unis en 1945 alors qu'ils détenaient 50 % la production, chiffre ramené à 40 % en 1960 et 26 % à l'heure actuelle. L'arrivée de nouveaux producteurs traduit la diffusion du fait industriel. Il reste que dix pays font encore 82 % de la production en valeur, tandis que quinze pays assurent la même proportion des exportations.

Les cotonnades et l'acier ont été les produits-clés de la Révolution industrielle, l'automobile l'enseigne même de la période fordiste. Les changements intervenus entre 1970 et 1998 montrent certes le recul et l'éclatement de l'URSS, mais surtout la promotion de nouveaux producteurs qui n'appartenaient pas au club restreint des pays industrialisés. La pénétration a été plus précoce pour les cotonnades, elle est aussi plus totale ; les États-Unis, seuls des producteurs traditionnels, demeurent dans le groupe de tête. Plus tardive et moins poussée en ce qui concerne l'acier, elle est amorcée pour la construction automobile.

Le reclassement parmi les pays industrialisés

Les États-Unis demeurent le plus grand pays industriel du monde, alors que l'éclatement de l'URSS a mis hors course le concurrent qui prétendait les dépasser avant l'an 2000. Mais leur position de premier exportateur n'est plus assurée, qui leur est disputée par l'Allemagne et le Japon. Ces deux grandes puissances affichent d'ailleurs les balances commerciales les plus plantureuses (respectivement 122 et 244 milliards de dollars d'excédent en 1995) alors que la balance américaine des échanges manufacturiers est de plus en plus lourdement déficitaire (158 milliards de dollars en 1995). L'autre fait saillant est le déclin britannique : l'ancien atelier du monde ne cesse de glisser dans les palmarès ; le Royaume-Uni est devancé par la France et l'Italie, passant du 3e au 6e rang des exportations en moins de quarante ans avec un laminage de sa part du marché mondial (de 13 à 6 %).

La montée des nouveaux pays industrialisés

Si la prépondérance des pays industrialisés demeure, on assiste à la rupture du vieux schéma hérité de la Révolution industrielle : de nouveaux acteurs, issus de ces portions de la planète traditionnellement cantonnées dans le rôle de pourvoyeuses de matières brutes et de marché, sont entrés dans le jeu.

Les nouveaux pays industrialisés (NPI)

Avec une surprenante rapidité, ils ont fait irruption dans les échanges mondiaux renversant les courants traditionnels. En 1999, la Chine, Hong-Kong, la Corée, Taiwan et Singapour sont responsables de 17,5 % des exportations manufacturières mondiales ; Hong-Kong au septième rang du palmarès talonne le Royaume-Uni. En 1960, ces mêmes pays ne comptaient que pour 1 % des échanges. Ce sont d'abord les quatre « dragons » – Taïwan, Hong-Kong, Corée et Singapour – qui se sont imposés. Une nouvelle cohorte s'est

La globalisation de la production

affirmée vers la fin des années 1980 : Thaïlande, Philippines, Malaisie, Vietnam, etc. La Chine, plus lente à joindre le mouvement, a aujourd'hui les plus forts taux de croissance. Parallèlement, quelques pays d'Amérique latine – Brésil, Mexique – sont entrés dans le mouvement ainsi qu'un groupe de pays méditerranéens.

Les productions des NPI : la courbe d'apprentissage

Ce sont d'abord le textile et le vêtement qui permettent aux Dragons de pénétrer le marché et constituent plus de 60 % de leurs exportations vers 1960. Rapidement, ils passent au montage des appareils de radio, TV et d'une manière générale de l'électronique grand public ; ce sont ensuite les semi-conducteurs, puis l'automobile, l'acier, les constructions navales ; dès 1985, textile et vêtement ne comptent plus que pour 20 % de leurs exportations. La progression dans le degré de technicité des productions va de pair avec un accroissement de la qualification et des coûts de la main-d'œuvre. À mesure que les Dragons avancent sur la courbe d'apprentissage, les productions à faible technicité sont transférées par les pays de la seconde cohorte, puis de la troisième.

La pénétration des économies industrialisées

Le cas américain est le plus spectaculaire. En 1964, 5 % des importations des États-Unis venaient de ces NPI. La proportion atteignait déjà 21 % en 1985, pour plus des trois quarts en provenance du Sud-est asiatique. La balance commerciale des États-Unis pour les produits manufacturés est devenue déficitaire.

Une grande peur de l'Occident

La rapide intrusion des nouveaux venus sur les marchés occidentaux a vite suscité des craintes. La concurrence des produits bon marché a engendré des fermetures d'usines, ressenties d'autant plus durement qu'après 1973 l'économie mondiale était entrée dans une phase de langueur. Le tiers-monde n'était-il pas en train d'aspirer les emplois industriels, les sources de la richesse ?

Toujours la Triade

Ce spectaculaire glissement ne saurait faire oublier que les pays industriels gardent leur prépondérance : les quatre cinquièmes de la production mondiale sont encore concentrés en Amérique du Nord, Europe de l'Ouest et Japon, avec les productions les plus intensives en technique, savoir et capital. Les trois pôles productifs majeurs de la structure triadique sont responsables respectivement de 28 %, 29 % et 30 % de la valeur ajoutée manufacturière mondiale ; un monde multipolaire s'est mis en place dont la Triade est la structure forte.

La clé du système : l'investissement direct étranger (IDE)

Le développement de l'Amérique du Nord avant 1914 a été financé par le capital étranger (chemins de fer transcontinentaux comme le Canadien Pacifique). Il s'agissait de prêts à long terme, d'obligations, d'investissements de portefeuille. Au XXᵉ siècle, la modalité dominante est l'investissement direct qui vise le contrôle et la propriété de l'entreprise.

Jusqu'aux années 1960, le commerce mondial progresse plus vite que l'IDE, tendance inversée après 1980. Le stock d'IDE est passé de 70 milliards de dollars en 1960 à 1000 milliards en 1985 ; ce stock double dans la décennie suivante avec un flux annuel supérieur à 200 milliards entre 1989 et 1991 : une croissance annuelle de 15 % contre 5 % au commerce mondial. On lit dans cette explosion de l'IDE la gestation d'un véritable système transnational. Le ratio de l'IDE au PIB est de 31 % en Belgique, 28 % aux Pays-Bas, 25 % en Espagne, 21 % au Royaume-Uni, 20 % au Canada, 11 % en France, 8 % aux États-Unis... et 0,7 % au Japon. Pour quelques NPI, ces ratios sont beaucoup plus importants : 73 % à Singapour, 47 % au Malaisie ; ils sont encore très significatifs en Chine (18 %) au Mexique (15 %). Ces chiffres sont à comparer avec le ratio du Bangladesh (0,7 %).

Du « défi américain » à la multipolarité

De 1945 à 1970, les États-Unis sont la source de plus de la moitié de l'IDE dans le monde. L'invasion paraît si menaçante qu'un journaliste dans un livre fameux invite les Européens à relever le « défi américain ». Seul à ce moment le Royaume-Uni joue un rôle significatif (18 %), loin devant la France. Peu à peu pourtant, l'économie européenne devient conquérante. En 1995, l'IDE américain ne compte plus que pour le quart du total mondial ; le Royaume-Uni demeure une importance source (12 %), tandis que s'affirme le rôle de l'Allemagne (9 %) de la France (7,5 %) mais aussi des Pays-Bas, du Canada (4 %) de la Suède. Le fait le plus marquant est le surgissement du Japon (13 %) au cours de la décennie 1980 à la faveur d'un yen fort. Au total, 10 pays développés contrôlent 86 % de l'IDE mondial ; à leurs côtés, quelques NPI affirment leur puissance nouvelle : les quatre dragons et la Chine.

Les pays développés sont la cible principale de l'IDE

Avant 1940, l'IDE ciblait les pays sous-développés dans une proportion des deux tiers. Ceux-ci ont été réduits à la portion congrue : on y trouve moins du quart de l'IDE. Encore ne s'agit-il que d'une poignée de privilégiés : 10 NPI concentrent 70 % de l'IDE, avec 25 % pour la seule Chine, cible privilégiée. Les pays du Nord investissent prioritairement dans le Nord et dans quelques pays émergents.

Le ballet des investissements croisés

L'Europe émet aujourd'hui près de la moitié de l'IDE et en reçoit 44 % : le marché unique européen a été un puissant agent de séduction sur le capital mondial. Les États-Unis sont les hôtes d'à peu près autant d'IDE qu'ils en émettent : la rapide pénétration niponne a même suscité un ressac dans l'opinion américaine, lorsque les Japonais ont acheté des joyaux aussi symboliques que le Rockefeller Center de New-York. Mais les Européens ne sont pas à la traîne, et le Canada, traditionnel réceptacle de l'investissement américain, est devenu un investisseur important chez le voisin du Sud. Les flux croisés d'investissement signalent l'interpénétration croissante des économies ;

l'anomalie japonaise n'en est que plus apparente : le Japon émet 12 % de l'IDE mais n'en reçoit que 0,7 %.

La mutation sectorielle : des matières premières aux services

La motivation première de l'IDE était autrefois l'approvisionnement en matières premières et en sources d'énergies. Les activités du cartel du pétrole, les investissements de Ford dans les plantations de caoutchouc, ceux de Pechiney et d'Alcan dans la bauxite illustraient cette orientation prioritaire. Après 1945, le secteur manufacturier a été la raison principale de l'IDE, avec trois domaines privilégiés : les secteurs de technologie avancée (pharmacie, électronique, informatique), les biens de consommation durables produits en grandes séries (automobiles, pneumatiques, électronique grand public) et les biens de consommation de grandes marques (céréales, boissons gazeuses, cigarettes…). Depuis 1990, on assiste à la montée des services qui absorbent plus de 50 % de l'IDE. C'est dans le secteur des services financiers, des télécommunications et des services aux entreprises que la percée a été la plus fulgurante. Le secteur de la consommation n'est pas en reste : Coca-Cola, Wall Mart, Mc Donald…, sont les enseignes les plus popularisées de la globalisation des services.

Des schémas nationaux d'IDE

Même si les pratiques aujourd'hui se rapprochent, les comportements nationaux en matière d'IDE restent différenciés. Ainsi, le Royaume-Uni, en raison de sa tradition coloniale, présentait un schéma spatial d'IDE assez éclaté, avec toutefois une dominante nord-américaine ; la période récente montre un recentrage sur l'Europe. C'est l'Europe – avec un intérêt marqué pour l'Europe centrale et orientale – qui est le centre de gravité de l'investissement allemand (65 %). Les États-Unis, de loin la plus grosse source d'IDE, privilégient aussi l'Europe (plus de 50 %) et le Canada, l'Amérique latine et plus récemment l'Asie du Sud-Est. Le cas des NPI est particulier : ils n'investissent pas tous massivement dans les pays du Sud, comme on le dit souvent ; Taïwan et la Corée montrent beaucoup d'intérêt pour l'Amérique du Nord. En ce qui concerne Hong Kong, fort investisseur en Chine, il a été un paravent de l'investissement de Taïwan sur le continent.

L'agent : la firme transnationale

Les entreprises sont les agents principaux de l'économie mondiale. Qu'une firme soit présente dans de nombreux pays n'est pas nouveau. Les Médicis de Florence avaient quadrillé la Chrétienté d'un réseau de comptoirs (Londres, Anvers, etc.) qui se partageaient l'exploitation des territoires en tirant parti de leur diversité. Jusqu'à la Seconde Guerre mondiale pourtant, le phénomène reste assez limité. Il explose dans les décennies suivantes. Les firmes essaiment dans de nombreux pays, deviennent multinationales. Les plus grosses surpassent en importance la grande majorité des États membres de l'ONU ; traversant, transcendant les frontières, elles se transforment en entités transnationales.

La montée des multinationales

On en prend la mesure avec le nombre de filiales étrangères installées chaque année dans le monde. Le taux annuel de création, qui était de 20 vers 1910 et 70 dans l'entre-deux guerres, passe à 120 vers 1950, 600 autour de 1960, 800 vers 1970. À cette date, les entreprises américaines sont toujours les plus fortes créatrices, mais l'Europe continentale, qui dépasse le Royaume-Uni, et le Japon s'affirment rapidement. Le mouvement continue de s'accélérer dans les années 1980 alors que la production des filiales étrangères augmente à un rythme quatre fois plus rapide que le produit mondial. En 1992, on compte 37 000 entreprises multinationales dotées de 206 000 filiales étrangères. On estime qu'elles sont aujourd'hui responsables d'au moins le tiers de la production mondiale, des deux tiers des échanges mondiaux – un tiers pour les seuls échanges intra-firmes. Le palmarès donne une claire image de la puissance des plus grosses d'entre elles : les 100 premiers groupes mondiaux sont responsables du tiers de l'IDE mondial.

Pourquoi internationaliser ?

Pourquoi une entreprise choisit-elle de créer des usines à l'étranger plutôt que d'exporter à partir de sa base initiale comme le prévoit la théorie ou encore de faire fabriquer sous licence ? La logique de production est au cœur des processus de globalisation.

Il existe plusieurs facteurs d'internationalisation :
– l'accès aux matières et sources d'énergie peu transportables ;
– l'accès au marché, la part de marché ;
– la main-d'œuvre bon marché ;
– les subsides ;
– les législations permissives.

Il existe ainsi de multiples facteurs que les entreprises évaluent en fonction des avantages qu'elles en retirent, de la situation politique des pays d'accueil (évaluation du risque-pays dont le niveau doit être contrebalancé par les avantages consentis). Chacun de ces facteurs, voire un bouquet, peut expliquer les choix individuels faits par les entreprises. Il convient de rechercher cependant un cadre compréhensif éclairant les logiques de choix.

Les explications structuralistes
et la nouvelle division internationale du travail (NDIT)

La domination européenne sur le monde s'est traduite par une différenciation croissante de la planète entre un centre dominant et une périphérie dominée, que la dépendance soit politique (la métropole et ses colonies) ou économique. Une division internationale du travail (DIT) s'est instaurée entre le cœur industriel exportant les produits de ses manufactures et la périphérie servant de marché pour les biens de consommation et d'équipement, mais surtout source de denrées alimentaires spécifiques (fruits tropicaux, canne à sucre, arachide…) et de matières brutes alimentant les usines du centre, avec dans le cas de domination politique une obligation d'exclusivité (le pacte colonial). Les courants commerciaux et les flux financiers qui illustraient la forte pulsion de mondialisation des années 1875-1914 ont été interprétés par les théoriciens marxistes de façon très différente de Ricardo. Pour Marx, la lutte contre la baisse tendancielle du taux de profit implique l'élargissement de l'horizon du capital par le commerce extérieur jusqu'à embrasser l'ensemble du monde ; l'échange entre les formations socioéconomiques différentes assure le triomphe du dominant sur le dominé et l'accumulation à son profit. Boukharine, Lénine, R. Luxembourg ont présenté un modèle d'internationalisation du capital et d'exploitation des forces productives dont la logique est l'accumulation au centre. L'impérialisme, « stade suprême du capitalisme », traduit le fonctionnement du modèle et le nécessaire fractionnement inégalitaire du monde.

Les marxistes contestent Ricardo (fixité des facteurs). La mobilité du capital, de plus en plus évidente, les autorise à décrire les séquences de sa conquête de l'espace mondial : circuit du capital marchand (internationalisation du commerce), circuit du capital monétaire (internationalisation de l'investissement de portefeuille), circuit du capital productif (internationalisation de la production). L'essor des entreprises multinationales a pu être décrit par S. Hymer comme une reproduction de leur structure hiérarchique à l'échelle du globe : la division du travail entre les divers niveaux de l'entreprise renvoie à la division du travail entre les pays.

L'installation d'une usine dans la périphérie permet de tirer parti d'un abondant marché de main-d'œuvre à très bas prix, de rapatrier les bénéfices et de poursuivre l'accumulation au centre. Ainsi s'est mise en place une nouvelle division internationale du travail (NDIT). Des moyens de transport rapides et bon marché ont permis d'exploiter les formidables disparités salariales à la surface du globe. Pour les radicaux, c'est dans les années 1970-1980 le ressort principal de l'expansion des firmes multinationales.

Un exemple de NDIT est fourni par l'industrie des semi-conducteurs dont l'invention en 1958-59 a révolutionné le fonctionnement des ordinateurs. La fabrication des semi-conducteurs comporte différentes opérations en séquence ; les premiers stades (la conception du circuit, la fabrication de la « gaufre » de silicium et son découpage en « chips ») exigent d'énormes capitaux, des équipements performants, une main-d'œuvre de haut niveau. Les stades ultérieurs (assemblage et test final) requièrent une main-d'œuvre peu qualifiée, généralement féminine. Ces produits de haute valeur et de faible poids s'accommodent de transport à très grande distance et d'une séparation géographique des opérations. Ainsi Motorola de Phoenix a très tôt installé ses usines d'assemblage et de test à Manille, Kualalumpur et Guadalajara.

La poupée Barbie

Depuis un demi-siècle, la plupart des petites filles jouent avec la poupée Barbie. Ce symbole de l'Amérique n'y a pourtant jamais été fabriqué. La société Mattel décide de la conception depuis son siège d'El Segundo (Californie). La fabrication, initialement faite au Japon, a été plusieurs fois délocalisée à mesure que montaient les coûts : Taiwan, Hong Kong, Philippines et maintenant Chine (12 000 ouvrières)... pour 0,4 dollar ; elle est vendue 10 dollars aux États-Unis (et dans 145 pays du monde), Barbie est à la fois un emblème de l'Amérique et un produit global.

L'industrie textile a été le fer de lance de la première Révolution industrielle en Europe ; c'est par elle que les NPI ont commencé leur industrialisation : faible degré de qualification requise, importance des coûts du travail dans le coût total de production (50 % pour le vêtement), transportabilité qui permet de tirer parti des différentiels de salaire (de 1 à 10 entre une ouvrière de Miami et une couturière de Haïti). La Chine est aujourd'hui le premier producteur et exportateur de textile et surtout de vêtement (40 % du marché). Parmi les 10 premiers exportateurs mondiaux de vêtement figurent la Chine, Hong Kong, la Turquie, la Corée et la Thaïlande. Le Canada, longtemps prospère à l'abri des barrières douanières, importe plus de 50 % de ses vêtements. De nombreuses branches industrielles où l'importance de la main-d'œuvre peu qualifiée et la part du travail dans la structure des coûts sont importants – comme une bonne partie de l'électronique grand public – ont ainsi migré vers les pays du Sud où ils ont contribué au démarrage des NPI.

L'exemple du textile et du vêtement montre la portée et les limites de la NDIT. L'Allemagne par exemple, est toujours dans le peloton de tête des exportateurs de textile, tout comme l'Italie pour le vêtement. Ce ne sont pas des secteurs homogènes. Certaines branches (textiles synthétiques) dépendent plus du capital et d'une technique sophistiquée que de la main-d'œuvre abondante et bon marché ; d'autres sont fondées sur une expertise particulière, l'exploitation de niches dans les marchés segmentés (industrie italienne de la maille, mode…). Les entreprises peuvent mettre en œuvre des solutions alternatives : ainsi les firmes japonaises de semi-conducteurs ont préféré investir dans les usines d'assemblage automatisées de l'île de Kyu-Shiu. La NDIT a le mérite de mettre l'accent sur la mobilité du capital, son rôle dans l'essor des filiales étrangères, dans le développement des NPI. Mais elle comporte bien des faiblesses. Le principal écueil est que les flux de l'IDE sont majoritairement des investissements croisés entre pays avancés du Nord.

Écarts technologiques et cycle du produit

Tout produit à l'issue de sa conception passe à travers une série d'étapes : développement initial, croissance, maturité, déclin, obsolescence, ce sont les étapes d'un cycle de vie au cours desquelles changent la démarche et les combinaisons de facteurs de production. R. Vernon a proposé une traduction spatiale du cycle du produit rendant compte de l'internationalisation de la production. Il est parti de la situation des États-Unis où la main-d'œuvre est rare, coûteuse et qui disposaient au XXe siècle d'un bon avantage technologique (voir « Documents et méthodes », page 144). La fabrication, amorcée aux États-Unis qui sont exportateurs, se diffuse à l'étranger à mesure que le produit « vieillit » et se banalise.

Ce modèle qui était fécond jusqu'aux années 1970 (ainsi le déploiement des filiales des producteurs américains d'automobiles) a perdu de son pouvoir explicatif quand, avec leur croissance, les stratégies des multinationales sont devenues plus complexes.

Imperfections du marché et internalisation

L'analyse du cycle du produit amène Vernon à faire de l'entreprise l'acteur principal de la multinationalisation. Elle pourrait cependant, au lieu de créer des filiales à l'étranger et de risquer une immobilisation de capitaux, céder moyennant redevance une licence pour l'exploitation de son produit. Pour Williamson, les imperfections, les « défaillances » du marché (incertitude, information imparfaite, douanes, taxes, etc.) contraignent les firmes à grandir de façon à garder les transactions à l'interne où elles sont moins coûteuses. La firme est ainsi amenée à se créer un vaste « espace propre », un grand marché interne où elle peut tirer parti de ses avantages spécifiques, conserver la maîtrise de sa technologie et le contrôle de ses marchés, disposer, pour ses cadres, d'un vaste marché interne d'emploi avec « esprit-maison ». Elle est aussi source de flexibilité dans l'utilisation des avantages offerts par les gouvernements nationaux, dans la fixation des prix de transfert et donc la localisation des bénéfices là où ils sont les moins imposés. Ce serait la source de la constitution des vastes oligopoles contemporains qui cherchent à se mettre hors marché. L'explication a le grand mérite d'éclairer le phénomène des investissements croisés dans un système oligopolistique.

De la multinationale à l'entreprise globale

Pour Vernon, était appelée multinationale une firme installée dans au moins six pays. Les firmes américaines implantées en Europe avant 1970 en sont de bons exemples. Leurs filiales ont pour mandat, à l'abri des barrières douanières, d'exploiter un marché national avec un produit adapté. La filiale est considérée comme un centre de profit sous l'autorité du siège social américain. C'est une filiale-relais. Les filiales-relais participent ainsi d'une organisation horizontale dans l'exploitation des marchés et d'une organisation verticale dans leur relation exclusive à la maison-mère (voir « Documents et méthodes, page 140).

La délocalisation des productions vers les pays en voie de développement pour mettre à profit une main-d'œuvre abondante et bon marché a multiplié les filiales jouant le rôle d'ateliers destinés à exporter vers le pays d'origine et les marchés mondiaux. Le passage d'une économie nationale à une économie véritablement multinationale s'est opéré lorsque la multiplication de filiales-ateliers dans les pays du Nord a révélé la mise en place d'une dynamique radicalement différente. Les entreprises développent alors une stratégie de produits mondiaux : chaque filiale reçoit le mandat de fabriquer un composant du produit fini pour approvisionner les autres filiales chargées des séquences d'aval. Il y a renversement des liaisons par rapport à la phase précédente : la filiale est un échelon dans l'organisation verticale de la production, mais entretient des relations horizontales avec les autres filiales du groupe. La maison-mère conçoit les orientations stratégiques, concentre la recherche et développement et coordonne l'ensemble des activités de production. Chaque unité spécialisée peut dégager les économies d'échelle nécessaires à une époque de rendements croissants et de concurrence oligopolistique. Sa localisation dans un pays donné est déterminée par le jeu des avantages comparatifs et l'organisation de la chaîne logistique. L'importance de la contribution d'une filiale à la firme n'est pas mesurée à sa rentabilité intrinsèque mais à sa contribution à la maximisation du profit de la firme dans son ensemble. Les entreprises tendent à la « glocalisation » (néologisme forgé par Mori, ancien président de Sony) maximisant les agencements du global et du local : c'est « combiner les avantages comparatifs de chaque pays et la compétitivité de l'entreprise par rapport au marché mondial » (Michalet).

L'exemple français

Un pays comme la France a abordé la compétition mondiale en privilégiant des champions nationaux. Les succès n'ont pas toujours suivi (avatars de la firme informatique Bull). Très souvent, les restructurations ont été conduites par concertation entre pouvoirs publics et grands groupes industriels et financiers nationaux. Avec l'élargissement des horizons à l'ensemble de la planète, c'est une étape dépassée. Le président d'Alcatel en 2001 a secoué l'opinion en déclarant que l'objectif de son entreprise était, à terme, de réduire le nombre de ses employés de 130 000 à 20 000 en concentrant les efforts sur le cœur de la mission ; la production matérielle sera de plus en plus externalisée et localisée hors du berceau français. Alcatel devient une firme globale. Si les entreprises globales sont encore peu nombreuses, la globalisation de la production s'accélère ; pour en comprendre tous les mécanismes, il est important de comprendre qu'elle est étroitement liée à la globalisation financière.

SYNTHÈSE

Concentrée dans une poignée de pays depuis la Révolution industrielle, la production manufacturière s'est rapidement diffusée au cours des dernières décennies à un nombre grandissant de Nouveaux pays industrialisés, sans que soit encore remise en cause la hiérarchie ancienne. L'internationalisation des services a suivi. L'investissement direct étranger (IDE) est l'outil de la transformation dont les acteurs majeurs sont les sociétés transnationales dont certaines, en petit nombre encore, sont désormais des firmes globales.

Pour en savoir plus

P. DICKEN, *Global shift,* Guilford Press, 1998, 3ᵉ édition	L'exposé le plus complet de l'internationalisation des activités économiques.
C. MANZAGOL, « La localisation des activités spécifiques », ch. 26 *Encyclopédie de la géographie,* Économica, 1995	Synthèse succincte sur la problématique de la localisation.

/5/

LA GLOBALISATION FINANCIÈRE

« **L**a mondialisation s'inscrirait ainsi dans une tendance plus longue, celle de la soumission progressive de tout espace physique et social à la loi du capital, loi d'accumulation sans fin qui est la finalité ultime du système inventé il y a près d'un millénaire par les cités marchandes de la Méditerranée » (J. Adda). Le capital s'est internationalisé à partir du moment où les techniques bancaires l'ont libéré du déplacement du numéraire. La lettre de change a consacré les noces du négoce et de la finance. L'essor de l'État-nation, le fonctionnement des administrations et des armées, ont donné à la banque un marché élargi par les besoins de l'industrialisation : les emprunts russes en ont été un symbole fameux. Le XXᵉ siècle a vu le gonflement formidable de la sphère financière ; d'énormes mouvements de capitaux ont submergé les institutions internationales chargées d'en réguler la circulation ; la logique financière a imposé son rythme et ses impératifs à la production.

L'effondrement du système de Bretton-Woods (page 54)
Comment le système monétaire bâti en 1945 s'est-il effondré ?

Le surgissement de l'eurodollar (page 54)
La source de l'instabilité monétaire.

Le nouveau marché financier mondial (page 56)
Quelles règles ? Quels acteurs ?

Les entreprises dans la logique financière (page 57)
Le comportement des firmes dicté par la sphère financière.

L'effondrement du système de Bretton-Woods

Les États-Unis, n'ayant pas subi de destructions, et sortis de la guerre avec un outil de production formidable, dictent leurs conditions à la conférence de Bretton-Woods en 1944. Ils détiennent les trois quarts du stock d'or mondial, ce qui fonde l'impérium du dollar (convertible sur la base de 35 pour une once d'or) qui devient la grande devise et monnaie de réserve. Les États-Unis relancent les économies des alliés européens (Plan Marshall) et des divers pays que l'on veut protéger de la contagion communiste en Europe et en Asie. Les institutions de Bretton-Woods assurent la régulation sur une base multilatérale.

– Le Fonds monétaire international a pour mission de régler les déséquilibres temporaires des balances des paiements des États ;

– La Banque mondiale assure des prêts pour la reconstruction des États victimes de la guerre et pour le développement des pays du tiers-monde.

Jusqu'en 1960, il n'y a pas de marché international des capitaux important. Les mouvements de capitaux sont contrôlés. Les déficits courants des États n'excèdent généralement pas 1 % de leur PIB.

La situation va se détériorer avec le déficit galopant de la balance américaine des capitaux : guerre du Vietnam, implantation de multiples filiales à l'étranger. Les dollars sortis des États-Unis servent à l'équipement des pays étrangers, mais dans les années 1960, ils excèdent les besoins, et les banques étrangères les convertissent en or. Quand les dettes américaines dépassent le stock d'or américain, c'est la crise ; le dollar surévalué est attaqué. Le gouvernement américain suspend sa convertibilité en 1971, et le dévalue à plusieurs reprises. À une période de changes fixes succède une ère de changes flottants ; le cours des monnaies fluctue selon l'offre et la demande. L'instabilité s'installe, alimentée par la flambée des eurodollars. Le déclin américain, politique (enlisement au Vietnam) et économique, paraît avéré sur un fond de fordisme agonisant. Le mark allemand et le yen japonais s'affirment comme des monnaies fortes.

Le surgissement de l'eurodollar

On désigne sous le terme d'eurodollar des devises américaines hors des États-Unis et comme telles non assujetties au contrôle d'une banque nationale. Au départ, ce sont les dollars dont les Soviétiques ont besoin pour régler leurs transactions internationales. Les sorties de capitaux américains sur le marché mondial amplifient considérablement les stocks d'eurodollars : de 4 milliards de dollars en 1960 à 160 en 1970. Ce n'est qu'un début. Les chocs pétroliers successifs enrichissent les pays exportateurs alors que les prix sont multipliés par 12 en moins de dix ans.

La formation d'un marché international privé des capitaux

Durant cette période, les grands exportateurs de l'OPEP, se lancent dans de grands programmes d'équipement. Malgré ces achats, les pays de l'OPEP accumulent un surplus de 400 milliards de dollars qui servent à des prêts aux pays industrialisés et dans une plus faible mesure aux pays en voie de développement. Toutefois, l'essentiel de ces capitaux est placé en liquide dans les eurobanques qui se chargent de les convertir en prêts aux pays en développement. Ceux-ci en profitent pour financer leur effort d'équipement, telle la Corée ; d'autres moins avisés payent avec ces emprunts leurs dépenses d'armement (Irak).

Dépendance des pays en développement et marché des capitaux

Alors que le développement était lié soit aux flux d'IDE soit à l'aide internationale publique, il est associé de plus en plus à ce financement privé ; la Banque mondiale qui prête moyennant certaines exigences s'en trouve marginalisée. Les institutions privées ne se préoccupent guère de l'utilisation des fonds qu'elles prêtent. La dette des pays en développement augmente considérablement et les fragilise.

L'instabilité monétaire et la crise

Désormais, les euromonnaies circulent sans entrave et se placent sur les marchés qui offrent les meilleurs rendements ; la monnaie est une denrée comme une autre. Pour se protéger, les pays européens qui tentent de construire un marché intégré lient leurs monnaies dans le SME (système monétaire européen), première étape en 1979 vers la création d'une monnaie commune. Aux États-Unis, la lutte contre l'inflation, puis le déficit budgétaire sous l'administration Reagan, engendrent une brutale montée des taux d'intérêt (20 % et plus) dont les effets ajoutent à une récession mondiale profonde. Les taux d'intérêts énormes étranglent les pays en développement débiteurs. On prend conscience soudain de la fragilité du système. Ces pays ne peuvent faire face aux paiements des intérêts et au remboursement des prêts à court et moyen termes. La seule Amérique latine en 1982 doit 200 milliards de dollars, ce qui est supérieur aux fonds propres des 100 premières banques mondiales. Le Mexique suspend ses paiements, amorçant une spirale de crise dans toute l'Amérique latine : c'est « l'effet tequila ».

Sortie de crise : les capitaux refluent vers le Nord

Les banques coupent alors les flux de capital vers les pays du Sud. Les États industrialisés et le Fonds monétaire international interviennent pour éviter l'effondrement et sauver les banques : on rééchelonne la dette des pays endettés s'ils acceptent des plans draconiens de stabilisation, d'ajustement structurel : privatisation des services publics, réductions budgétaires, retour à l'équilibre de la balance des paiements et rétablissement de la capacité de rembourser. C'est un coup d'arrêt net au développement, durement ressenti dans les pays du Sud. Les marchés financiers du Nord redeviennent attrayants, notamment le marché américain ; le renchérissement du mark et du yen fait de l'Allemagne et du Japon les grands pourvoyeurs de capitaux des années 1980.

Le nouveau marché financier mondial : nouvelles règles, nouveaux acteurs

Au début des années 1970 a pris fin une exceptionnelle période de croissance. Les Trente Glorieuses ont marqué l'apogée d'un mode de régulation où l'État jouait le premier rôle, et qui s'effrite rapidement avec le retournement du cycle ; un nouveau paysage se dessine.

Le triomphe du credo libéral : les 3 D

L'État doit s'effacer et laisser pleinement jouer les règles du marché ; l'arrivée au pouvoir de M. Thatcher au Royaume-Uni (1979) et de R. Reagan aux États-Unis (1981) marque l'affirmation du dogme libéral dans les politiques intérieures et les pratiques internationales. L'abandon des règles qui, depuis un demi-siècle assuraient le contrôle des mouvements de capitaux et les opérations financières, consacre la mondialisation financière. De nouvelles règles du jeu les remplacent ; ce sont les « trois D » :

– *déréglementation* : la libéralisation monétaire et financière libère la concurrence entre les intervenants dans les espaces nationaux et supprime les limitations au mouvement international des capitaux et aux opérations sur les devises ;

– *décloisonnement* : la suppression des barrières entre les différentes fonctions financières et les diverses sortes de marchés (changes, actions, obligations, crédit).

– *désintermédiation* : ouverture du marché des prêts aux institutions financières non bancaires, comme les sociétés d'assurances.

Les innovations élargissent et complexifient le champ des transactions. La titrisation est une pratique qui consiste à émettre et placer des titres sur les marchés étrangers, multipliant ainsi le nombre des créanciers potentiels et diffusant le risque. Des produits financiers nouveaux apparaissant comme les produits dérivés (marchés d'options négociables, contrats à terme protégeant de la variation des changes, etc.). Le résultat le plus saillant de ces multiples transformations est « l'interpénétration des marchés monétaires et financiers et leur intégration dans des marchés mondialisés ». Les formidables progrès techniques dans la circulation de l'information autorisent désormais un fonctionnement permanent, en temps réel, de ces marchés intégrés à l'échelle mondiale. Le « big-bang » de la Bourse de Londres est le symbole de ces mutations.

Les nouveaux acteurs

Les banques commerciales étaient les principaux agents dans le fonctionnement traditionnel des marchés. De nouveaux acteurs les supplantent : les investisseurs institutionnels (« les zinzins »). Il s'agit en premier lieu des compagnies d'assurances, des fonds de pension et des fonds mutuels (organismes de placement collectif en valeurs mobilières). Dès 1990, aux États-Unis, les actifs des banques (780 milliards de dollars) sont beaucoup moins importants que ceux des fonds mutuels (968 milliards de dollars), des compagnies d'assurances (1 330) et surtout des fonds de pension. La Calpers illustre la formidable montée de ces nouveaux investisseurs (voir « Documents et méthodes », page 149).

Un capitalisme patrimonial

Décrivant le capitalisme de l'ère fordiste, Galbraith soulignait le rôle éminent des gestionnaires (la techno-structure) qui avaient écarté les actionnaires du gouvernement de l'entreprise ; le retournement est total : le capitalisme patrimonial s'est substitué au capitalisme managérial ; « les actionnaires sont les nouveaux maîtres du monde » (A. Minc). La pression de la rentabilité monte sans cesse et les gestionnaires ont l'œil fixé sur les rendements trimestriels de l'entreprise. Une vision de rentabilité à court terme est le fruit de cette « dictature des créanciers ». Une norme s'est imposée : un rendement minimal de 15 %. Les objectifs de l'entreprise se définissent en termes financiers ; même l'Allemagne n'est pas exempte de la contagion et le « capitalisme rhénan » (liens privilégiés entre une banque et un groupe d'entreprises permettant une stratégie de long terme, et une prise en compte des dimensions sociales) perd de ses spécificités. La libéralisation et la poursuite effrénée du profit mènent à des opérations scabreuses (Enron) qui mettent le système en danger.

Une économie casino ?

Il se transige pour plus de 1 500 milliards de dollars par jour sur le marché des échanges ; les investissements directs et les échanges de biens et de services portent sur 100 milliards : c'est donc une masse énorme de capitaux qui, chaque jour, circule dans un but spéculatif, à la recherche de profit à très court terme sans aucune production de biens ou de services. De grands financiers participent à ces manœuvres spéculatives (Soros). En général, les investisseurs institutionnels ne se hasardent pas à des jeux trop risqués ; mais certains fonds mutuels sont spéculatifs (*hedge funds*) et les « arbitragistes », qui jouent sur des sommes considérables, chassent les occasions de profit immédiat. Des spéculations impliquant de grosses firmes comme Barings et Sumitomo ont été révélées à la suite de pertes considérables. Tout comme elle a permis le transfert de richesses vers le capital rentier, la globalisation financière a suscité des discordances entre le jeu des transactions et l'économie réelle.

Les entreprises dans la logique financière

La conséquence la plus lourde de la globalisation financière réside dans les contraintes qu'elle impose aux firmes ; l'exigence de rentabilité élevée pèse sur leur organisation et leur stratégie : elles n'ont d'autres choix que de fournir un rendement égal à ce que donne le marché financier. L'obsession est la « création de valeur » pour les actionnaires, les organismes financiers non bancaires dont l'ombre plane sur la *corporate gouvernance*. L'un des « dix commandements de la valeur actionnariale » (F. Morin) est la rentabilité des fonds confiés. La gestion de la production doit intégrer « la même capacité de réaction et d'adaptation aux variations du marché que la gestion d'un porte-feuille d'actifs financiers » (Michalet). Aujourd'hui, les chefs d'entreprises craignent beaucoup plus les quelque 200 analystes financiers qui font autorité dans le monde que les syndicats de travailleurs, autrefois si redoutés.

La flexibilité

La production fordiste se caractérisait par les formes d'organisation de la production de masse ; la chaîne de montage était la clé de fabrication de biens d'équipement et consommation en grandes séries, sources d'économies d'échelle considérables. L'épuisement de la norme de consommation fordiste, la segmentation des marchés exigeaient une production en séries plus courtes : la machine à commande numérique programmable a été l'instrument permettant de bas coûts unitaires sur de petites séries. Les méthodes d'organisation du travail se sont transformées ; à l'exécution de tâches fragmentées dans un processus rigide, est substitué un travail en équipe, avec rotation des tâches, apprentissage en collaboration, etc. La capacité d'initiative, d'apprentissage et de participation des travailleurs a permis d'apporter rapidement les modifications requises, et d'assurer le contrôle de la qualité. Cette flexibilité a été incarnée par le toyotisme. Les producteurs japonais d'automobiles ont eu aussi massivement recours à la sous-traitance développée avec l'après-fordisme. Le donneur d'ordres peut, sans immobiliser de capitaux, bénéficier du concours de producteurs à qui il confie des tâches particulières (sous-traitance de spécialité) ou l'excédent de demandes en période de pointe (sous-traitance de capacité). La production juste-à-temps augmente la flexibilité du système en supprimant les stocks de pièces que les fournisseurs livrent à l'usine de montage quelques heures avant leur utilisation.

Firme mince et dégraissage

En 1995, un grand reportage du *New-York Times* présente un montage de deux ensembles de données ; en haut, les « unes » du *New-York Times* annonçant les suppressions d'emplois : 40 000 emplois coupés par AT & T ; Boeing coupe 15 000 postes, Sears élimine 150 magasins et 50 000 emplois, Delta et Lockheed suppriment chacune 15 000 emplois, etc. ; en bas, un graphique chiffre la montée des profits des entreprises américaines : 415 milliards de dollars au trimestre d'hiver 1991, 461 milliards au printemps 1992, 527 milliards à l'automne 1993, 610 milliards à l'été 1995. Chaque annonce de licenciement est saluée par une hausse à Wall Street : Xérox coupe 7 000 emplois, ses actions montent de 7 % en un jour. Les chefs d'entreprises expliquent que la libéralisation suscite la compétition (AT & T scindée en sept entreprises concurrentes, les Baby Bells) et que la mondialisation condamne à une plus grande efficacité. De 1980 à 1995, General Motors est revenue à la profitabilité, mais est passée de 520 000 à 315 000 emplois. Dans les années 1980, les entreprises industrielles sont les plus touchées ; dans les années 1990, le secteur des services est à son tour concerné. La reconfiguration (*reengineering*) prend diverses formes. L'informatique simplifie et aplatit la hiérarchie en supprimant de nombreux postes de cadres intermédiaires devenus caducs. Les entreprises font appel au travail temporaire : Manpower devient la plus grosse firme américaine. Elles se départissent de toutes les activités peu rentables, filiales ou usines mal en point : les « canards boiteux » sont sacrifiés. Elles externalisent les activités périphériques et se recentrent sur le cœur de leur « métier » : ainsi sur Sun Microsystems sous-traite toutes les pièces banales pour se concentrer sur le cœur du système et les logiciels. Même dans une période où l'économie américaine crée beaucoup d'emplois, le sentiment de précarité s'installe dans la population : la firme n'est-elle pas « *lean and mean* » ?

Globalisation et concurrence des territoires

Dans une économie globalisée, les entreprises spécialisent filiales et unités de production dans une gamme restreinte de produits qui alimentent le réseau et le marché mondial. Dans les choix de localisation, elles arbitrent entre les territoires qui sont conviés à une concurrence féroce et mobilisent tous leurs atouts pour augmenter leur attractivité. Selon Michalet, dans un monde où les options territoriales sont multiples, ce sont les avantages absolus qui comptent et non plus les avantages comparatifs liés à la dotation en facteurs. Les territoires qui l'emportent ont les coûts les plus bas. La délocalisation constitue une option parmi d'autres, que l'automatisation peut remettre en cause. Le réseau des actifs de la firme est très plastique, et les filiales peuvent changer souvent de mandat, de spécialisation en fonction de l'impératif de rentabilité.

Les entreprises productives, opérateurs financiers

Les firmes disposent à travers leur réseau de filiales sur la planète d'une importante capacité de déplacer des fonds par mécanismes de transferts internes. La direction financière des entreprises acquiert une position dominante dans l'entreprise ; la création de valeur pour l'actionnaire peut être plus substantielle dans le placement des fonds sur le marché financier que dans les opérations de production. La Banque des règlements internationaux les considère comme des opérateurs financiers très influents qui jouent une grosse partie sur le marché des changes comme l'ont révélé quelques « accidents » chiffrables en milliards de dollars (Mannesmann, Sumitomo, etc.).

Les groupes tendent à se doter de banques avec un double objectif : s'occuper de la trésorerie du groupe à l'échelle mondiale, diversifier le groupe avec une branche financière profitable. Thomson a créé la Société de Banque Thomson, et Thomson Crédit International en plus de Thomson-Brandt International.

Des oligopoles mondiaux

Arme contre la concurrence, la concentration est un fait ancien. Vers 1950, General Motors, Ford et Chrysler faisaient 95 % des automobiles américaines. J.K. Galbraith a bien montré que la concentration a pour but de mettre l'entreprise à l'abri du marché auquel elle substitue sa propre planification. La constitution d'immenses conglomérats dans les années 1960 visait à étendre le succès d'un modèle de gestion à un portefeuille diversifié. Sur le marché mondial, pétrole et aluminium ont été des domaines précocement investis par quelques très grands groupes (Esso, Alcoa, etc.) se livrant de rudes batailles ou pratiquant des ententes plus ou moins explicites (Cartel du pétrole) La période contemporaine est marquée par un changement de rythme et d'échelle : le passage accéléré des oligopoles nationaux aux oligopoles mondiaux ; le mouvement a été vite marqué dans le secteur des hautes technologies ; le cas de l'informatique est typique : en 1990, quatre entreprises font 80 % des gros ordinateurs et 60 % des micro-ordinateurs. Le marché des avions gros porteurs est tout entier occupé par Airbus et Boeing. La concurrence effrénée pousse à la concentration où les avantages recherchés sont multiples : élargir le marché interne de l'entreprise, acquérir ou contrôler des intrants stratégiques, porter la compétition chez l'adversaire, être présent sur chacun des grands marchés régionaux de la Triade. Le rôle de la technologie est aussi central : protéger la technologie de l'entreprise, imposer sa norme, désarmer les concurrences par les effets d'annonce (le cas de Microsoft est exemplaire). Le développement des « produits-services » (ainsi IBM) et la part croissante des investissements immatériels ont amené les entreprises industrielles à s'intéresser aux services ; ainsi General Motors a acquis en 1984 les services informatiques EDS. Pour maîtriser toute la chaîne de valeur, on voit les grands groupes créer leur centrale d'achat, leur firme de publicité, leur banque, etc.

La tendance à la concentration s'est exacerbée dans la dernière décennie avec une formidable vague de fusions-acquisitions. Tantôt il s'agit de concentration horizontale classique comme le projet de réunir les sidérurgistes français Usinor, luxembourgeois Arbed et espagnol Aceralia, annoncé en février 2001, pour former le premier groupe sidérurgique mondial, Arcelor, (50 millions de tonnes d'acier). La fusion Daimler-Benz et Chrysler est née de la complémentarité des gammes de produits et des marchés. La libéralisation des télécommunications a été un puissant adjuvant des fusions-acquisitions, stimulées également par le marché des téléphones cellulaires (achat de Mannesmann par Vodafone, d'Orange par France-Telecom). Les grandes fusions résultent de la convergence entre les supports et les contenus (Vivendi-Seagram), et fait surprenant, ce sont les nouvelles venues qui, en raison du formidable bond des actions dans les années 1990, absorbent les entreprises établies (AOL-Time-Warner). Toutes les fusions sont cependant loin d'être un succès (voir « Documents et méthodes », page 152).

« La firme saisie par le réseau »

La concentration contemporaine est cependant différente des phénomènes du passé car elle s'accompagne de tendances apparemment contradictoires. Ainsi la hiérarchie est assouplie : le centre stratégique coordonne, contrôle, impose les objectifs financiers mais la réalisation est souvent l'affaire d'unités autonomes fonctionnant en centres de profits dont les établissements sont dispersés ; ainsi, Thomson-CSF est divisée en 80 unités d'affaires, 40 unités transversales chargées entre autres des standards, des bases de données : l'organisation de ces modules dans une structure matricielle est évidemment permise par les mutations dans les techniques de communication. P. Veltz qui cite ce cas montre la « firme saisie par le réseau ». Il existe bien sûr de multiples formes d'organisation : la grande firme intégrée subsiste et à l'autre bout du spectre, des producteurs indépendants qui fournissent des prestations à la demande ; entre ces deux modèles les firmes-soleil, ou firmes creuses comme Nike, sont en concurrence avec des réseaux de PME coordonnées par une firme animatrice (Benetton, les districts industriels italiens) tandis que d'autres

Portée et limites de la mondialisation culturelle

La mondialisation conduit-elle inexorablement à la convergence culturelle ? Le grand M qui s'affiche à deux pas de la place Tian-An-Men de Pékin ne fait pas révérence au président Mao mais célèbre l'universalité de Mc Donald qui attire les foules dans ses 28 0000 restaurants sur 130 pays : un exemple entre mille de la diffusion planétaire des produits de consommation.

La circulation des produits et des images pénètre les coins les plus reculés du monde, apparemment intégrés au « village global » prophétisé par Mc Luhan. Ces consommations affectent les connaissances, les croyances, les coutumes de ceux qui y participent, c'est-à-dire leur culture. Pour être plus insidieuse, la pénétration des images de télévision au cœur des savanes africaines ou de rizières asiatiques prépare la diffusion de modèles de modernisation et de consommation d'autant plus convergents que les entreprises de communication sont des empires concentrés (Time-Warner, R. Murdoch).

Les productions locales traditionnelles font les frais de la diffusion des denrées que vantent les écrans ; le coca cola remplace la bière de mil. Les cultures traditionnelles sont rapidement érodées. L'usage d'Internet renforce rapidement la domination de l'anglais. L'industrialisation des produits culturels menace le potentiel de création dans de nombreux pays.

La formidable diffusion de quelques marques de jeans, de chaussures de sport, de boissons gazeuses est le symbole le plus éclatant de la mondialisation. Pour autant, la diversité du monde se dissout-elle dans une pâte de plus en plus homogène ? Dans le livre qu'il consacre à la question, l'anthropologue J.-P. Warnier invite à regarder sous le global pour découvrir comment les flux culturels sont reçus au niveau local où la capacité de création et d'imagination se traduit en adaptations et transformations multiples. Les cultures sont localisées. Pour lui, la globalisation des marchés, et particulièrement des marchés culturels, n'aboutit pas à une mondialisation culturelle (« un abus de langage »). De la même manière, « les apparences sont à l'uniformisation de l'alimentation, comme de nombreuses expressions de la culture, mais aussi paradoxalement au renforcement des nourritures, des boissons et des recettes enracinées dans le terroir » (J.R. Pitte). En fait, alimentée en biens et en images multiples, l'humanité dans sa féconde diversité « reste une machine à fabriquer de la différence et de l'identité ».

formes d'organisation sont fondées sur de larges réseaux d'alliances. C'est le réseau qui permet, par la coordination d'activités dispersées, d'obtenir les économies d'échelle, tout en autorisant une économie de capital, un partage des risques et une grande réactivité : système nerveux central, la firme met au service de ses objectifs des alliances stratégiques pour partager les risques énormes de la R & D (plus de trois milliards de dollars pour le futur Airbus 380), réduire les délais d'innovation, utiliser les complémentarités (marchés, partage des systèmes de réservations pour les compagnies aériennes). De nouvelles formes d'investissements se multiplient où l'on partage propriété, pouvoir, contrôle... (*joint ventures*, participations minoritaires, etc.). Étendue, puissante, multiple, l'entreprise globalisée a paradoxalement des frontières de plus en plus floues.

SYNTHÈSE

Durant 25 ans, le système de Bretton-Woods a assuré une régulation financière efficace que l'irruption de l'eurodollar a mise à mal. L'apparition de nouveaux acteurs sur un marché financier doté de nouvelles règles a suscité l'apparition d'un capitalisme patrimonial dont les exigences de rentabilité ont imposé une logique financière au monde de la production. La globalisation s'accompagne de la constitution d'oligopoles mondiaux. Elle progresse rapidement ; toutefois le nombre de firmes réellement globales est encore assez limité. La dynamique des fusions se révèle à l'usage souvent complexe et périlleuse et les traits culturels propres à chaque entreprise ne sont pas les moindres obstacles à surmonter.

Pour en savoir plus

F. CHESNAIS
La mondialisation du capital,
Syros, 1997.

Documentation et interprétation poussées du circuit de valorisation du capital.

---------------------/6/---------------------

UNE PLANÈTE
EN MOUVEMENT

Le XXᵉ siècle a été le siècle du nombre (la population du globe a été multipliée par quatre) et des déplacements en masse, des formidables brassages de population : la terre est devenue une « planète nomade ». La France a créé en 2001 un musée de l'immigration, lieu de mémoire des contributions multiples au façonnement de l'identité française et aussi œuvre de pédagogie pour apprivoiser un phénomène qui pose problème aux sociétés contemporaines : les migrations internationales seront de plus en plus amples, remodelant le visage de la planète. La population des États-Unis longtemps dominés par l'élite WASP (*White Anglo Saxon Protestant*) ne sera plus en majorité d'origine caucasienne en 2050. Les populations sont de plus en plus mobiles ; c'est vrai dans la vie quotidienne, dans les activités de loisir, ou la quête d'une vie meilleure. Les formidables disparités économiques et sociales sont rendues plus sensibles par la diffusion planétaire des informations. Création et diffusion des images suscitent la mondialisation des rêves et des frustrations et contribuent à alimenter des flux de migrations amples et complexes.

L'explosion des mobilités (page 64)
Pourquoi les populations sont-elles plus mobiles ? Comment décrire le système migratoire mondial ? Le phénomène s'accélère-t-il ?

Des populations transnationales (page 69)
Les nouvelles formes de mobilité suscitent-elles de nouveaux rapports avec les territoires ?

La planétarisation du tourisme (page 71)
Le tourisme de masse, phénomène économique et culturel de premier ordre, témoin de mondialisation

L'explosion des mobilités

On estime à 150 millions le nombre de migrants dans le monde : 120 millions recensés et 30 millions de clandestins. Ces flux considérables qui parcourent le globe, empruntent les cheminements et les moyens les plus variés. L'importance des chiffres absolus cache cependant qu'il s'agit d'une mobilité relative moindre qu'il y a un siècle où le rapport entre le nombre de migrants et la population mondiale était de 5 % contre 2,5 % seulement aujourd'hui ; nous sommes loin des hordes de barbares dont certains souhaitent nourrir l'imaginaire collectif. Le poids des migrants est cependant très sensible ; la plupart des pays industrialisés comptent en général au moins 5 % de leurs habitants qui ne sont pas citoyens, proportion qui monte à 9 % aux États-Unis, 16 % au Canada, 18 % en Suisse et même 24 % en Australie.

Anciennes et nouvelles mobilités

Les courants migratoires d'autrefois étaient simples dans leurs configurations comme dans leurs motivations. Ils offrent une géométrie compliquée et répondent à une multiplicité de raisons.

Des logiques innombrables

Les deux principaux motifs de l'immigration étaient de fuir la misère et la persécution : le « déménagement » de l'Irlande vers l'Amérique du Nord au XIXe siècle était la réponse des Irlandais catholiques à la domination anglaise et à la crise de la pomme de terre. À l'époque contemporaine, ces motivations demeurent : deux millions de Vietnamiens se sont exilés entre 1975 et 1990, et chaque semaine des Haïtiens cherchent à échapper à la misère de leur île. Mais les flux se gonflent aussi d'itinérances de plus en plus diversifiées ; des jeunes interrompent leurs études pour des voyages au long cours ; des étudiants de plus en plus nombreux vont se former à l'étranger ; les entreprises font tourner leurs cadres dans le réseau de leurs filiales ; des hommes d'affaires partent en quête d'opportunités. Les retraités recherchent la quiétude et des climats plus cléments, tels les Anglais dans le Gers et en Périgord.

Il existe des courants organisés où les États jouent un rôle directeur : ainsi l'installation en Israël des Juifs d'URSS, des fallashas, etc. Mais pour l'essentiel, les stratégies individuelles et familiales sont prédominantes dans cette période d'individualisation du monde où le déplacement est devenu promesse de liberté. Les migrations familiales sont prédominantes dans l'OCDE (déplacement initial de la cellule familiale ou regroupement ultérieur). Les considérations les plus inattendues ajoutent à la complexité du tableau : les maternités canadiennes reçoivent de futures mères étrangères qui paient très cher leur séjour pour un accouchement au Canada conférant la nationalité canadienne à leur progéniture. On parle de la migration-circulation de ces gens des pays de l'Est qui cherchent à améliorer leur sort en Europe de l'Ouest sans se sédentariser. Il est bien difficile de distinguer le migrant du sédentaire, le demandeur d'asile de l'immigrant économique. Les États qui se sont toujours méfiés des nomades ont du mal à contrôler le phénomène : 4 % des résidents américains sont en situation illégale.

Des géométries compliquées

Esquisser une typologie des migrations relève du tour de force ; il y faut des typologies, comme celles que propose G. F. Dumont, à bases spatiale, socioculturelle, causale… La seule typologie spatiale montre la complexité du phénomène qui peut être transfrontalier, international, intercontinental, diasporique. La proximité facilite la migration ; ce sont d'abord les Belges et les Italiens, plus tard les Polonais qui sont venus travailler en France affaiblie par la dénatalité. Les mouvements de population se jouent des frontières souvent artificielles des États africains (entre Togo et Ghana, entre le doublet de villes Lomé et Aflao, la population Ewe). Dans sa partie septentrionale, la Côte d'Ivoire compte au moins un million de Burkinabés. Dans les périodes de tensions entre États, les expulsions en masse ne sont pas rares ; et la politique ordinaire y puise des sources de discorde, comme la question de l'ivoirité soulevée lors des élections de 2000. Les migrations à longue portée sont anciennes, elles ont augmenté en importance ; avec les facilités de communication, les flux sont aujourd'hui mondialisés.

Le système migratoire mondial

L'intensité des mouvements migratoires varie fortement selon les différentes portions de la planète qui sont maintenant intégrées dans un système migratoire mondial dont G. Simon (1995) a donné un excellent portrait (voir carte) avec pour traits principaux :

– *Des situations nationales contrastées* : certains pays ont une mobilité externe modérée (pays d'Afrique centrale, d'Asie du Sud, Brésil) ; à l'inverse, d'autres avec plus de 15 % de leur population à l'étranger (Égypte, Mexique, Algérie…) ou d'immigrants (Australie, Libye…) sont fortement branchés sur le système mondial.

– *Trois grands foyers d'appel* : l'Amérique du Nord, l'Europe occidentale et les pays pétroliers du golfe Persique sont les grandes zones de convergence des migrants du monde entier. Entre 1990 et 2000, les États-Unis ont gagné 23 millions d'habitants (+ 9 %) dont la majeure partie est due aux nouveaux arrivants, légaux et clandestins, et à la forte natalité des immigrants. L'Union européenne compte 20 millions d'immigrants, pour les deux tiers extra-européens (Maghreb, Turquie, Afrique noire, Caraïbes, Péninsule indienne). Vers l'Arabie Saoudite, le Koweït et les Émirats convergent les courants issus du Yémen, d'Égypte, d'Indonésie, d'Asie de l'Est).

– *Des foyers secondaires* : appelant des courants internationaux à grande portée comme l'Australie, et l'Asie de l'Est (Corée-Japon…) ou fonctionnant sur une base plus régionale (Inde, Togo, Tanzanie).

– *Des zones de départ étalées* : Amérique centrale et Caraïbes, la presque totalité de l'Afrique, la Méditerranée orientale et une bonne partie de l'Asie du Sud-Est expédient de forts contingents vers les foyers d'appel.

– *La chute des Murs a déclenché les migrations hors de l'ancien bloc soviétique :* et tout d'abord des Allemands de l'Est bloqués après 1961 ; si l'on enregistre des flux importants vers l'Allemagne (Russes, Polonais, Roumains…), vers la Finlande (Russes), vers la Suisse et la Scandinavie (Yougoslaves), la ruée appréhendée sur l'Europe de l'Ouest en provenance des PECO ne s'est pas produite.

– *Les réfugiés et demandeurs d'asile* : forment des flux importants à partir des nombreux foyers de troubles, d'oppression, de conflits qui pour la plupart sont maintenant dans le tiers-monde.

– *Les courants actuels sont encore influencés par les liens coloniaux anciens* : Indo-Pakistanais au Royaume-Uni, Maghrébins en France, Surinamais aux Pays-Bas. Toutefois, ils sont de moins en moins exclusifs : les Marocains sont nombreux en Espagne, en Allemagne, en Suède, etc.

– *Des patrons « régionaux » de migration s'esquissent* ; autour des trois piliers de la Triade qui sont les principaux foyers d'attraction des migrants de leur aire d'influence. Les trois espaces triadiques privilègeront-ils les mouvements internes de population ? On pensait que la création de l'espace de Schengen allait réduire l'immigration et augmenter la mobilité interne avec le Système et Information de Schengen (visas, verrouillage) ; la pression est demeurée forte aux frontières (regroupement familial, clandestins, demandeurs d'asile…).

– *La conjoncture module le volume des flux* ; le retournement conjoncturel de 1973-75 se traduit en France et en Allemagne par un coup d'arrêt à l'immigration, mais un nombre accru de clandestins. La guerre du Golfe met en mouvement trois millions de personnes ; le renvoi des immigrants concerne surtout les Égyptiens (1,5 million partent du Koweït), les Yéménites (0,8 million expulsés d'Arabie saoudite), les Palestiniens, ce qui bouleverse complètement le système de redistribution de la rente pétrolière.

– *Les flux migratoires confluent de plus en plus vers les grandes métropoles* (voir chapitre 8).

Le système migratoire mondial

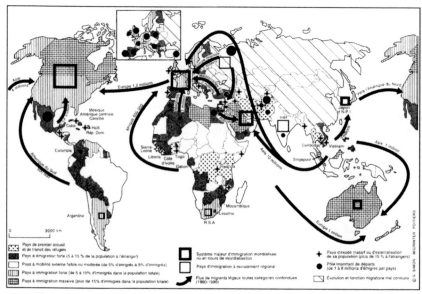

Source : G. Simon, *Géodynamique des migrations internationales dans le monde*, PUF, 1995.

La migration, processus d'équilibre économique complexe

Découvrir des dizaines de cadavres de clandestins asphyxiés dans un camion, c'est une des images qui contribuent à faire voir la migration comme un dysfonctionnement du système mondial : elle est au contraire une condition nécessaire à son fonctionnement. La théorie classique du commerce international qui postule la fixité des facteurs de production est sur ce point aussi prise en défaut. Les coûts de friction dans l'espace engendrent des disparités notamment dans les marchés du travail et les rémunérations : la migration, qu'elle soit régionale ou internationale, vise à rétablir l'équilibre. Comme le remarque justement M. Termotte (1999), cela ne veut pas dire que l'équilibre se réalise dans les faits. Certes, l'offre de travail joue sur le niveau des salaires (les entreprises agricoles californiennes appuient fortement l'immigration de travailleurs mexicains) mais la tendance à l'égalisation des salaires du fait des migrations ne se manifeste guère, car le migrant est aussi un consommateur qui stimule la demande de biens et services, et donc la création d'emplois.

La relation de l'immigration avec la croissance économique est si complexe que les études d'impact la cernent mal : « si des retombées positives sont souvent attribuées à l'immigration, il n'y a guère [...] de données empiriques pour soutenir ce point de vue » (Conseil économique du Canada). Mais ces études portent sur des statistiques nationales ; or la moitié des immigrants au Canada se fixent dans le Toronto métropolitain et leur apport y est de toute évidence stimulant.

La perception de l'immigration est fréquemment négative au sein des couches sociales qui se croient menacées : la Proposition 187 en Californie déniant les avantages sociaux aux immigrants illégaux et à leurs enfants. Aux slogans américains (*America first*) font écho les prises de position des partis européens l'extrême droite. Mais ce sont les immigrants allemands qui ont fait Heinz, Miller, les Italiens qui ont créé Del Monte et les vignobles de Nappa, les Juifs qui ont monté Macy's et Sear's. Ces immigrants sont arrivés avec leurs qualifications et leur culture. Pour Th. Sowell, toutes les cultures ne sont pas aussi porteuses, et certaines donnent de meilleurs résultats à l'étranger que dans le pays d'origine (Chinois, Indiens). Et le pays d'accueil importe aussi : les Arabes de seconde génération font mieux aux États-Unis qu'en Allemagne ou en France.

Quant à la contribution des migrations à l'équilibre économique dans les pays d'origine, on doit prendre en compte les effets néfastes de l'exode des travailleurs qualifiés et les bénéfices qu'apportent les flux compensatoires d'argent et de capitaux : il y a 1,2 million d'Haïtiens à l'étranger (400 000 à New York, 50 000 à Miami, 40 000 à Montréal, etc.) : l'économie haïtienne ruinée ne survit que par leur contribution continue.

L'accélération des migrations

Les turbulences migratoires vont perdurer : la démographie et l'évolution des marchés du travail en Occident laissent entrevoir un appel de main-d'œuvre considérable. Les problèmes issus des besoins de l'époque fordiste persistent (les travailleurs turcs, considérés comme *Gastarbeiter* en Allemagne, ne sont pas repartis et s'intègrent difficilement), et on parle de nouveau de pénurie de main-d'œuvre. L'Italie tente de rappeler les *oriundi*, ces Italiens qui ont renoncé à leur citoyenneté en s'installant ailleurs ; le chancelier allemand annonce en 2001 son intention d'accorder 30 000 visas à des informaticiens. Outre leurs besoins en qualifications spécifiques, les pays industrialisés font face à une pénurie consécutive à la baisse de fécondité et au vieillissement démographique. Les pays développés semblent promis à une véritable « récession démographique ».

Immigration nette 1995-2050 : simulation pour quelques pays (en millions)

Pays d'accueil	Objectif : population constante	Objectif : population active constante
France	1,5	5,5
Allemagne	18	25
Italie	13	19,6
États-Unis	6,4	18
Japon	17	33
Russie	27	36

Sources : ONU et *Futuribles*.

Pour l'Allemagne, il faudrait 18 millions d'immigrés pour maintenir la population, 25 pour conserver le même taux de population active. Ces mêmes projections pour l'Europe des Quinze annoncent 80 millions d'immigrants, et 33 pour le Japon, 36 pour la Russie. Ces chiffres posent les problèmes des charges sociales et de l'intégration. L'octroi des visas allemands aux informaticiens a suscité un tollé ; en Allemagne, même les Verts demandent que les immigrants apprennent la langue allemande et s'intègrent rapidement ; toute une évolution est requise, même si la récente loi d'immigration introduit un peu de droit du sol à côté du droit du sang, traditionnel fondement de la nationalité. Les Allemands sont plus tolérants que les Français sur l'affichage des convictions religieuses, mais cela ne rend pas plus facile l'intégration des Musulmans par exemple, en raison de la référence explicite de la germanité à une civilisation chrétienne et germanique (culture de référence, Leitkultur). Les enjeux économiques et sociopolitiques sont considérables ; les États-Unis, le Canada et l'Australie, pays nés de l'immigration, ont accueilli et mis au travail douze millions d'étrangers entre 1990 et 2000 : étendues sur un demi-siècle à l'ensemble des pays développés, ces données annoncent de formidables migrations et invitent chaque pays à une réflexion prospective sur les politiques d'emploi et de gestion des âges.

Des populations transnationales ?

La mondialisation n'affecte pas toutes les couches sociales au même degré ; la mobilité des populations est différentielle ; les élites ont de tout temps circulé. Savants, philosophes sillonnent le monde grec ; Pythagore est au VIe siècle avant J.-C. l'archétype du savant itinérant dont on retrouve la trace d'Italie en Asie mineure. L'université de Bologne s'enorgueillit en 1262 de recevoir des étudiants de quatorze « nations ». Les progrès de la mondialisation stimulent le phénomène, accélèrent la circulation des élites et accentuent leur adhésion à un corps de valeurs communes.

La question de la fuite des cerveaux

Lorsque dans les années 1960 le capital américain essaime à travers le monde, certains pays s'inquiètent de l'attraction qu'exercent les États-Unis sur leurs élites scientifiques. Entreprises, laboratoires et universités offrent des conditions de vie et de recherche alléchantes. À cette époque est forgée en Grande-Bretagne l'expression « *brain drain* » pour désigner cette coulée des ingénieurs, biologistes et médecins vers les États-Unis. Le mouvement s'est amplifié en s'étendant à tous les pays recélant un potentiel intellectuel exploitable. Les pays en développement tirent la sonnette d'alarme : les éléments les mieux formés les désertent. C'est avec les études supérieures que s'amorce le drainage. De plus en plus nombreux, les étudiants vont se former à l'étranger : en 40 ans le nombre de ceux qui ne reviennent pas a été multiplié par quatre (au moins 1,7 million). Les diplômés s'exilent en plus grand nombre. La migration des élites vers les pays du Nord retarde ou entrave l'amorce du cercle vertueux du développement du Sud, condamné à une dépendance technologique accrue. Les pays du Nord mènent une politique active pour attirer les meilleurs scientifiques de l'étranger, assouplissant leurs règlements d'immigration (« visas technologiques ») pour recruter Chinois, Russes, Indiens…

L'Inde représente un cas typique. Ses instituts de technologie forment plus de 100 000 informaticiens chaque année dont la moitié sont recrutés aux États-Unis ; leur impact dans la Silicon Valley est très significatif : une start-up sur 12 a un Indien pour fondateur. Le mouvement fonctionne prioritairement au bénéfice de l'Amérique du Nord. Le nombre absolu des étudiants étrangers a augmenté en France en trente ans, mais leur importance relative a décru : les moyens offerts en Amérique du Nord sont plus attrayants. Le poids scientifique des États-Unis et du Canada s'en trouve augmenté : un chercheur sur quatre y travaille. Aussi plusieurs pays ont-ils mis sur pied des politiques pour favoriser le retour et l'insertion de leurs diplômés formés à l'étranger. Sept diplômés sur dix reviennent en Corée, mais la plupart des pays en développement ne peuvent offrir les conditions propices.

La perception du phénomène a cependant changé ces dernières années, notamment grâce aux possibilités offertes par les télécommunications et le réseau Internet. Le maintien de liens étroits et constants prépare de meilleures chances de retour alors que les collaborations peuvent se poursuivre et s'intensifier. Des relations se constituent et se développent entre les pays de départ et les pays de formation et d'installation. On en vient à parler de « diaspora scientifique », réseaux de veille, d'information et de collaboration scientifique et technique. Le réseau Caldas rassemble ainsi les scientifiques et étudiants colombiens à l'étranger, environ 1 000 personnes disséminées dans 25 pays. L'examen des activités concrètes du réseau n'autorise pas l'enthousiasme. Les effets de déperdition pour les pays en développement ne sont pas abolis.

Y a-t-il une « hyperbourgeoisie » mondialisée ?

La circulation des élites dirigeantes est dans la logique même de la transnationalisation des firmes. S'il est encore peu encore peu d'entreprises globales, un signe de leur évolution dans ce sens est le degré d'internationalisation de la strate managériale. On peut suivre ainsi le cheminement d'un cadre à travers le réseau des multiples filiales et mesurer la diversité des équipes de direction ; dans cette pratique se forge une communauté de valeurs où la fidélité à l'entreprise est centrale ; une justification de la théorie de la grande firme pour pallier les déficiences du marché est précisément de créer un marché interne du travail pour cadres supérieurs. Renault délèguant Carlos Ghosn pour redresser Nissan donne l'exemple de cette circulation des dirigeants au plus haut niveau. La constitution des équipes dirigeantes doit beaucoup aux solidarités qui se nouent, aux réseaux qui se créent dans les grandes fabriques de cadres, du MIT à Stanford et de Wharton à Fontainebleau.

La mobilité généralisée, selon Castells, assure la domination progressive de l'espace des flux sur l'espace des lieux ; il voit dans cet espace des flux différentes strates, au troisième rang desquelles il situe l'organisation spatiale des élites gestionnaires dominantes. Aux masses, qui restent locales, il oppose les élites cosmopolites qui élaborent leurs règles et leurs codes. « Les élites forment leur propre société et des groupes symboliquement isolés, retranchés derrière la barrière éminemment matérielle des prix de l'immobilier. Leur communauté se définit comme une sous-culture unie spatialement et par des réseaux interpersonnels ». Concrètement, ce sont les lieux de rencontres où la prise de décision stratégique se fait dans le cadre agréable d'un palace, d'un club de golf select ; ce sont les quartiers résidentiels et les espaces de détente, les modes de circulation et de communication. Choix vestimentaires et gastronomiques ajoutent au « symbole d'une culture internationale dont l'intensité n'est liée à aucune société particulière mais atteste de l'appartenance aux cercles décisionnels de l'économie informationnelle, quelle que soit l'origine nationale ».

Chaque époque produit un type particulier d'élite. Au temps de la grandeur britannique, l'aristocrate avait ses marques spatiales : la résidence de Belgravia, le manoir écossais pour la chasse à la grouse, la suite au Carlton de Cannes… Les héritiers des « barons voleurs » américains ont prétendu surpasser ces prestigieux modèles en se dotant de palaces sur la 5e Avenue, d'extravagantes villas romaines en Californie… Le penthouse de New York, le pied-à-terre en Polynésie, etc. ne sont qu'une autre version de ces pratiques à haute charge symbolique. Les nouvelles élites dirigeantes se distinguent par les sources de revenu (les salaires plantureux et les stock-options) – récompensant leur talent particulier (la « création de valeur »). Leur pratique traduit moins une rupture qu'une maîtrise accrue de l'espace qui est celui de la mondialisation. Et sans doute peut-on dire avec D. Duclos qui décrit cette hyperbourgeoisie qu'elle est « fascinée par le global qui ajoute au mondialisme classique de ses prédécesseurs un moyen instantané de contrôle des échanges humains ».

Les diasporas

La Bible décrivant l'exode des Juifs a familiarisé avec le phénomène. La diaspora – selon l'étymologie grecque – décrit les groupements de Juifs éparpillés dans le monde greco-romain. On désigne sous ce terme toute dispersion massive et contrainte à la suite d'une catastrophe, d'une population dont les rameaux s'inscrivent durablement dans des territoires éloignés de sa terre d'origine dont elle conserve la mémoire, constitutive de son identité. Il y aurait aujourd'hui près de 20 millions de Juifs dans le monde hors du foyer israélien. Il est d'autres diasporas : les Arméniens dispersés après les massacres de 1915 (4 millions sont hors d'Arménie), les Irlandais (la population de l'Irlande tombe de 6 à 3 millions entre 1841 et 1901), les Libanais, etc. Les 30 millions de Chinois qui sont implantés hors de Chine sont répartis sur tous les continents et ont tissé un réseau complexe sur lequel circulent les gens, les marchandises, les informations (voir « Document et méthodes », page 157). Conservant des liens avec leur pays d'origine, ancrés en des lieux où ils ne partagent pas pleinement l'enracinement territorial des autres habitants, ils constituent donc une variété de ces populations dont les liens avec le territoire sont plus lâches, et qui participent d'une manière de transnationalisation.

La planétarisation du tourisme

Les voyages lointains d'agrément étaient autrefois le privilège de quelques-uns ; le voyage des jeunes aristocrates et bourgeois était un rite initiatique : des bains de mer de l'impératrice Eugénie aux séjours des Anglais sur la Côte d'Azur, des pratiques et des lieux nouveaux ont été inventés par le tourisme de classe. Le tourisme de masse, conséquence des congés payés et de l'élévation du niveau de vie, conjugués à la révolution des transports à grande distance, a donné au phénomène touristique une toute autre dimension (Knafou, 1998).

Une formidable croissance

Vers 1950, on recensait 25 millions de touristes internationaux qui sont devenus 750 millions à la fin du siècle ; on en prévoit le double pour 2015. Le potentiel de développement est loin d'être épuisé car moins de 8 % de la population mondiale est impliquée. Alors qu'autrefois le tourisme n'intéressait que quelques territoires restreints, son assiette spatiale s'élargit aux dimensions de la planète : les déplacements intercontinentaux font plus du quart du total. Le nombre et l'éloignement des destinations ne cessent d'augmenter avec l'audace des routards et des entrepreneurs. Lieux « obligés » et lieux nouveaux sont des composantes de la distinction en matière touristique, distinction toujours à renouveler tant progresse vite la consommation de masse. L'Europe et l'Amérique du Nord fournissent le gros des clientèles et plus des deux tiers des destinations, mais les progrès fulgurants des pays du Sud marquent les dernières décennies ; ils attirent désormais plus du quart des contingents, avec une prédilection de plus en plus marquée pour l'Asie (15 %) ; la Chine est la cinquième destination avec 32 millions de visiteurs, encore loin derrière la France toujours au premier rang (65 millions), mais elle supplantera toutes les autres dans un avenir proche : selon l'Organisation mondiale du tourisme, elle recevra 140 millions de visiteurs en 2020 !

Un impact économique considérable

Plus de 100 millions de gens sont employés dans les diverses activités générées par le tourisme dans le monde qui représente plus de 20 % du commerce international des services et une importante contribution au PIB (plus de 5 % en moyenne pour les grands pays touristiques à économie équilibrée ; beaucoup plus pour des économies insulaires, par exemple, dont c'est la principale activité). Pour bien des pays en développement, l'essor du tourisme a été une manne ; globalement, il emploie 40 millions de personnes dans le tiers-monde et y amène autant d'argent que toutes les aides publiques au développement. Costa Rica a reçu 800 000 touristes en 1995, date à laquelle les rentrées du tourisme ont été supérieures aux recettes de l'exportation des bananes.

Toutes les retombées ne sont pas aussi favorables : souvent le tourisme ne produit que des enclaves dans le pays d'accueil qui ne fournit que le personnel non qualifié ; équipement, nourriture, savoir-faire sont importés. Parmi les effets négatifs souvent enregistrés, l'altération des cultures traditionnelles, la dégradation de l'environnement, les pollutions diverses contribuent à fragiliser les pays d'accueil. La dépendance à l'égard du tourisme est profondément ressentie en cas de cataclysme (les cyclones à Saint-Martin). D'autres pays réussissent à préserver leur identité tout en profitant de l'ouverture du marché (produits alimentaires, artisanat, etc.).

SYNTHÈSE

La première mondialisation avait mis en branle des dizaines de millions de migrants. Le mouvement a repris de façon accélérée après 1950. Les mobilités multiples dessinent un système migratoire mondial complexe. Les sociétés contemporaines se transforment sous l'impact de ces mouvements qui leur posent de redoutables défis. Les élites manifestent une aptitude particulière à la migration ; comme les diasporas, elles entretiennent des liens originaux avec le territoire et participent d'un phénomène de transnationalisation. Le tourisme de masse dont l'impact économique est considérable étend ses réseaux sur l'ensemble de la planète.

Pour en savoir plus

G.-F. DUMONT, *Les populations du monde*, Armand Colin, coll. « U », 2001.	Présentation des différentes évolutions démographiques dans le monde.
G. SIMON, *Géodynamique des migrations internationales dans le monde*, PUF, 1995.	Tableau très détaillé et illustré du phénomène migratoire.

/7/

L'ESPACE PRODUCTIF MONDIALISÉ

L'architecture du système productif mondial s'ordonne autour de deux piliers : les grandes métropoles qui en sont les centres d'impulsion et de commandement (chapitre 8) et les grands foyers industriels. Dans un monde encore majoritairement agricole, l'industrie fournit les trois quarts des échanges de biens. Si elle reste un apanage à 82 % des pays développés, sa diffusion est une composante majeure du système-monde. Depuis A. Smith, la division technique, sociale et spatiale du travail est vue comme source première d'efficacité. Les États avaient assigné leur rôle aux colonies (pacte colonial) ; les firmes exploitent les énormes différentiels de salaires à la surface du globe en sous-traitant les tâches les moins qualifiés à la périphérie : La Nouvelle division internationale du travail (NDIT) a mis à profit « l'armée de réserve » du tiers-monde. Mais la diffusion du fait industriel est source d'une nouvelle donne.

La « toute nouvelle division internationale du travail » (page 74)
Le couplage Nord-Sud résume-t-il la structure du système productif ?

Le grand parodoxe agricole (page 75)
Excédents du Nord productiviste, malnutrition du Sud agraire.

Les nouveaux cœurs de l'espace industriel (page 78)
La crise des vieilles régions et l'essor des technopoles et districts industriels.

Zones franches et paradis fiscaux (page 80)
Comment le système-monde fonctionne en intégrant des espaces de dérogation.

La montée des NPI : le « miracle » asiatique (page 81)
Comment et où se fait la diffusion du fait industriel ?

La toute nouvelle division internationale du travail

Fondements et caractéristiques de la toute nouvelle DIT

Les mutations contemporaines du système productif n'ont pas mis fin à la NDIT qui s'est accrue, approfondie, diversifiée, complexifiée pour prendre la forme d'une « toute nouvelle DIT » :

– L'utilisation de la sous-traitance est optimisée dans la recherche des coûts de production les plus bas. Nike n'emploie directement en Californie et à Hong Kong que des concepteurs, des gestionnaires et des spécialistes de la mise en marché, sous-traitant la totalité de la manufacture en Indonésie, Chine et Thaïlande où le salaire est dix fois moindre qu'aux États-Unis ; les 12 000 travailleurs indonésiens qui fabriquent les chaussures coûtent moins cher à Nike que son annonceur-vedette Michael Jordan.

– Délocalisation et sous-traitance concernent de plus en plus les services et pour des motifs identiques. Swissair a ses services comptables en Inde ; le traitement de données des entreprises américaines est souvent fait dans les Caraïbes et la programmation en Inde.

– Les NPI investissent à leur tour dans des pays en développement quand leur main-d'œuvre devient plus coûteuse : Taiwan utilise ainsi la Chine et le Vietnam.

– Les flux croisés de l'IDE sont majoritairement Nord-Nord ; il existe, il est vrai, des différences salariales non négligeables au sein des pays développés ; les coûts du travail sont moins élevés aux États-Unis ; BMW, Mercedes, etc. installées avec leurs fournisseurs dans le sud-est des États-Unis le long de l'autoroute I-85 surnommée « *die Autobahn* » en bénéficient, mais la raison principale des constructeurs japonais et allemands, pour s'installer aux États-Unis, résidait dans l'accès au marché (tarifs douaniers, quotas, contenu nord-américain du produit, etc.).

Des centres et des périphéries imbriqués

Les mille et un ressorts de l'accumulation flexible conduisent au déploiement d'un système productif complexe dont on peut reconnaître avec M. Castells (1996) les traits majeurs :

– *L'interdépendance* : part croissante de la production mondiale qui est sujette à échanges internationaux ; elle a doublé en 25 ans pour atteindre 30 % en 2001 ;

– *L'intégration* : proportion croissante de la population mondiale incorporée dans les échanges marchands et le processus de production : la Chine recevait moins d'un milliard d'IDE en 1982, elle en accueille 40 fois plus en 2001 ;

– *La segmentation* : caractérise aussi bien les marchés de la consommation que de main-d'œuvre, certains segments ont été carrément exclus du processus ;

– *La régionalisation* : courants commerciaux et architectures productives s'organisent très majoritairement autour de la Triade dont chaque élément se diversifie dans une intégration plus ou moins avancée ;

– *L'asymétrie*, ancienne, s'est considérablement compliquée : l'opposition Nord-Sud, désormais trop schématique, n'explique qu'une partie du système.

Le modèle Braudel-Wallerstein de l'économie, commode pour comprendre la genèse du système-monde, rend mal compte de sa complexité actuelle. Bien sûr, l'asymétrie globale entre centre, semi-périphérie et périphérie, demeure ; les pays du G7 concentrent 90 % des industries de haute technologie. Grosso modo, la hiérarchie s'ordonne selon une échelle de complexité décroissante dans la production des biens et des services : les biens et services à forte valeur ajoutée et fort contenu de savoir et d'information ; les biens et services moins élaborés utilisant une main-d'œuvre peu qualifiée et peu coûteuse, les produits bruts ou faiblement transformés. Il ne faut pas cependant réduire cette hiérarchie à la gradation tertiaire – secondaire – primaire ; si les pays les plus développés sont les plus tertiarisés, ils ont généralement un secteur primaire hautement performant ; les États-Unis et la France mènent le peloton des grands exportateurs de produits agricoles. Par ailleurs, les concepts simples Nord et Sud se sont brouillés ; le Nord est une mosaïque complexe ; la Lozère et les monts Ozarks, pour faire partie du Nord, n'en sont pas moins des périphéries atones en France et aux États-Unis ; on trouve au sein des grandes métropoles, de Paris à Los Angeles, des ateliers de confection qui fleurent le tiers-monde. En revanche, les émanations du Nord, de plus en plus nombreuses, indurent le Sud ; au cœur des NPI, des métropoles dynamiques s'érigent en concurrentes des grands centres du Nord. Il existe des centres et des périphéries de plus en plus imbriqués dans un écheveau de relations complexes. Même au cœur des pays les plus souffrants, des îlots de modernité émergent.

Le grand paradoxe agricole

« Les sociétés atteignent l'autosuffisance alimentaire ou deviennent même de grandes puissances exportatrices dans et par le mouvement qui les fait cesser d'être des sociétés agraires » (B. Hervieu). De fait, moins de deux millions d'agriculteurs américains nourrissent 280 millions de concitoyens et dominent le marché mondial des produits agricoles : le quart du blé, les deux tiers de maïs et de l'orge, les trois quarts du soja, etc. Au contraire, l'Afrique ne parvient pas à se nourrir alors que les trois quarts des actifs sont employés dans l'agriculture. Dans le monde, on compte 840 millions de malnutris dont les trois quarts vivent dans les campagnes du Sud. Autre facette du même paradoxe : de 1972 à 1997, la part des pays développés dans le commerce mondial des produits de base a grimpé de 59 à 65 %, tandis que celle des pays en développement tombait de 32 à 27 %. Durant ce quart de siècle, les exportations des produits de base par les pays en développement ont augmenté de 15 milliards de dollars, et celles des pays développés de 330 milliards. Les pays en développement sont maintenant importateurs nets de produits de base. Le fossé se creuse entre la puissante agriculture productiviste du Nord qui accumule les excédents et l'agriculture des pays du Sud qui, globalement, peine à assurer une base vivrière et à développer des productions commerciales profitables.

Une agriculture productiviste puissante et protégée

L'agriculture américaine en est l'exemple le plus éclatant : 3 % de la population active produit 60 % du soja, 15 % du blé, la moitié du maïs, le tiers des agrumes, le quart de la viande… du monde entier. L'essentiel provient de quelque 500 000 grandes fermes, issues d'une concentration ininterrompue créatrice d'un véritable « capitalisme agraire » où par exemple « dès 1970, 325 fermes produisaient 18 % des pommes de terre, 693 fermes détenaient le cinquième des terres légumières... » (G. Dorel). La ferme Montfort, (propriété de Conagra) engraisse chaque année un demi-million de boivins au Colorado. Les grandes sociétés agroindustrielles verticalement intégrées donnent le ton : Cargill, Conagra... élèvent poulets et bovins. La viticulture est dominée par Gallo, Seagram's... Les groupes américains ont depuis longtemps étendu leurs actifs en Amérique latine et dans le Pacifique (ranches d'élevage Del Monte au Guatemala et Costa Rica...) : bas coûts, masse des productions et maîtrise des réseaux commerciaux leur permettent de jouer au mieux des sautes de la conjoncture. Cette agriculture est grosse consommatrice d'intrants (sol, engrais, machine, pesticides...) et fortement marquée par les grandes entreprises d'amont (semences, fertilisants, nourriture du bétail) et d'aval (commerce, conditionnement, transformation). Toutefois, aux États-Unis, la céréaliculture, l'élevage des porcs et des vaches laitières, etc.. sont encore le fait de fermes de taille moyenne qui s'endettent et se fragilisent pour se moderniser ; représentant un poids électoral non négligeable, elles sont la principale justification de la politique de subvention du gouvernement.

L'agriculture européenne représente un autre cas de figure ; très différente de l'agribusiness américain, elle reste encore fortement familiale sur des superficies limitées mais donnant de forts rendements. La forte intensification de la production est particulièrement notable aux Pays-Bas où la ferme moyenne (20 hectares contre 40 en France) dégage une valeur ajoutée de 100 000 euros. La course à la productivité rend compte du mouvement de concentration : la France a perdu 61 % de ses exploitations en trente ans, les Pays-Bas 57 %. Si la Politique agricole commune (PAC) a été le moteur de la transformation des agricultures européennes, elle ne les a cependant pas homogénéisées : les fermes n'ont diminué que dans une proportion de 22 % en Italie ; l'Allemagne et l'Autriche restent attachées à la petite exploitation.

L'Union européenne et les États-Unis soutiennent massivement leurs producteurs : chaque actif agricole a reçu en 1999 sous forme de prix garanti ou de subventions à l'exportation, 21 000 dollars aux États-Unis et 17 000 dans l'Union européenne Ainsi, le gouvernement américain a garanti 207 dollars pour une tonne de soja, (avec un prix mondial de 175), aux dépens des producteurs latino-américains qui ne bénéficient d'aucune aide. L'agriculture est ainsi le « dernier bastion du protectionnisme » ; la protection et les interventions massives pour le soutien à l'exportation sont responsables d'une offre constamment excédentaire, d'une baisse des prix dans le long terme (50 % en quarante ans).

Les agricultures du tiers-monde :
une marche difficile à l'autosuffisance

Le tiers-monde importe annuellement 130 millions de tonnes de céréales, 10 % de sa consommation (contre 20 millions de tonnes et 2 % il y a trente ans). La dépendance accrue est liée à la concurrence des produits du Nord : le riz d'Asie ou de Louisiane est moins cher à Dakar que les céréales locales. Mais la responsabilité des pays du Sud est engagée. L'agriculture, source première de subsistance et d'emploi, n'a eu qu'un rôle secondaire dans les modèles de développement retenus. Les campagnes ont été souvent sacrifiées au développement des villes : les politiques de bas prix ont favorisé l'approvi-

L'espace productif mondialisé

sionnement à bon compte des urbains. Les pouvoirs publics ont généralement prélevé une part importante du surplus au détriment de l'investissement dans les campagnes. La Caisse de stabilisation du cacao a ainsi détourné une part importante du revenu des planteurs ivoiriens pour le développement d'Abidjan et de Yamoussoukro ; les bas prix consentis aux producteurs d'arachide au Nigeria témoignent de l'action de « la bureaucratie contre l'agriculture » (Dubresson). Les gouvernements ont préféré les cultures commerciales qui apportaient des devises (café, cacao, coton en Afrique de l'Ouest). La baisse des cours à partir des années 1980 a précipité la crise des agricultures familiales (crise de l'arachide au Sénégal). D'un continent à l'autre, les situations de l'agriculture se colorent différemment. En Amérique latine se pose encore la question des *latifundia* ; le défrichement de l'Amazonie donne lieu à une « agriculture minière » qui chasse les petits *seringueros*. Les réformes agraires des années 1960-70, si elles ont fait reculer les anciens feudataires, ont plus favorisé l'agriculture capitaliste que les petits paysans ; l'ouverture a profité à des organisations multinationales, comme la Agrodinamica Holding en Amérique centrale, puissante entreprise d'élevage et de conditionnement du bœuf.

Il n'y a pourtant aucune fatalité. Des réformes agraires vigoureuses ont été à la base de l'essor de Taiwan et de la Corée. L'Inde est devenue autosuffisante sur le plan alimentaire ; la production a doublé en 25 ans grâce à la révolution verte et une offre de prix suffisamment rémunérateurs pour les paysans. Il reste certes beaucoup à faire : si les crises alimentaires majeures ont disparu malgré les accidents climatiques et la croissance de la population, la ration de protéines demeure insuffisante ; les gains ont surtout concerné les grandes cultures, les zones irriguées ; et la situation de certaines régions (nord-est) et des paysans sans terre demeure précaire. La Chine également parvient à se nourrir : c'est le cinquième de la population mondiale, aux trois quarts paysanne ; la production a augmenté plus vite que la population malgré les drames de la collectivisation maoïste ; la modernisation est certes plus sensible dans les plaines orientales et 100 millions de gens sont encore malnutris. En Afrique également, les progrès sont sensibles dès qu'existe un marché attrayant (succès des productions périurbaines).

Sortir du cercle vicieux

Stocks invendables du Nord ; populations insolvables du Sud ; persistance des « petites famines » cachées. Les solutions existent : leur mise en œuvre implique une révolution des mentalités. Le maintien du protectionnisme n'est pas soutenable à terme, même si le renforcement des subventions agricoles aux États-Unis ne porte pas à l'optimisme. La PAC européenne qui engloutit 40 milliards d'euros doit être réformée. On prend la mesure des excès de l'agriculture productiviste : surcoûts (il faut dix calories pour produire une calorie alimentaire aux Pays-Bas), atteintes à l'environnement (disparition du bocage, pollution liée au lisier de porc, etc. en Bretagne) à la biodiversité, affadissement des qualités gustatives des aliments… Les mouvements pour une production biologique ou raisonnée, pour une agriculture de terroir annoncent un changement de mentalités qui doit s'imposer au Sud également : pratiquer une politique de prix qui permette aux paysans une production rentable, faire une révolution « doublement verte » de développement durable.

77

Les nouveaux cœurs de l'espace industriel

Le système productif contemporain repose sur l'innovation. Alors que s'épuisait le régime fordiste, une nouvelle grappe d'innovations apparaissait générant de nouveaux produits et procédés. Après une phase de destruction créatrice, la mise en place d'un nouveau régime d'accumulation a relancé l'économie. Alors que l'emploi manufacturier tend à décroître dans les pays industrialisés, les industries de haute technologie caractérisées par une main-d'œuvre qualifiée et de fortes dépenses en recherche et développement – aérospatiale, informatique, micro-électronique, pharmacie et biotechnologie, instruments scientifiques – ont au contraire progressé : entre 1977 et 1997, les emplois dans la production des composants électroniques ont augmenté de 51 % aux États-Unis. Mais ce sont surtout les services de haute technologie, comme l'élaboration des logiciels, qui ont montré le plus fort dynamisme avec une progression de 296 %. Le changement sectoriel s'est accompagné d'un changement spatial ; les vieilles zones industrielles sont entrées en crise alors que s'épanouissaient de nouveaux espaces de production ; l'exemple le plus saisissant est le déclin du Manufacturing Belt américain, le quart Nord-Est des États-Unis qui concentrait 70 % de l'emploi manufacturier américain avant la seconde guerre mondiale et qui a perdu sa primauté à travers les crises successives de la sidérurgie et de l'automobile. Parallèlement s'est affirmé le dynamisme du Sun Belt, de la Floride au Texas et à la Californie grâce à l'absence d'inertie et à des conditions favorables à l'accumulation.

Les technopoles

L'essor des nouvelles industries a engendré des complexes urbains à forte orientation technologique. On appelle technopole une ville qui cherche, invente, crée et dont le destin est lié aux technologies avancées.

Les avant-postes : Silicon Valley et Route 128

À l'issue de la Seconde Guerre mondiale, le Comté de Santa Clara au Sud de San Francisco et la route 128 qui ceinture Boston deviennent de vibrants foyers de recherche et de production orientées vers les nouvelles technologies. La Silicon Valley connaît un essor fulgurant autour du parc scientifique de l'Université Stanford, tandis que la croissance de la Route 128 se nourrit des recherches des laboratoires du MIT et de l'Université Harvard. Durant les années 1970, la Silicon Valley crée plus de 40 000 emplois par an ; une multitude de PME grouillent autour des grands employeurs, Hewlett-Packard, Intel... En 2000, le Comté de Santa Clara, cœur de la Silicon Valley, compte 1,7 million d'habitants.

L'histoire de ces avant-postes de haute-technologie permet de dégager les facteurs favorables au développement :
– les nouvelles technologies sont à base scientifique : elles requièrent donc des laboratoires de recherche, sources d'innovations et des institutions universitaires formant une main-d'œuvre hautement qualifiée ;
– un réseau de communications efficace ;

– un milieu libre des inerties associées aux pratiques des vieilles régions industrielles ;

– un milieu favorable à l'esprit d'entreprise et ouvert au capital de risque ;

– un milieu agréable en accord avec les aspirations des cadres, ingénieurs et techniciens : cadre de travail (le parc scientifique paysagé), cadre de vie (aménités du milieu métropolitain, climat…) ;

– dans un espace d'hypermobilité, les activités innovatrices se concentrent dans les lieux privilégiés où les entreprises construisent leur compétitivité. Les économistes Krugman et Porter ont montré les avantages des économies d'agglomération sur l'essor de l'innovation et la construction des avantages concurrentiels. Multiplicité des transactions, des liens de sous-traitance entre les entreprises, mais aussi des contacts entre les individus qui échangent des informations, partagent des expériences : la proximité qui permet le transfert de l'information tacite joue un rôle éminent dans le processus d'innovation technologique.

La variété des technopoles

Silicon Valley et Route 128 ont bénéficié de conditions particulières (crédits et commandes militaires de la Guerre froide). Les complexes développés par la suite procèdent de dynamiques variées. Si laboratoires de recherche et universités sont centraux dans la genèse de ces nouveaux espaces comme la Cité Scientifique dans la Vallée de Chevreuse (Saclay, Orsay, etc.) de Paris ou encore à Grenoble, beaucoup de complexes se développent à partir de grandes entreprises déployant autour d'elles, comme Boeing à Seattle, un dense réseau de partenaires et sous-traitants. D'autres complexes naissent de politiques publiques : Ottawa doit aux centres de recherche gouvernementaux son essor High Tech.. Mais les conditions et formes de la mise en place sont d'une grande variété. Les collectivités locales de nombreuses métropoles, en France notamment, ont, pour s'inscrire sur une trajectoire technopolitaine, créé des parcs techniques susceptibles de développer des synergies, des échanges recherche-production : ce sont des technopôles (Lyon-Gerland, Rennes-Atalante, etc.).

Les districts industriels

La grande firme intégrée de l'ère fordiste avait privilégié la décentralisation des opérations les moins qualifiées vers les centres urbains de régions rurales fortement peuplées, pourvoyeuses de main-d'œuvre à bon marché (l'usine de montage Citroën à Rennes). La crise du fordisme et du taylorisme déplace l'intérêt vers les gisements de main-d'œuvre qualifiée, vers les besoins de firmes spécialisées liées par des réseaux de sous-traitance ou de partenariat, vers ce que l'économiste anglais Marshall avait nommé les districts industriels ; le district industriel est un lieu de concentration d'entreprises d'une même branche et de branches complémentaires se partageant travail et savoir-faire, portées par les mêmes valeurs et soutenues par le milieu local.

La « Troisième Italie », entre l'Apennin et Venise, est célébrée comme la terre des districts où des réseaux complexes de PME en coopération/concurrence ont donné à leurs produits une renommée mondiale. Le district industriel apparaît comme la forme spatiale qui permet l'épanouissement de la production à l'ère de la spécialisation flexible. On comprend que les milieux métropolitains contemporains se prêtent bien à ce mode d'organisation. On peut reconnaître dans la Silicon Valley un vaste district de haute technologie. Hors des milieux métropolitains, diverses formes de districts se sont déployées : on les retrouve en France sous le nom de Systèmes Productifs Localisés (SPL) comme la vallée de l'Arve (décolletage) et le Choletais (chaussure). Au Québec, l'essor de la fabrication industrielle (vêtement, meuble, mécanique…) a fait, en trente ans, de la Beauce rurale un milieu dynamique et innovant.

Il serait pourtant trompeur de réduire la production industrielle des pays développés à ces formes post-fordistes dominantes. La chaîne de montage classique et ses cadences infernales n'ont pas disparu. Et les ateliers clandestins, dans la confection notamment (Sentier de Paris), exploitent le travail « au noir » de la main-d'œuvre immigrée.

Zones franches et paradis fiscaux

L'activité de la Silicon Valley ne se conçoit pas sans ses liens d'approvisionnement et de sous-traitance avec les pays en développement. En particulier, le système productif se déploie en mettant à profit des territoires de dérogation où l'on courbe la règle, des espaces de facilitation qui accroissent sa flexibilité.

Les zones franches

La tradition des ports francs de la Hanse a été étendue de l'échange à la production. Sur un territoire désigné, des marchandises peuvent être importées, transformées et réexportées sans avoir à payer de droits de douane (*duty free*). Le privilège d'exterritorialité est porteur d'avantages fiscaux (libération de l'impôt sur le chiffre d'affaires, sur le capital ; permission de réexporter les bénéfices) et sociaux (suspension ou allègement des législations). Les entreprises multinationales ont mis à profit ces zones franches pour utiliser dans le cadre de la NDIT leur main-d'œuvre à très bon marché. Les pays hôtes bénéficient de la création d'emplois et de la distribution de salaires, d'une amorce de formation de main-d'œuvre et d'épargne, et d'apprentissage technologique. L'ouverture de zones franches a été un outil dans le processus d'industrialisation des NPI (exemple : Taïwan avec ses zones de Taichung, Kaohsiung et Nantze).

L'île Maurice est l'un des cas les plus spectaculaires d'essor des industries légères pour l'exportation ; l'île sucrière où tout le territoire est devenu zone franche après 1970, a créé 100 000 emplois ; la hausse des salaires invite les entreprises à s'orienter vers Madagascar et le Kenya. Plus spectaculaire encore a été l'essor des *maquiladoras* mexicaines le long de la frontière des États-Unis (voir « Documents et méthodes », page 162) qui emploient un million de personnes. Dans le monde, en 30 ans, plus de six millions d'emplois ont été créés dans les zones franches, pour la plupart dans les pays en développement. Ils n'en ont pas l'exclusivité : l'aéroport de Shannon, escale transatlantique déclassée, s'est doté d'une zone franche de 120 hectares où les multinationales transforment des produits de l'électronique, optique et pharmacie. La zone franche est aussi utilisée à des fins spécifiques : relance de certains quartiers en France comme aux États-Unis, recherche d'une vocation pour l'aéroport désaffecté de Mirabel.

Les paradis fiscaux

Les banques suisses, réputées pour leur discrétion, doivent souvent protester de leur bon comportement : c'est le problème de toutes ces oasis qui offrent aux personnes et/ou aux entreprises un abri contre les ponctions fiscales des pays où elles sont localisées : quand la discrétion devient-elle délinquance ? Les premières flottes marchandes mondiales battent pavillon de micro-états (Panama, Libéria) complaisants à l'endroit des armateurs étrangers ; Monaco est la résidence favorite des champions de course automobile. La rapide globalisation du système financier et la flexibilité qu'elle autorise ont alimenté le développement d'enclaves de tolérance où le prélèvement fiscal, les impôts sur les successions sont éliminés. La gestion de portefeuilles complexes (monnaies, placement de divers pays, produits dérivés) implique des circuits compliqués branchés sur ces îlots de confiance que sont ces OFC (Offshore Financial Center).

Les îles Caïman ont adopté en 1966 les règles de banque et de change qui les ont érigées en paradis fiscal et centre financier offshore : pas de taxe sur les entreprises étrangères, sur les successions, confidentialité absolue sur les titres de propriété, etc. Les règles sont interprétées avec souplesse ; toute entreprise enregistrée doit réunir une fois l'an son conseil d'administration : des employés locaux rédigent les minutes de réunions fictives remplacées par des jeux d'écriture. Après 1963, l'aéroport une fois construit, arrivent les grandes banques comme la Barclay's, la Banque royale du Canada, les sociétés de fiducie et assurance. En 2000, pour une population de 40 000 habitants, on compte plus de 40 000 sociétés étrangères enregistrées à Georgetown et les actifs des banques sont supérieurs à 600 milliards de dollars.

L'attitude des États vis-à-vis des paradis fiscaux fluctue entre la tolérance et la méfiance ; la loi permet aux entreprises américaines de localiser dans les paradis fiscaux des profits qui échappent à l'impôt, constituant une subvention à l'exportation : l'OMC vient de condamner cette pratique. Inversement, les États-Unis s'inquiètent des fuites qui affectent les caisses fédérales. Cette ambiguïté renvoie au rôle chambre d'expansion et de commutation du système-monde joué par les paradis fiscaux qui comme – et avec – les zones franches constituent une « ceinture dorée… passant par les Caraïbes, la Méditerranée et le Moyen-Orient, l'Asie du Sud et du Sud-Est, isthmes majeurs des trafics et des stratégies mondiales » (Brunet). Les enjeux économiques et l'ampleur des retombées engendrent une forte compétition : aux Antilles, face à l'attraction exercée par les Bahamas, Turk et Caicos, Anguilla, les Iles Vierges, Montserrat, Aruba, etc., les îles Caïman font leur promotion de centre respectable, accueillant et efficace.

La montée des NPI : le « miracle » asiatique

Il est couramment dit que l'édification d'un appareil industriel en Amérique latine s'est fait derrière des barrières douanières dans une stratégie de substitution aux importations impulsées par les États, contrairement aux pays asiatiques où la stratégie de développement pour l'exportation se serait déployée dans un cadre libéral : c'est une vue simpliste. Le démarrage des dragons d'Asie a emprunté dans un premier temps une voie protectionniste ; en outre, il s'est produit sous contrôle de l'État.

L'État développeur : le modèle japonais

Ce concept, auxquels tous les auteurs ne souscrivent pas (Woronoff, Pitte), comporte selon Ch. Johnson les dimensions suivantes :
– l'État se donne pour mission de façonner un système productif efficace et d'assurer son insertion dans l'économie mondiale, voie du développement ;
– il définit les objectifs économiques et sociaux de la promotion nationale, arrête les stratégies et mobilise les moyens adéquats ;
– à cet effet, il met en place une structure ou coordonne de façon orientée l'appareil de l'État ;
– il imprègne l'ensemble de la société du sens et de la nécessité de cette mission.

Pays développé, le Japon anéanti en 1945, mis en tutelle par les États-Unis, doit se rebâtir sans énergie ni matières premières. Il réussit à retrouver indépendance nationale et puissance économique par une modernisation sans occidentalisation. Le modèle de développement japonais repose sur la mobilisation de l'ensemble de la société sous la houlette de l'État : une économie hautement compétitive, clé d'une exportation conquérante, reposant sur une priorité à l'appareil industriel progressant de la basse technologie aux activités de pointe. Le mouvement a été orchestré par le MITI (ministère de l'Industrie et du Commerce extérieur) qui a établi les choix, défini les stratégies, organisé le crédit et mobilisé les moyens. La coordination a été facilitée par l'organisation des entreprises en réseau. Le succès du modèle a été assuré par l'exceptionnelle cohésion sociale : discipline d'une population fortement épargnante, acceptant un système d'enseignement très sélectif, la discipline de travail au sein de l'entreprise ; le toyotisme a été le symbole de la forte productivité générée par l'organisation du travail : emploi garanti et promotion à l'ancienneté dans la grande firme, travail d'équipe basé sur l'autonomie et la responsabilité, syndicalisme de coopération ; mais la souplesse du système a été assurée par la multitude de sous-traitants en cascade où les travailleurs n'avaient pas les mêmes garanties et avantages. L'adhésion au système de valeurs imprégnant l'action de l'État développeur a donné au Japon la cohérence d'une firme vouée à la conquête du marché mondial : Japan Inc.

Dragons et tigres

Les Quatre Dragons ont stupéfié le monde. En l'espace de 30 ans, la Corée, Taiwan, Hong Kong et Singapour ont fait leur transition démographique et gagné les rangs des pays développés. Cet essor a été basé sur une industrialisation rapide qui en fait l'exemple le plus achevé des NPI et leur donne un poids dans les échanges industriels mondiaux très supérieur à leur part de production. Le cas de Taiwan est exemplaire. L'occupation japonaise a laissé en legs des infrastructures et une base agricole intéressantes. L'afflux de deux millions de réfugiés en 1949 accroît la demande intérieure ; dès 1957, la promotion des exportations est à l'ordre du jour. L'investissement étranger est prospecté (États-Unis, Japon, Chinois d'outre-mer), dirigé vers les zones franches (Kaohsing 1966, Nantze,

Taichung 1969) qui vont générer 100 000 emplois. Du vêtement à la haute technologie, la courbe d'apprentissage amène Taiwan en 30 ans à un statut de développement qui en fait un exportateur de capitaux. Entre les métropoles de Taïpeh et Kaohsiung avec leurs zones d'industrie lourde et leurs technopoles, la « Taiwan du Milieu » abrite des districts industriels dynamiques.

Les autres Dragons ont grimpé la courbe d'apprentissage avec leurs caractères propres : Singapour a fait très vite appel au capital étranger et, contrainte par l'espace, s'est orientée vers le tertiaire supérieur. Hong Kong est demeurée attachée à la production légère, etc. Mais les traits communs sont évidents : aide occidentale, accent mis sur l'instruction et la formation d'une main-d'œuvre productive, faibles inégalités sociales, et rôle central de l'État dans le pilotage stratégique et la capacité d'orientation vers une société productive.

Ces quatre précurseurs ont été imités : tigres agressifs, Thaïlande et Malaisie forment une seconde cohorte que suivent à distance les Philippines, l'Indonésie et plus récemment le Vietnam. Le fait le plus marquant est l'ouverture de la Chine dont la croissance industrielle en fait d'ores et déjà une grande puissance économique. La Chine est, États-Unis exceptés, le premier pays d'accueil de l'IDE (les Dragons, et particulièrement Taiwan via Hong Kong, sont les premiers investisseurs) et avec ses zones franches, elle est devenue un partenaire majeur de la DIT ; sa balance commerciale doit son large excédent à la production industrielle (les deux tiers des exportations).

SYNTHÈSE

L'industrie est le fer de lance de la mondialisation. À partir des pays développés, elle s'est déployée par la DIT. La « toute nouvelle » DIT définit aujourd'hui des relations plus complexes : plus qu'une simple opposition centre périphérie, l'asymétrie Nord/Sud se complique d'une imbrication des centres et des périphéries. Au cœur de l'espace industriel, technopoles et districts dessinent les formes spatiales de la production contemporaine qui profite d'espaces de dérogation que constituent les zones franches et les paradis fiscaux. À mesure qu'ils parcourent la courbe d'apprentissage, les NPI intègrent le système mondial ; alors que s'affirme le pôle Asie-Pacifique, l'industrie des pays communistes est à reconstruire et la marginalisation des pays non industrialisés s'accentue.

Pour en savoir plus

J. RENARD, *Les mutations des campagnes*, Armand Colin, 2002.	Analyse renouvelée des campagnes.
J.M. HOLZ, J.P. HOUSSEL, *L'industrie dans la nouvelle économie mondiale*, PUF, 2001.	Analyse pénétrante et informée du système productif mondial.

8

LE TEMPS DES MÉTROPOLES

La moitié de l'humanité vit désormais dans les villes ; 3 milliards d'urbains que beaucoup d'autres rejoignent sans cesse en flots continus : le taux d'urbanisation de la Chine dépasse à peine 30 %, le Vietnam est à 23 %. Le fait urbain se banalise ; ce qui est nouveau, c'est la montée des très grandes villes ; il n'y avait que onze agglomérations millionnaires en 1900, plus de 350 en l'an 2000. Fait plus marquant encore, l'importance des villes géantes que l'ONU nomme mégacités lorsqu'elles dépassent huit millions d'habitants et qui sont de plus en plus nombreuses. Ces mégapoles se dilatent sur des espaces sans cesse plus vastes et peuplés. L'urbanisation était fille de l'industrialisation, la mégapolisation est fille de la mondialisation. Les très grandes métropoles commandent et structurent le système-monde. Les flux de populations qui convergent dans ces vastes creusets font éclater les formes traditionnelles d'organisation spatiale et y concentrent dynamismes et tensions qui font des mégapoles des métaphores du système-monde.

La métropolisation contemporaine (page 85)
Quels sont les ressorts de l'effervescence métropolitaine actuelle ?

La ville globale (page 87)
À un nouvel état du système correspond-il un nouveau type de métropole ? Avec quelles fonctions ?

Espaces mégapolitains (page 89)
Quel est l'impact des échanges accrus et de l'afflux des immigrants sur l'organisation métropolitaine ?

La métropolisation contemporaine

À la fin des années 1960, l'Occident a semblé se détourner de la très grande ville où certains voyaient son tombeau (la « Nécropolis » de Mumford) : l'utopie de l'exurbanisation masquait en fait la mise en place des puissants mécanismes de la métropolisation.

L'effervescence métropolitaine

Phoenix, petite ville de l'Ouest américain avec 60 000 habitants, en 1945, en compte désormais trois millions, au troisième palier de la hiérarchie américaine. Sao Paulo, dans le même temps, est passée de 2 à 17 millions d'habitants. Il y a un siècle, la plus grande ville du monde était Londres avec 6 millions d'habitants. En l'an 2000, 35 villes dépassent le seuil des 10 millions. Les très grandes villes ne sont plus l'apanage d'une poignée de pays d'Occident. La moitié des villes millionnaires sont en Asie, en Amérique latine et en Afrique qui comptent aussi 9 des 10 plus grandes métropoles mondiales. Le surgissement des très grandes villes des pays en développement est un fait majeur de l'époque contemporaine ; au Vietnam, qui compte 23 % d'urbains, Ho Chi Minh et Hanoï avec 6 et 4 millions d'habitants, absorbent le gros de l'exode rural ; dans les pays du Sud, l'urbanisation est métropolisation.

Les ressorts de la métropolisation

Dans l'espace national, les grandes villes ont une fonction d'organisation et de commandement. Leur promotion actuelle reflète les profondes transformations du système productif et son articulation au système-monde ; ainsi, le poids de l'Ile-de-France dans le solde démographique français a doublé durant la décennie 1980-1990. Les emplois les plus productifs sont dans les plus grandes villes : la part de la seule ville de Paris dans le PIB français excède nettement celle de la région Rhône-Alpes, plus de deux fois plus peuplée.

Les métropoles concentrent la chaîne des fonctions stratégiques au sein de l'économie : le commandement, l'innovation, la production de pointe et leur support stratégique, les services spécialisés aux entreprises. Alors que les vagues de décentralisation et de délocalisations les ont allégées des tâches les moins qualifiées, elles accentuent leur maîtrise du processus en accaparant les tâches nobles. Dès les années 1970, le jeu des fusions et acquisitions a accéléré le phénomène dans tous les secteurs d'activités ; Milan commande l'essentiel des flux financiers en Italie ; 40 % des sièges sociaux des entreprises suédoises cotées en Bourse ont leur siège à Stockholm, mais c'est beaucoup plus à Londres et surtout à Paris, avec respectivement 55 % et 88 % des sièges sociaux britanniques et français. Autre fonction capitale, la Recherche – Développement est fortement concentrée dans les métropoles : 60 % de la R & D française est faite en Ile-de-France où résident 45 % des cadres et ingénieurs. Plus des deux tiers de la R & D canadienne sont le fait de Toronto, Montréal et Ottawa et 20 métropoles font les trois-quarts de la R & D américaine. De même, les fractions les plus sophistiquées de la haute technologie collent aux aires métropolitaines : 41 % du high-tech français sont en Ile-de-France ; 75 % du high-tech canadien, à Toronto et Montréal. Cette concentration au cœur du système productif est complétée par les entreprises spécialisées dans l'assistance en matière de conception, d'information technique, de financement, de commercialisation, de support juridique : ces services supérieurs aux entreprises s'agglutinent autour de leurs clients : plus de 50 % des services de conseil en haute technologie de France sont en région parisienne.

Le renforcement des nœuds de transport et de communication accompagne l'essor des métropoles. L'optimisation des réseaux, la mobilisation des économies d'échelle engendrent concentration et hiérarchisation, avec des axes lourds et des nœuds forts. Les grands ports collent aux grandes aires métropolitaines : Tokyo-Yokohama (200 millions de tonnes). Les grandes compagnies aériennes rationalisent leurs réseaux suivant le système *hubs and spokes* : des avions régionaux rabattant ainsi les clientèles vers de grandes plates-formes métropolitaines (longs courriers, gros porteurs) : tout le trafic d'American Airlines gravite ainsi autour de sept hubs. La grande vitesse réorganise le réseau ferroviaire autour des métropoles : le TGV renforce les métropoles aux dépens des villes intermédiaires victimes de l'effet de tunnel.

L'organisation contemporaine de la production conduit à une « économie d'archipel », c'est-à-dire à la concentration métropolitaine. Pour P. Veltz, il est indéniable que les économies d'échelle et les externalités jouent un rôle essentiel ; les métropoles rassemblent en effet des biens collectifs, des infrastructures techniques et sociales, des actifs relationnels et un marché du travail hautement favorable. Elles sont des centres de communication dont la puissance, ajoutée aux effets de proximité, favorise la capacité de différenciation et les interactions dans l'entreprise ; elles sont des lieux propices à la flexibilité et la complexité, vertus cardinales de l'économie contemporaine. En outre, dans un contexte d'extrême mobilité, les entreprises cherchent à multiplier les options, les possibilités de redéploiement ; c'est la dimension « assurantielle » des avantages métropolitains.

La mondialisation amplifie la demande de métropole ; les entreprises françaises qui produisent pour le marché français font le tiers des emplois industriels ; le solde, ce sont les entreprises françaises qui produisent pour l'exportation et les entreprises étrangères : dans l'un et l'autre cas, les métropoles sont des localisations fortes ; la pénétration du capital étranger commence pratiquement toujours par l'entrée métropolitaine.

Le divorce ville-région

La raison d'être d'une ville était notamment de desservir sa région. A. Pred avait montré que l'essor des entreprises à établissements multiples amplifiait un mouvement amorcé à l'époque industrielle au bénéfice des grandes villes : le réseau pyramidal christallérien rendait de moins en moins compte des interactions urbaines, avec le rôle croissant des relations intermétropolitaines. L'élargissement des horizons et l'ouverture au monde ont accusé cette tendance profonde. La région Midi-Pyrénées (2,5 millions d'habitants) et sa métropole Toulouse donnent l'exemple de trajectoires de plus en plus dissociées ; si l'agglomération toulousaine absorbe les neuf dixièmes de la croissance régionale, ce n'est pas parce qu'elle cannibalise la région, mais parce que sa croissance est liée à l'essor d'activités (aéronautique, spatial.) branchées sur les réseaux nationaux et mondiaux.

La ville globale

Les réseaux urbains de l'ère industrielle étaient souvent marqués de lourds déséquilibres. La ville la plus importante – le cas de Londres, de Paris – avait plusieurs fois la population de la seconde ville du réseau. Ce fait de primatie relevait en partie du rôle international dont la métropole avait le quasi-monopole. La mondialisation engendre progressivement un système métropolitain planétaire coordonné par des « villes mondiales » (J. Friedman) ou « globales » (S. Sassen).

Profil de la ville globale

J. Friedman (1986), qui a présenté l'hypothèse de la ville mondiale, et S. Sassen qui a conceptualisé la ville globale à partir de l'étude de New York, Londres et Tokyo en ont dégagé les traits majeurs :

– un « point de base » de l'économie mondiale à partir duquel le marché s'ordonne, notamment en matière de finance (taux d'intérêt, cours boursiers) ;

– un centre d'accumulation et de reproduction du capital international (Tokyo étant encore un cas à part) ;

– un centre de commandement (sièges sociaux des entreprises mondiales) où s'élaborent les décisions stratégiques ;

– un centre de création de nouveaux produits, procédés et idées que requiert une économie mondiale : invention de multiples produits financiers, génération d'information et de produits culturels (New York avec les grandes chaînes de télévision CBS, NBC, ABC, les grands magazines comme Times et Newsweek, les publications spécialisées comme le Wall Street Journal) ;

– un complexe économique stratégique rassemblant outre les centres de commandement et la puissance financière, tous les services aux entreprises de très haut niveau : publicité, services juridiques, fiscaux et comptables, services-conseils dotés d'une expertise mondiale ;

– un énorme marché de produits et services haut de gamme ;

– un centre de communication doté de puissantes infrastructures (plates-formes intermodales, téléports) ;

– un point d'articulation du système mondial et du système régional-national, et donc d'organisation de la division du travail à l'échelle mondiale ;

– un centre cosmopolite, portail de l'immigration ;

– un centre d'émergence d'un « métropolitanisme global » dans le terreau culturel-idéologique matérialiste du consumérisme, où se côtoient et se combinent le particulier et l'universel. Sa puissance de création d'images en fait un diffuseur idéologique de premier ordre.

Fruit de l'économie informationnelle et/ou du régime d'accumulation flexible selon les auteurs, la ville globale procède fondamentalement, dans un climat de complexité et d'incertitude, du besoin de centralité et de contrôle d'autant plus grand que la sphère d'exécution est vaste et différenciée.

Le palmarès des villes globales

Combien de villes mondiales ? Entre 20 et 50 selon S. Sassen ; tout dépend où l'on fixe les seuils pour cerner une réalité émergente en rapide évolution. La liste des sièges des « Global 500 » du magazine Fortune donne quelques pistes intéressantes, notamment la prééminence de Tokyo – New York – Londres et Paris (voir « Repères et outils », page 184). Ce n'est pas un verdict absolu : le système de décisions stratégiques implique aussi les sièges « régionaux » (par exemple le siège asiatique d'une entreprise américaine). Pour les attirer, Singapour a lancé avec grand succès son « Programme des Sièges opérationnels ».

La carte dérivée des observations de Friedmann donne une image des villes mondiales composée à partir des sièges mondiaux et régionaux des grandes entreprises :

– la prééminence du trio New York-Londres-Tokyo au sein d'un système fortement hiérarchisé ;

– la domination de la Triade : sur 32 villes représentées, 27 appartiennent à l'oligopole mondial. Aucune ville africaine n'apparaît ;

– l'arrivée des métropoles des NPI sur la scène mondiale (8 entrées).

La hiérarchie des villes mondiales en 1990, selon J. Friedman

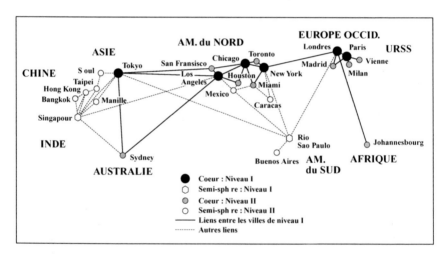

Certaines métropoles sont le fruit de la globalisation et possèdent plusieurs de ses attributs : elles n'exercent cependant leur rayonnement que sur une partie de la planète. C'est le cas de Miami dont le destin de station balnéaire a été bouleversé par l'arrivée des réfugiés cubains. Les activités de la CIA l'ont dotée d'un puissant réseau de télécommunications vers toute l'Amérique latine. Les infrastructures de qualité et une bourgeoisie entrepreneuriale bilingue ont été les facteurs déterminants de la venue des sièges des firmes américaines et étrangères pour l'Amérique latine : en pleine croissance, Miami est le siège américain de 50 banques étrangères et son aéroport accueille plus de passagers internationaux que Chicago ou Los Angeles.

Amas et corridors métropolitains

En référence à l'utopie grecque d'une cité puissante, J. Gottmann voici 40 ans avait nommé Mégalopolis le grand axe d'urbanisation qui structurait le Nord-est américain de Boston à Washington. Il n'a cessé de s'épaissir au-delà des noyaux qui le jalonnent (New York, Philadelphie, Baltimore...) et rassemble 45 millions d'habitants. La côte pacifique offre une réplique dynamique et transfrontalière sur l'axe Tijuana-San Diego -Orange County-Los Angeles et se prolonge en pointillés vers San Francisco et Seattle-Portland-Vancouver. Le grand axe de croissance en Europe joint les régions les plus dynamiques de Londres à l'Italie du Nord en passant par la Randstad Holland, la Rhénanie et la Suisse. En Asie, l'axe du Tokaïdo, de Tokyo à Osaka-Kobé, se dilate vers Hiroshima et Nagasaki, et un prolongement s'esquisse vers Séoul et Pékin, vaste corridor de 100 millions d'habitants. De multiples axes se développent ainsi : Chipitts (Chicago-Pittsburg) Londres-Bruxelles-Paris-Lyon-Méditerranée. Aucun cependant n'atteint l'ampleur des trois corridors majeurs – la mégapole américaine Boswash, la dorsale européenne, le grand axe japonais « Trois monstres de taille comparable. Trois masses urbaines gigantesques [avec] respectivement 45, 55 et 70 millions d'habitants [...] pour chacune, une richesse produite supérieure à celle de l'Inde et de la Chine réunies » (Brunet).

Les espaces mégapolitains

La structure des villes était simple autrefois : la ville du piéton s'ordonnait autour du centre politico-religieux qui coïncidait avec celui des affaires. L'automobile a permis le desserrement des activités, la spécialisation accrue de l'espace, le déferlement des banlieues résidentielles. La mondialisation a apporté de nouveaux ferments de mutation.

Au cœur des villes mondiales

L'afflux des appareils de direction des plus grandes entreprises mondiales au cœur des grandes métropoles y stimule la compétition pour le sol et la flambée des prix et des loyers (1 500 dollars/an le m² dans le West End de Londres, 1 250 à Tokyo). Les firmes cherchent alors à être au centre tout en limitant les coûts ; ainsi les grandes maisons de publicité gardent pignon sur Madison Avenue à New York, tout en installant une grande partie de leurs bureaux dans Soho et Greenwich Village où la présence de créateurs cosmopolites permet de bâtir les variantes culturellement différenciées de leurs campagnes publicitaires mondiales. La demande d'espace rentabilise la coûteuse transformation des vieux gratte-ciel de Wall Street en immeubles « intelligents ». Le centre directionnel de la Défense à Paris est promis à une nouvelle expansion.

L'étalement urbain qui a accompagné la croissance des grandes métropoles dans le dernier demi-siècle a d'abord concerné les résidences, les activités industrielles et les centres commerciaux. L'engorgement et la compétition pour le sol au centre ont poussé à un desserrement d'activités traditionnellement centrales – y compris de sièges sociaux – autorisé par les nouveaux modes de communication à distance. L'essor de noyaux de reconcentration spatiale dans les aires suburbaines témoigne d'une recomposition de la centralité. Il arrive que ces *edge cities* rivalisent, comme à Atlanta, avec le centre-ville traditionnel. Le polycentrisme paraît ainsi être la forme canonique de l'organisation métropolitaine, même si la tendance à la dispersion généralisée de Los Angeles esquisse le modèle d'un avenir différent.

La mosaïque ethnique

Les grandes métropoles sont les portails de l'immigration qui marquent de leur sceau l'économie et les paysages. Près de 40 % des immigrants aux États-Unis entrent par New York et Los Angeles, et beaucoup s'y fixent. Dès 1980, le pourcentage de population née à l'étranger dépasse 22 % à New York et Los Angeles (à comparer avec 4,2 % à Dallas). Le phénomène n'est pas nouveau ; on se rappelle les contingents allemands, polonais, ukrainiens… affluant à Chicago il y a un siècle. Mais l'ampleur actuelle le distingue : deux millions d'immigrants sont entrés à New York et Los Angeles entre 1990 et 1995.

Les « économies ethniques »

Les bassins d'immigrants sont puissamment structurés par des liens de solidarité, de coopération (voire d'exploitation) qui ont été décrits avec les diasporas. L'immigrant trouve accueil, logis, et premier emploi dans sa communauté qui sert aussi d'incubateur et de marché aux nouvelles entreprises. « Koreatown » est une enclave autour de Olympic Boulevard à Los Angeles ; autour des bâtiments de grandes entreprises comme Samsung, Lucky Star et Hyunday pullulent d'innombrables PME intégrées dans des réseaux de sous-traitance ; sur l'espace restreint qui avoisine le complexe commercial « Koreatown Plaza » s'agglutine le quart des entreprises coréennes de Californie du Sud.

Dynamiques et tensions ethniques : le cas de Los Angeles

Il est peu de mutations aussi radicales que celles qu'a connues la métropole californienne au cours du dernier demi-siècle. La recomposition ethnique de la ville de Los Angeles est proprement stupéfiante. Les Blancs qui la peuplaient à 92 % y sont minoritaires dès 1990. La proportion des Hispaniques est passée en 30 ans de 2 à 33 %, celle des Asiatiques de 2 à 10 %. C. Ghorra-Gobin a montré comment, à 26 ans de distance, la signification de deux émeutes dans les ghettos noirs traduit cette mutation. En 1965, les émeutes du quartier de Watts s'inscrivent dans les tensions de la lutte pour les droits civiques. Celles de 1992 dans South Central sont consécutives aux exactions de policiers blancs sur la personne d'un Noir et des violences et destructions affectent plusieurs villes américaines ; mais le fait le plus marquant est le saccage et l'incendie de nombreux magasins et bâtiments appartenant à des Coréens et à des Hispaniques, révélant les tensions inter-raciales. Les Noirs se sentent menacés, le ghetto est cerné et progressivement gagné par les quartiers hispaniques, le barrio ; à cette date, les Hispaniques forment déjà 45 % de la population de South Central, exclusivement noire vingt-cinq ans auparavant. Le problème numérique a un prolongement politique : Hispaniques et Asiatiques veulent au conseil municipal une représentation conforme à leur nombre. Le malaise de la communauté noire est d'autant plus profond que sa situation économique s'est détériorée ; la bourgeoisie noire est partie vers les banlieues et la crise du système fordiste a réduit le nombre des emplois manufacturiers bien payés : le chômage est endémique. Le barrio au contraire fonctionne comme une enclave ethnique à propriétés d'incubateur qui permet à une partie notable de ses membres de s'intégrer dans le circuit économique et la société américaine. L'opposition Blacks-Browns trouve naturellement ses prolongements dans la lutte des bandes qui se disputent le contrôle de la rue.

SYNTHÈSE

La formidable vague d'urbanisation postérieure à la seconde guerre mondiale a alimenté au cours des dernières décennies une grande effervescence métropolitaine. La métropolisation, plus que la concentration de population, est le rassemblement des fonctions économiques stratégiques en un petit nombre de lieux. La mondialisation privilégie les rapports entre ces très grandes villes et alimente leur suprématie : un système urbain planétaire apparaît coordonné et commandé par des villes globales. La concentration des fonctions essentielles en leur sein et les flux d'immigration dont elles sont les portails modifient profondément la physionomie et l'organisation de ces mégapoles.

Pour en savoir plus

J.-P. PAULET, *Géographie urbaine*, Armand Colin, coll. « U », 2000.
Un manuel de base sur l'organisation urbaine contemporaine.

P. VELTZ, *Mondialisation, villes et territoires : l'économie d'archipel*, PUF, 1996.
Un classique.

9

DU LOCAL AU MONDIAL : LA RECONFIGURATION DES TERRITOIRES

La logique de la globalisation est de lisser les différences, d'unir tous les points de la planète. Le processus de mondialisation n'abolit pas les territoires, il les reconfigure. Quelles que soient l'efficacité des moyens de transport et de communication et la force de la convergence spatio-temporelle, la distance n'est pas abolie, ni comme temps et coût ni en perception des parentés, des différences. Les échanges de marchandises se font d'abord entre voisins : les pays européens font entre eux 68 % de leurs échanges internationaux. La Triade, structure forte du système-monde, focalise l'essentiel de la vitalité économique mondiale, mais quelques configurations moins spectaculaires s'esquissent hors d'elle. Des régions-continent se constituent qui doivent à l'histoire comme à la géographie ; des expressions géographiques comme Amérique du Nord tendent à s'incarner en réalités organiques. L'intégration régionale se conjugue ainsi à la globalisation dans une dialectique de renforcement/opposition. Traversé par les réseaux, l'État-nation survivra-t-il à la globalisation ? Va-t-il se dissoudre dans ces régions-continent ? Ne se décompose-t-il pas par le bas alors que les régions affichent leur personnalité et qu'une multitude de collectivités affirment le dynamisme et les prétentions du local ?

La régionalisation du monde (page 93)

Quelles sont les formes et les étapes de l'intégration régionale ? Comment une association de libre-échange (ALENA) se distingue d'un régionalisme ouvert (ANSEA) ? L'originalité de la construction européenne.

Le repli de l'État-nation (page 97)

Assailli de toutes parts – pouvoir des transnationales, frontières de plus en plus poreuses – l'État est-il encore un territoire de pertinence alors que s'affirment les regroupements supranationaux, les régions et le milieu local ?

La régionalisation du monde

Durant ses 47 années d'existence, le GATT a enregistré 110 accords d'association économique ; la plupart n'impliquaient que deux membres et un grand nombre sont intervenus entre 1990 et 1994, conséquences de la décomposition de l'URSS. D'autres accords ont une toute autre portée.

Formes et étapes de l'intégration régionale

Plusieurs ententes avaient pour but principal la constitution d'un marché élargi et protégé. Si l'élimination des barrières douanières est conforme aux objectifs du GATT, la notion de zone protégée va à l'encontre de ses principes, particulièrement de la clause de la nation la plus favorisée ; l'article 24 du GATT pourtant instaure une tolérance pour des accords préférentiels d'une grande variété : on les classe par ordre d'intégration :

– *l'association de coopération économique* dont l'OCDE est un spécimen : c'est un cadre pour favoriser les négociations, les accords, un esprit d'ouverture ;

– *la zone de libre-échange* : créée à la suite d'un accord d'abaissement progressif des droits de douane entre des partenaires qui restent maîtres de leurs politiques commerciales : c'est le cas de l'ALENA ;

– *l'union douanière* : instaure entre une association entre des États qui souscrivent un contrat de libre-échange et adoptent à l'égard du reste du monde un tarif extérieur commun ; le Mercosur (Brésil, Argentine, Paraguay, Uruguay rejoints comme associés par la Bolivie et le Chili) et le Pacte Andin (Bolivie, Colombie, Équateur, Venezuela, Pérou) en sont les meilleurs exemples ;

– *le marché commun* : est une union douanière qui n'est pas limitée aux marchandises et comprend aussi la libre circulation des capitaux et des hommes : le traité de Rome de 1957 créant la Communauté économique européenne en est le type le plus achevé ;

– *l'union économique* ajoute au marché commun la mise en place de politiques économiques et monétaires communes ; c'est la forme prise par l'Union européenne qui émerge du traité de Maastricht en 1992 ;

– *l'union politique* est la forme ultime de l'intégration : le Zollverein, union douanière entre les États allemands (1836), a pavé la voie à la réalisation de l'unité allemande (1871).

Une zone de libre-échange : l'ALENA

L'originalité de l'accord entre les États-Unis, le Canada et le Mexique est d'associer des États de poids et de niveaux de développement très différents. Mise en place en deux étapes, l'ALENA a généré une formidable accélération des échanges entre les signataires.

L'accord de libre-échange Canada-États-Unis

L'accord de libre-échange entre les États-Unis et le Canada (1989), prévoyait la libération des échanges sur dix ans (avec des dispositions spéciales pour l'agriculture, les productions culturelles). Aux États-Unis, l'accord allait de soi, tant était grande l'interpénétration des deux économies. En revanche, au Canada, la question fut disputée lors des élections de 1988 ; la disproportion entre les deux partenaires faisait craindre le pire au patronat industriel et aux syndicats, notamment en Ontario. On redoutait aussi la disparition du filet social canadien et la dilution de la culture canadienne dans le grand ensemble américain.

La mise en place de l'ALENA en 1994

La création de l'ALENA en 1994 ne fit guère de vagues au Canada (le Mexique est loin, les échanges canado-mexicains faibles), mais soulève un tollé au Mexique et aux États-Unis. Durant la campagne à la présidence de 1992, le candidat R. Perot stigmatise « cet aspirateur géant qui va gober les emplois américains au sud du Rio Grande ». Les syndicats craignent l'effritement des standards américains tandis que l'opposition mexicaine dénonce la main-mise des États-Unis sur l'économie mexicaine.

Le contenu de l'accord

L'ALENA est d'abord un accord de libre circulation des marchandises qui doit être atteinte sur une période de dix à quinze ans selon les secteurs. Des dispositions particulières concernent l'industrie automobile, en raison du pacte canado-américain de 1963, et assurent l'intégration du Mexique et la libération des droits dès lors que les produits ont un contenu « local » minimum de 62,5 %. L'ALENA n'est pas une union douanière, chaque État restant maître de ses politiques commerciales, mais ce n'est pas un simple accord de libre-échange des marchandises ; les services financiers, l'investissement direct bénéficient de dispositions très favorables au capital et à la protection des investisseurs, en leur permettant notamment un recours devant les tribunaux lorsqu'une nouvelle loi modifie les conditions initiales du traité (l'affaire Ethyl au Canada). C'est pourquoi les détracteurs de l'accord l'ont présenté comme l'association des ressources canadiennes, de la main-d'œuvre mexicaine et du capital américain pour le plus grand bénéfice de celui-ci.

De nombreux secteurs sont réservés : le Canada a voulu protéger le domaine culturel, les États-Unis les transports aériens et le Mexique ses ressources naturelles. Il n'est en outre aucunement question d'une libre circulation des travailleurs. Deux ensembles de dispositions ont été prises pour contribuer à pallier, au moins partiellement, les risques d'une association entre partenaires très différents dans le domaine social, environnemental. Les différends sont portés devant une commission d'arbitres indépendants. L'ALENA porte la marque des États-Unis soucieux d'introduire sur le continent nord-américain des règles d'échanges plus libérales que celles du GATT : ce « mini-latéralisme » n'est qu'une préfiguration d'une entente de libre-échange élargie à l'ensemble du continent américain, la ZLEA (zone de libre-échange des Amériques) dont la réunion de Québec en 2001 a jeté les bases.

L'ALENA, bilan provisoire

Les résultats sont spectaculaires. Les échanges du Canada avec les États-Unis ont augmenté de 170 % en dix ans ; ceux du Mexique avec ses partenaires ont doublé en cinq ans et le rapport du commerce extérieur au PIB mexicain est passé de 18 à 31 % dans le même temps. La dépendance du Mexique et du Canada à l'égard des États-Unis a beaucoup augmenté, puisqu'ils absorbent 84 % de leurs exportations. Il est difficile d'apprécier l'impact sur les revenus, la création d'emplois et de vérifier si les prévisions optimistes des partisans de l'accord ou les sombres prophéties de ses détracteurs se sont réalisées. L'effet de la continentalisation sur la géographie est éclatant : les liens d'échanges entre les provinces canadiennes s'affaiblissent relativement au renforcement des liens transfrontaliers Nord-Sud, tandis qu'au Mexique le privilège des *maquiladoras* frontalières se dissémine sur tout le Nord et le centre du pays.

Un régionalisme ouvert : l'ANSEA

L'Association des nations du Sud-Est asiatique a vu le jour en 1967 ; elle groupait à l'origine l'Indonésie, Brunei, la Malaisie, Singapour les Philippines et la Thaïlande ; l'ont rejointe plus récemment le Myanmar, le Vietnam, le Laos et le Cambodge.

Un régionalisme ouvert

L'ANSEA ne constitue pas une zone de libre-échange ; c'est à l'origine une aire de coopération en matière de sécurité et d'économie qui s'était donné pour but d'abaisser les droits de douane sous les 5 % à l'horizon 2008. On peut y voir d'abord la zone d'influence du Japon – investissements, sous-traitance, marché – puis des NPI les plus avancés – Taiwan, Corée… – ce qui en fait une aire d'échanges privilégiés, mais nullement exclusifs (forts liens avec l'Amérique du Nord). La réalité fonctionnelle de ce cadre est attestée par les pratiques des entreprises : Toyota a déployé sur l'ANSEA un système intégré d'approvisionnement et de sous-traitance entre ses filiales. Tous ces pays s'inscrivent à des degrés divers sur la courbe d'apprentissage qui marque le processus d'industrialisation : en témoignent les rapports élevés entre exportations et PIB (supérieur à 30 %, et généralement beaucoup plus) et entre taux de formation brute de capital fixe et PIB (supérieur à 20 %).

Un difficile approfondissement

La formalisation de l'association économique n'a guère progressé ; c'est d'abord une question de traditions, peu favorables à ces pratiques. En outre, les frontières demeurent fragiles (Indonésie), les crises politiques assez fréquentes. Les nationalismes concurrentiels des puissants voisins (Chine, Inde) n'y sont guère propices et les gros partenaires (Chine, Japon) ont préféré les ententes bilatérales. La crise asiatique a montré le peu d'influence de l'ANSEA dans la recherche d'un règlement. Mais durant cette même crise, l'intervention du FMI a été durement ressentie et a engendré une prise de conscience « régionale ». Aussi a-t-on proposé successivement un Fonds monétaire asiatique et un Système monétaire asiatique pour intervenir en cas de crise, et réduire les fluctuations des monnaies. Rien n'est fait, mais les pays asiatiques ont eu le sentiment que l'APEC, association des économies du Pacifique (qui comprend aussi l'Amérique du Nord et l'Océanie), représentant 50 % du commerce mondial, était trop large. Indice fort d'un recentrage asiatique, les 10 partenaires de l'ANSEA ont conclu en 2001, avec la Chine, le Japon et la Corée du Sud, une entente pour formaliser un accord diplomatique et commercial. On parle maintenant des 10 + 3. Il est prématuré de dire s'il s'agit de l'acte fondateur d'une vraie zone de libre-échange concrétisant et approfondissant la réalité fonctionnelle avérée de la sphère asiatique.

L'originalité de la construction européenne

L'Union européenne est née d'une grande ambition politique : bâtir des États-Unis d'Europe pour mettre fin aux carnages récurrents. Le grand marché pensé par R. Schuman et J. Monnet était le moyen d'instaurer les échanges, les ententes et finalement l'intégration profonde des pays dans la paix et la prospérité.

Les étapes de la construction européenne

Précédé d'un accord limité au charbon et à l'acier (CECA), le traité de Rome (1957) établit le grand marché porteur d'efficacité et d'intensification des échanges, un marché commun entre les six pays signataires (Benelux, France, Allemagne, Italie), instaurant la libre circulation des marchandises, des hommes et des capitaux. L'union douanière est réalisée en 1968. Le succès de la Communauté économique européenne lui amène des associés : Royaume-Uni, Irlande et Danemark après 1973, puis Grèce, Espagne et Portugal après 1980, et enfin Autriche, Finlande et Suède en 1994. Le Marché commun est approfondi avec le Marché unique (1986) : barrières physiques et obstacles techniques (droit des affaires, protection des personnes, marchés publics, mouvements de capitaux) sont levés.

La construction européenne avait pour ambition d'harmoniser les politiques : les résultats ont été assez minces, à la remarquable exception de la Politique agricole commune (PAC). La libre circulation ne devait pas laisser pour compte des secteurs, des régions, des individus : les Fonds Structurels ont eu pour fin d'atténuer les disparités structurelles et régionales. La création d'un minimum social est proclamée par la Charte Communautaire des droits fondamentaux des travailleurs.

Le traité de Maastricht de 1991 créant l'Union européenne a fait franchir à l'édification européenne une étape supplémentaire en érigeant un système monétaire européen, avec une monnaie commune (l'euro) et une Banque centrale européenne indépendante des pays membres avec en préalable une convergence en matière budgétaire et monétaire (normes maximales de dette publique, de déficit, et d'inflation).

Évolution des institutions et perspectives

La démarche européenne est porteuse d'intégration politique. Les institutions progressivement mises en place consolident un pouvoir européen supranational. Mais il n'existe pas d'unité de vues parmi les membres sur le devenir de l'Union européenne. Les décisions relèvent du Conseil des ministres des États, les choix stratégiques des chefs des exécutifs nationaux ; la Commission de Bruxelles, indépendante des États, a un pouvoir de proposition et assure l'exécution des décisions prises ; le Parlement européen élargit sa compétence législative ; la Cour européenne de justice tranche les litiges éventuels. Un droit communautaire s'élabore, qui a préséance sur les droits nationaux. Le partage des compétences se fait suivant le principe de subsidiarité : ne va à la Commission que ce qui est mieux réalisé à son niveau. Il apparaît donc clairement qu'une manière de fédéralisme se met en place. Mais les partisans de l'Europe des Nations (Royaume-Uni, souverainistes français) s'opposent à une intégration plus poussée dans une Europe fédérale que proposent notamment les Allemands. L'Europe a clairement privilégié la dimension économique de sa construction ; les adversaires de cette conception dénoncent « la dictature de la concurrence », le « déficit démocratique » et déplorent la faiblesse diplomatique et militaire de l'Union.

L'adhésion de nouveaux membres a rendu l'unité de vue et la vitesse de cheminement plus ardues. Les exigences ont été réduites pourr les derniers entrants. Elles le seront plus encore avec l'entrée prévue en 2004 des pays de l'Europe de l'Est dont l'économie et le niveau de vie sont loin derrière ceux des membres actuels ; la distribution des aides (PAC, Fonds structurels) sera bouleversée aux dépens des bénéficiaires actuels. Avec la révision à la baisse des critères d'entrée, l'Union européenne va-t-elle se diluer dans une vaste zone de libre-échange ? Ou un scénario d'Europe à deux vitesses permettra-t-il de sauvegarder une construction politique originale ?

Le repli de l'État-nation

Les uns annoncent que l'État n'est plus en mesure de protéger ses citoyens contre les forces prédatrices du marché, les autres que le marché bienfaisant va libérer les citoyens de la tutelle de l'État ; mais les uns et les autres semblent s'accorder pour déclarer que l'omnipotence du marché suscite l'impotence des hommes politiques et des États. K. Ohmae (1995) a proclamé l'avènement d'un monde sans frontière. La puissance de l'État reposait sur le contrôle de l'espace et du temps ; la mondialisation des flux de biens, de services, de capitaux, d'information érode sa capacité de contrôle. Les réseaux qui le traversent le dépossèdent des outils dont il avait le monopole. Le principe territorial qui depuis plus de trois siècles fonde l'ordre international est écorné. Le jeu des États n'est plus qu'une dimension de la grande partie mondiale. L'enrichissement contemporain du concept de territoire altère le pacte d'exclusivité : le territoire n'est plus seulement celui de la nation, mais incarne, dans des dimensions multiples, les pouvoirs ou les identités individuelles ou collectives dont la prolifération porte ombrage à sa prétention d'exclusivité, voire à sa légitimité. Menacé de l'intérieur et de l'extérieur, l'État-nation redéfinit son rôle et ses missions. D'ailleurs, comment annoncer sa disparition, alors que les États se multiplient ?

L'État investi par les réseaux

À l'orée du troisième millénaire, 52 firmes transnationales, pesées en chiffre d'affaires, figurent parmi les 100 premières puissances économiques mondiales. Autant dire que le pouvoir des États est mis à rude défi ; chacune de ces 52 firmes pèse plus que 140 des États inscrits à l'ONU. Les territoires sont traversés, investis par des organismes à logique réticulaire.

L'interpénétration dissolvante

Les flux de biens, services et capitaux font éclater les cadres nationaux : les concepts de PNB, de balances d'échanges sont mis à rude épreuve. Les échanges extérieurs de la France représentent 45 % de son PIB. Elle a reçu 40 milliards de dollars d'IDE en 2000, en exportant 75. L'IDE dans le monde en moyenne est passé de 6 à 18 % du PNB entre 1980 et 2000 ; les chiffres sont de 5 % et 23 % pour l'Union européenne, de 3 % et 18 % pour les États-Unis, mais de 3 % et 56 % pour le Chili, de 3 % et 31 % pour la Chine. L'ouverture entraîne l'acceptation de règles qui dépassent le territoire et « la capacité d'intervention des gouvernements dans l'économie se réduit... sur un arrière-fond de mesures libérales : déréglementation des activités, privatisation des entreprises publiques » (Michalet).

L'essoufflement de l'État-développeur

L'effondrement du régime soviétique tient largement à son incapacité à diriger efficacement l'économie à l'ère de l'économie du savoir. Les régimes communistes ont mis de l'eau dans leur vin pour accrocher leur wagon au train de la mondialisation. La Chine elle-même a rompu avec le centralisme pour accueillir les investissements étrangers. La mesure la plus significative fut autour de 1990 une décentralisation fiscale et une responsabilisation des autorités locales ; provinces et municipalités se mirent à investir en partenariat avec les étrangers par le biais des « entreprises collectives », recherchant les occasions de profit dans l'immobilier, la banque, etc. La province de Guandong fut autorisée à créer une Banque de Canton (société par actions), une Bourse, un office des changes. L'accès au financement privé permit à ces « entrepreneurs bureaucratiques » de court-circuiter le Plan central ; sans doute sont-ils des officiels, membres du Parti communiste, mais ils sont les chevilles ouvrières d'un secteur décentralisé véritablement capitaliste, en prise sur les courants mondiaux, et de ce fait condamné à l'efficacité et au profit. Les initiatives fusent et l'autonomie nouvelle génère une croissance économique tonique de 8 à 10 % par an. La résistance de la Chine lors de la crise asiatique de 1997-1998 tient en partie à cette flexibilité nouvelle, en partie à la vigoureuse action du gouvernement central compensant la baisse de la demande extérieure par un vaste programme d'investissements dans les infrastructures et le logement. Le Japon qui fut le modèle de l'État-développeur est en panne depuis dix ans. Les Dragons se libéralisent ; à l'exception de Singapour, leurs gouvernements lâchent du lest et passent progressivement la main.

Le recul de l'État-providence

Dans la logique de la mondialisation, les entreprises cherchent l'allègement des charges sociales, la réduction de la fiscalité. La Grande-Bretagne a montré la voie : si les coûts du travail y sont deux fois moins élevés qu'en Allemagne, c'est notamment en raison de la moindre importance des coûts non salariaux (27 % du coût total du travail contre 42 % en Allemagne). La pression à la baisse des impôts et des charges conduit au désengagement en matière sociale. L'idéologie dominante est critique sur l'efficacité de l'État. Sera-t-il confiné au rôle qui était le sien avant l'ère keynésienne : assurer la loi et l'ordre ?

L'information sans frontières

L'État contrôlait l'information sur son territoire ; le contrôle des chaînes de la télévision était tenu serré. Privatisation et multiplication des chaînes le rendent désormais illusoire ; l'arrivée d'Internet érode les frontières. Une « déclaration d'indépendance du cyberespace » imprégnée d'esprit libertaire invitait les gouvernements à se tenir à l'écart : « le cyberespace n'est pas dans vos frontières ». Les États ne se tiennent pas pour battus ; en utilisant les techniques sophistiquées qui permettent aux entreprises de protéger leur réseau des intrus, ils ont réussi à contrôler l'accès à Internet et le contenu des échanges. Ainsi la Chine a pu contenir le discours politique, fermer le site de la secte

Falun Gong… ; le même filtrage s'exerce en Iran, en Arabie Saoudite, à Singapour… Si les messages circulent dans l'éther, les ordinateurs sont localisés et les techniques de repérage précises. Mais contrôle et filtrage restent poreux ; l'information circule. La loi peine à contenir ses débordements, même les plus scabreux : la justice française avait obtenu le voilage d'un site néo-nazi sur Yahoo ; une Cour américaine a déclaré l'arrêt inconstitutionnel.

La logique du réseau

Contre le territoire, qui avec ses frontières est exclusion et fermeture et prétend aux allégeances exclusives, le réseau impose la fonctionnalité de l'inclusion et de l'ouverture, des allégeances mouvantes. Il est porteur de « solidarités sans territoire » (V. Badie) : réseaux de solidarités utilitaires (économie), affectives (communautés). Vitesse et mobilité le favorisent. Des associations d'anciens élèves des « business schools » aux organisations religieuses, les réseaux submergent l'État, de moins en moins capable « d'accaparer l'espace et le temps » (Poulantzas).

État et territoires de pertinence

Le territoire est le fondement de l'État, pierre angulaire de l'ordre politique moderne ; il est le « support exclusif des communautés politiques, la marque de compétence de l'État…, du contrôle social et politique, la base de l'obéissance civile » (V. Badie). Dans la nouvelle donne mondiale, les logiques se multiplient qui renvoient à des territorialités multiples. Le territoire national paraît un dénominateur commun contraignant et inadapté. Sa pertinence est mise en cause. Alors que leurs réseaux se déploient sur la planète, il est devenu un carcan contesté par les firmes ; en revanche, il est tenu souvent pour un cadre d'identification trop large, trop vaste pour l'exercice de certaines solidarités. Tiraillé entre des exigences contradictoires – trop petit pour les échanges, trop grand pour les identités – il est en voie d'être dépouillé de ses compétences par en haut et par en bas. Le citoyen participe à cette dynamique par le sens nouveau qu'il donne à la souveraineté ; moins prompt à servir l'État, il revendique en revanche que l'État le serve.

La dépossession par en haut

L'État moderne s'est soumis à des limitations de sa souveraineté : les conventions de Genève en sont un exemple. Elles sont de plus en plus nombreuses, contraintes ou consenties.

– Les impératifs de l'ouverture : le règne de l'universel marchand impose le respect de règles planétaires, l'acceptation d'arbitrages supra-nationaux, comme ceux de l'OMC et de l'Organisme de règlement des différends.

– Les retraits consentis : le dépassement du territoire national, dans une recherche de grand marché ou dans la quête beaucoup ambitieuse comme la construction européenne, conduit à renoncer à une part de souveraineté. Chaque communauté qui se crée s'accompagne d'un transfert de compétences avec un mécanisme de contrôle. Quelques exemples dans l'Union européenne : le droit communautaire prime sur le droit national (Cour de Justice européenne) ; les accords de Schengen (1990) définissent des règles et procédures unifiées de contrôle et d'actions policières dans « l'espace Schengen » ; la création de l'euro est allée de pair avec la fin du privilège d'émissions des banques nationales ; les régions européennes font appel aux Fonds structurels de l'Union européenne. Ainsi émerge fortement une notion de plurisouveraineté.

– *L'État sous surveillance* : les nations colonisatrices s'étaient investies d'un « devoir de civilisation ». Les organisations internationales se sont donné mission de mettre fin à des situations tragiques (Kosovo, Timor oriental) en intervenant militairement, le cas échéant : un droit d'ingérence apparaît, fondé sur des idéaux humanitaires. Parallèlement, des réseaux transnationaux veillent à dénoncer les violations des droits de l'homme ou les atteintes au patrimoine de l'humanité (Amnesty International, Greenpeace...) et à contraindre les États au respect d'un code universel de bonne conduite.

La dépossession par en bas : les nouveaux pactes nationaux

Trop petit pour la régulation des marchés, l'État est souvent trop vaste pour l'exercice de certaines fonctions ou le support des identités. Les aspirations des citoyens conduisent l'État à redéfinir le pacte national avec ses ressortissants, individus, collectivités, régions. L'avenir est aux régions dit K. Ohmae, proclamant l'inadéquation croissante et le caractère dysfonctionnel de l'État-nation. Certaines ont une stature administrative, une personnalité bien affirmée comme la Catalogne, la Lombardie ou le Bade-Würtemberg. D'autres chevauchent les frontières, comme la Californie du Sud qui intègre de plus en plus l'aire mexicaine de Tijuana. Le rayonnement de Hong Kong s'étend sur la Rivière des Perles, Shenzen, Guangzhou, etc., une zone de 11 millions d'habitants qui a un revenu *per capita* supérieur à cinq fois celui de la Chine. Ces régions qui émergent ont pour Ohmae un gabarit de 5 à 20 millions d'habitants, un aéroport international, souvent un bon port. Elles constituent des unités organiques efficaces pour l'organisation des marchés de biens et de services, les campagnes de publicité, etc. Elles se définissent beaucoup plus par leurs relations avec l'économie globale qu'avec leur État national.

La « politique étrangère » des régions

La Californie avec 32 millions d'habitants n'est dépassée en puissance économique que par sept pays dans le monde. Sa force comme la spécificité de ses problèmes l'ont amenée à demander à l'État fédéral de lui confier certains de ses pouvoirs : par exemple le contrôle du Central Valley Project. Mais c'est dans ses relations avec l'étranger que la Californie montre qu'elle doit faire valoir ses intérêts. Tout comme le Texas, elle a été un agent actif de la signature du traité ALENA, en envisageant les retombées de proximité : si les relations avec les populations mexicaines ont été souvent tendues, les autorités californiennes vont de l'avant pour construire un partenariat privilégié : promotion d'un aéroport San Diego-Tijuana, nettoyage de la Tijuana River. Considérant sa prospérité future largement liée à celle du « Pacific Rim », la Californie a créé l'Agence californienne de commerce pour stimuler ses liens avec l'Asie de l'Est et du Sud-Est avec laquelle elle fait déjà les deux tiers de ses échanges extérieurs ; elle veille à pousser Washington à renforcer l'APEC. Elle a des bureaux à Tokyo, Hong Kong, Mexico city, Londres et Francfort.

Le nouveau fédéralisme américain

Au-delà du catéchisme des idéologues républicains de la dérégulation forcenée, les Américains dans leur majorité adhèrent à un mouvement de « décentralisation comme clé de l'action » (W.J. Clinton). La mondialisation appelle une révision des contrôles politiques et sociaux : la dévolution des pouvoirs et des budgets vers les États fédérés leur apparaît comme une réponse appropriée au nouveau contexte. Les gouverneurs reçoivent des enveloppes (block grants) qu'ils utilisent notamment pour stimuler le développement économique de leur État engagé dans la compétition mondiale. La « réinvention » du gouvernement contribue ainsi à la construction du « nouveau fédéralisme ».

L'affirmation du local

Durant les Trente Glorieuses, l'action de l'État en matière d'aménagement du territoire procédait d'une volonté de mieux répartir richesse et développement économique (distribution de subsides). Cette conception de développement par en haut a été contestée par les acteurs soucieux de définir les objectifs et de participer à leur réalisation. Les lois de décentralisation de 1981 ont doté les régions françaises de pouvoirs que la réforme de 2002 entreprend d'élargir à l'échelon inférieur, la vision du développement local s'incarne dans les territoires de projets comme les « pays » en France, dans les centres de développement local au Québec.

L'État reprofilé

Les États abandonnent-ils leur souveraineté ? E. Cohen le conteste en remarquant que les délégations vers les régions n'entament pas la souveraineté car la nation « conserve la compétence de la compétence ». Les délégations vers l'Europe ont été librement faites. Mais les transferts multipliés de souveraineté ne la réduisent-ils comme peau de chagrin ? Renoncer à une monnaie nationale au profit de l'euro, c'est abandonner un outil de politique économique nationale. La logique marchande n'est-elle pas installée au cœur de l'État ? Si une logique dominante est à l'œuvre, on doit observer que les États disposent de degrés de liberté : au contraire de l'Angleterre thatcherienne qui a pratiqué la « privatisation systémique », on peut opposer le cas de l'Allemagne (tradition des arrangements bi-partisans avec les syndicats) ou celui des Pays-Bas (choix du compromis social). Deux exemples montrent la capacité de réaction de l'État :

– l'échec de l'AMI : la proposition d'Accord multilatéral sur les investissements, préparée par l'OCDE, contenait des dispositions réduisant le rôle des États ; après de vigoureuses réactions dans la société civile, le gouvernement français s'y est opposé : la proposition a été retirée ;

– la souveraineté culturelle : le gouvernement s'oppose vigoureusement à ce que les biens culturels soient considérés comme des biens marchands ordinaires.

État et compétitivité

Pour l'économiste M. Porter, l'instance nationale, loin d'être dévalorisée par la mondialisation, prend au contraire de l'importance dans la mesure où l'avantage compétitif est construit à travers « un processus hautement localisé » : les valeurs, la culture, les institutions, etc. d'un pays y contribuent puissamment. Il conçoit le « diamant de la compétitivité » comme un système interconnecté à quatre composantes majeures. La composante majeure : dotation en facteurs donnés (ressources) et construits (éducation...), la structure des firmes et le contexte de concurrence, la demande. Le gouvernement, par ses différentes politiques, est un déterminant essentiel de ces quatre composantes.

L'État soigne son attractivité ; pour attirer les entreprises, les nations exercent leur « séduction » : missions économiques, « champions nationaux ». Toutefois, la trans-nationalisation croissante rend de plus en plus fragile l'assimilation de la nation à une entreprise, comme naguère Japan Inc. Pour R. Reich, le rôle économique d'une nation n'est pas d'accroître la profitabilité des entreprises enregistrées sous son pavillon mais « d'améliorer le standard de vie de ses citoyens en augmentant la valeur de leur contribution à l'économie mondiale ». Le concept de compétitivité est ainsi déplacé : ce qui compte, c'est « ce que nous faisons, ce que nous savons faire » ; c'est en améliorant ces aptitudes et ces capacités d'adaptation au changement, notamment par l'éducation et la formation continue, que l'État forge la compétitivité du territoire national : une action qui s'inscrit dans la durée.

Faire société

L'État s'est chargé, alors que l'industrialisation pulvérisait les cadres traditionnels, familiaux et villageois, d'introduire cette dose de solidarité qui permettait au système de se développer : les lois sociales de l'Allemagne bismarckienne ont accompagné sa formidable mutation industrielle. La prospérité des Trente Glorieuses s'est doublée d'une solidarité institutionnalisée par l'État-Providence, solidarité que la mondialisation met à rude épreuve. L'ouverture favorise les uns, déstabilise les autres ; le fossé tend à s'accroître entre les nantis et les défavorisés. Dans la tradition de l'État-Providence, c'est précisément là que doivent jouer les solidarités nationales. L'exigence de compétitivité place l'État devant un dilemme. Alors qu'augmente le nombre de chômeurs, que la population vieillit, que les coûts de santé croissent, peut-il maintenir ou accroître les charges sociales au risque de faire fuir les entreprises vers des territoires fiscalement plus cléments ? Quels sont ses moyens d'action alors qu'une forte proportion de la production nationale est destinée aux marchés étrangers et qu'une proportion croissante de cette production est le fait d'entreprises qui sont propriété étrangère ? La question a été bien posée par R. Reich (1992) aux États-Unis : « nous ne sommes plus une économie ; pouvons-nous être une société ? » Il y a des choix à faire ; différemment conçus selon les sensibilités politiques. L. Jospin insistait pour distinguer entre l'économie de marché et la société qu'on doit soustraire aux concurrences aveugles ; distinguo que refuse A. Minc (2000) : dans un univers où la vertu cardinale est la concurrence, la société ne peut être qu'une société de marché : concurrence entre les villes, les régions, les universités. Il faut admettre l'inévitable privatisation des services publics et renoncer à l'égalitarisme au profit de l'équité, selon J. Rawls (est équitable une inégalité qui profite à tout le monde même si elle profite plus aux uns qu'aux autres). La position de Minc est celle d'un libéral qui admet cependant que le nouveau capitalisme est plus inégalitaire et qu'une forte régulation est nécessaire pour « mettre la mécanique sociale au service des exclus ». Il observe qu'il n'y a pas un modèle unique, même dans l'Union européenne, où les pays observent les règles de Maastricht avec des combinaisons prélèvements/dépenses très différentes. Mais ces différents modèles résisteront-ils aux assauts conjugués des forces centrifuges multiples ? Tocqueville avait bien noté que la loyauté à un lieu, ville, région ou pays, reflétait fidèlement l'intérêt économique bien compris de chacun. Dans un univers d'intérêts divergents, où les trajectoires des « perdants et gagnants globaux » s'éloignent, la volonté de faire société dépend du « sentiment profondément ancré d'un héritage et d'une destinée nationale partagés » (Reich).

SYNTHÈSE

La mondialisation, loin d'abolir les territoires, les reconfigure. Les échanges accrus se font d'abord entre voisins et les associations d'États – qui vont de la simple coopération à l'intégration – esquissent une régionalisation du monde dont l'Union européenne, l'ALENA, l'ANSEA, le Mercosur sont les acteurs les plus importants. Participant à la construction de ces « régions-continent », les États-nations, déjà investis par les réseaux transnationaux, consentent à une délégation de souveraineté que revendiquent aussi en leur sein les régions, voire les acteurs locaux. L'État ainsi reconfiguré reste pourtant un régulateur indispensable, garant des bases du développement et des solidarités.

Pour en savoir plus

J.-M. SIROEN, *La régionalisation du monde,* La Découverte, 1998.

Une présentation des expériences d'intégration régionale.

E. COHEN, *L'ordre économique mondial* Fayard 2001.

Réflexion sur les nouvelles instances de régulation.

10

LES DYSFONCTIONNEMENTS DU SYSTÈME-MONDE

Une planète, deux mondes ? Les signes les plus évidents de la mondialisation sont les manifestations contre la mondialisation : elles en constituent une « dimension essentielle » (A. Sen). C'est à Seattle qu'une protestation violente en 2000 a perturbé une réunion de l'OMC, désignée comme l'artisan d'une mondialisation pernicieuse. L'OMC s'en est trouvée un temps paralysée et ses réunions sont entourées de considérables mesures de sécurité, comme désormais toutes les réunions de la Banque mondiale ou du G7. Les protestataires viennent de tous les pays et tous les horizons pour rappeler que la mondialisation ne distribue pas uniformément la prospérité. Elle laisse sur le bord du chemin les « nouveaux pauvres » des pays développés, marginalise le sixième de la population mondiale et permet en revanche la prolifération des trafics douteux et criminels.

Un turbocapitalisme déstabilisant (page 105)
La baisse généralisée des droits de douane n'a pas aboli les conflits commerciaux ; la mondialisation génère de nouvelles inégalités. Quelles sont ses tares fondamentales ?

Dérives criminelles et antimonde (page 110)
La mondialisation favorise l'explosion de tous les trafics. Les gouvernements agissent-ils ?

Les angles morts du système-monde (page 113)
Quels sont ces Pays les moins avancés qui sont marginalisés par la mondialisation ? Quelles perspectives pour ces PMA ?

Un turbocapitalisme déstabilisant

Tourmente boursière à l'été 2002 : le propre du capitalisme est de créer croissance et déséquilibre. Marx a souligné sa capacité à produire des richesses et, parce qu'il est mouvement incessant, à balayer les structures obsolètes ; sa transformation perpétuelle s'accompagne d'une « destruction créatrice » (Schumpeter) qui génère du déséquilibre économique, social et spatial. La rapidité et la portée planétaires des changements en cours confèrent à ce « turbocapitalisme » une force de déstabilisation considérable ; conflits commerciaux, précarité et inégalités accrues sont au cœur du débat sur la mondialisation qui traverse toutes les sociétés.

Tentations géoéconomiques et conflits commerciaux

Les États seraient-ils alanguis par une « volonté d'impuissance » (P. Boniface), la notion même de puissance perdant de l'intérêt aux yeux des populations ? Il est vrai que le déclin des conflits classiques et l'évolution des bases de la puissance déplacent le projecteur sur le rôle accru de l'économie dans les relations internationales. Les États soignent leur compétitivité, construisent l'attractivité de leurs territoires. Pour être différents, les enjeux n'en sont pas moins importants et les heurts moins sévères.

La géoéconomie selon Luttwak

Durant les années 1980, l'économie japonaise se fait conquérante ; avec méthode, les marchés des mémoires, des semi-conducteurs sont investis et la Silicon Valley entre en crise (1985). Profitant d'un yen fort, les entreprises japonaises achètent des firmes et des lieux symboles de la puissance américaine (Columbia, Rockefeller Center). Le « rêve américain est en danger » annonce E. Luttwak en dénonçant les « pratiques commerciales déloyales » du Japon. « Les menaces militaires et les alliances ont perdu de leur importance… la menace est désormais économique, plus exactement géoéconomique ».

Les rivalités se déplacent du domaine territorial au champ de l'économie qu'il faut investir en se dotant de bases productives performantes ; c'est la maîtrise de la technologie, des industries de pointe qui assurera la suprématie industrielle. Luttwak invite à une politique d'armement économique où les capitaux sont la puissance de feu, les politiques et les subventions sont les munitions et les bases militaires sont remplacées par la pénétration des marchés. La mobilisation de tous les outils est requise, y compris ceux de la guerre économique (pratiques anti-concurrence, réglementations discriminatoires…). Si le combat implique surtout les pays développés, il concerne aussi les NPI.

Les conflits commerciaux

De nombreux conflits opposent les partenaires du commerce mondialisé ; à titre d'exemples :

– *la guerre de la banane* : les pays du groupe Afrique – Caraïbes – Pacifique avaient obtenu de l'Union européenne un taux préférentiel pour leurs bananes (accords de Lomé) que dénoncent les Américains, soucieux de protéger les entreprises d'agrobusiness ;

– *le conflit du bois d'œuvre* : les États-Unis accusent les provinces canadiennes de n'exiger que des droits de coupe dérisoires et imposent un droit à
l'entrée de 29 % (2001-2002) ;

– *le conflit de l'acier* : les États-Unis imposent des droits de 15 à 30 % sur
les aciers étrangers pour protéger leurs sidérurgistes en difficulté (2002).

Durant les années 1970 et 1980, les conflits ont surtout opposé les Occidentaux aux pays d'Asie qui défendaient leurs pratiques en invoquant leurs
traditions, leurs valeurs (bien sûr, une certaine dose de protectionnisme est
bien utile à une industrie en phase de décollage). Depuis une décennie, ce sont
les conflits entre l'Amérique et l'Europe qui occupent le devant de la scène.
Certains sont classiques : on applique une surtaxe qui permet de gagner du
temps (cas de l'acier) ; mais à terme, il faudra se plier aux décisions de l'ORD
qui tranche les différends. D'autres conflits traduisent l'écart qui existe entre
deux conceptions opposées, entre « une logique stricte de globalisation et une
logique de marché culturellement tempérée » (E. Cohen) : droits d'auteur. La
divergence culturelle est également manifeste en matière de sécurité sanitaire
et d'impact des technologies du vivant :

– *le dossier du bœuf aux hormones de croissance* : les Européens en inter-
disent l'importation (jugeant cancérigène le *17-bêta oestrodial*). Les Américains crient au protectionnisme, l'OMC leur donne raison et ils prennent des
mesures de rétorsion sur des produits comme le roquefort et le foie gras ; les
réactions en France (destruction médiatisée d'un McDo) lancent le débat sur
la « mal-bouffe » ;

– *le dossier des OGM* : les Européens, craignant les conséquences sur la
santé et la biodiversité, demandent, au nom du principe de précaution, un
moratoire sur les OGM pour lesquels les Américains exigent des règles
commerciales ordinaires, poussés par les intérêts de firmes comme Monsanto.

Nouvelle géographie des inégalités

À l'exception considérable des pays les plus pauvres, on peut dire avec
D. Cohen que les inégalités ont décru entre les nations globalement ; en
revanche, elles ont progressé à l'intérieur des nations. Le dernier quart du
XXᵉ siècle a vu le surprenant retour du paupérisme dans les pays développés :
nombre croissant de pauvres, de sans-logis, de chômeurs (37 millions en
1993), d'enfants abandonnés ou maltraités (trois millions aux États-Unis). En
1994, le quart des ménages est sous le seuil de la pauvreté. La catégorie des
working-poors grossit : des gens, travaillant au moins à temps partiel, ne sont
pas capables de payer un loyer. La tentation était grande d'accuser les pays
en développement, dont maintenant les trois quarts des exportations sont faits
de produits manufacturiers, de capturer les emplois, de piller le Nord et d'y
semer la misère par une « concurrence déloyale ». Cette Grande Peur est-elle
fondée ? Il faut raison garder ; « peut-on [...] croire que le commerce avec
les pays pauvres soit en tant que tel cause de notre « appauvrissement »
quand il ne représente encore que moins de 3 % des richesses produites chaque année par les nations les plus riches ? » (D. Cohen, 1997). La cause profonde est à chercher dans la transformation de la nature du travail dans le
capitalisme contemporain.

Commerce destructeur et délocalisations

En 1970, il y avait 40 000 employés dans les industries du vêtement et de la chaussure à Montréal, grand fournisseur du Canada ; il en reste 10 000. En France, le rapport Arthuis a décrit le déclin de ces mêmes industries : en 1991, 35 000 salariés craignaient pour leur emploi devant la marée des importations (160 millions de pièces, la moitié de la consommation nationale nette) ; l'horlogerie, les jouets étaient aussi l'objet de délocalisations croissantes encouragées par les écarts de coûts horaires du travail (55 francs en France, contre 23 à Taïwan, 15 en Tunisie, 5 en Pologne et à l'île Maurice, 1,2 à Madagascar...). Les inquiétudes sont légitimes et la situation de l'emploi, dans ces branches industrielles brutalement restructurées, est difficile. Toutefois, le solde net d'emplois détruits à cette date n'excède pas 300 000. D. Cohen estime que 2 à 3 % de la main-d'œuvre totale sont soumis à la concurrence des pays pauvres alors que plus de quatre millions d'emplois sont créés chaque année.

La spécialisation des pays avancés : les biens et services sophistiqués

La théorie néo-ricardienne prédisait que les échanges avec les pays pauvres pousseraient les pays riches à se spécialiser autour du facteur, pour eux le plus abondant, le capital, au détriment des emplois. V. Léontief (le « paradoxe ») a montré qu'en fait, les pays avancés exportaient des biens riches en travail hautement qualifié pour lesquels ils ont un avantage comparatif. La destruction d'emplois est donc un phénomène complexe qu'éclaire le tableau ci-dessous.

Effets du commerce France-Chine sur l'emploi en France par milliard de francs d'échanges

Emplois	Créés	Substitués	Solde
Cadres-techniciens	978	606	372
Contremaîtres et employés qualifiés	1 529	1 865	– 336
Emplois non qualifiés	630	1 846	– 1 226
Total	3 137	4 318	– 1 181

Source : C. Vimont, *Concurrence internationale et balance en emplois*, Économica, 1997.

Le commerce avec la Chine se solde donc par une perte d'emplois pour la France, mais avec des effets différentiels : les échanges ont produit une création nette d'emplois de cadres et de techniciens et une disparition nette d'emplois non qualifiés. Pour maintenir l'emploi total, les pays développés doivent investir dans l'innovation et la formation pour « enrichir » les emplois. La professionnalisation croissante de l'emploi (pourcentage croissant de cadres, techniciens, ingénieurs... dans les entreprises) accompagne le progrès de la scolarisation.

La hausse tendantielle des inégalités

Le développement des échanges avec les NPI favorise les consommateurs (baisse des prix) et améliore le bien-être général mais accroît les inégalités au sein des sociétés. L'écart salarial aux États-Unis a doublé en vingt ans entre les 10 % les mieux payés et les 10 % les moins payés (dans les pays européens à protection sociale supérieure, c'est le taux de chômage qui s'est élevé de 3 % à 10 % entre 1970 et 1990). L'ouverture au monde a des effets différentiels ; elle favorise les emplois compétitifs (hautement qualifiés), elle pénalise les emplois exposés et épargne les emplois protégés (emplois de proximité, fonction publique...). Robert Reich a décrit cette évolution de la composition de l'emploi dans une typologie à quatre catégories :

– les « manipulateurs de symboles » sont les producteurs d'idées dont le marché est la planète et qui profitent pleinement de la mondialisation ;

– les travailleurs protégés du secteur public, de la santé, de l'enseignement, peu sensibles à la concurrence internationale ;

– les travailleurs de « service » qui assurent un travail personnel auprès du client (ménage, restauration, etc.) ;

– les travailleurs « routiniers » sans qualification dont les emplois peuvent être facilement délocalisés et donc subissent sans protection la concurrence mondiale.

C'est dans cette dernière catégorie que se recrutent les déshérités du système, menacés de « désaffiliation sociale » (R. Castel) et promis au sort des « exclus » des ghettos des grandes métropoles. C'est le « nouvel âge de l'inégalité » (Fitoussi).

Porto Alegre contre Davos

L'OMC est perçue comme le bras séculier des puissants qui, chaque année depuis trente ans, se réunissent à Davos. Les opposants ont convoqué un forum d'opposition à Porto Alegre qui, en 2002, a réuni 60 000 personnes (10 000 délégués de mouvements divers, ONG, syndicats... et politiciens), issus de 120 pays. C'est une force d'opposition arc-en-ciel (anticapitalistes, anarchistes, écologistes, souverainistes, réformateurs...) aux prises de positions multiples, voire contradictoires, rassemblée par le slogan « Un autre monde est possible ». On soulignera un certain nombre d'observations critiques.

Le fondamentalisme marchand

Préoccupées de faire avancer la libéralisation des échanges, ses principes et ses règles, les diverses agences mondiales appliquent unilatéralement leur programme ; le FMI, aux thérapies brutales, ne se soucie pas des effets des aides, des changes sur la pauvreté et le chômage. La Banque mondiale stimule l'économie d'un pays, le Vietnam par exemple, en soutenant la caféiculture, sans mesurer les effets sur les cours mondiaux du café, donc sur l'économie de la Côte d'Ivoire ou du Kenya. L'OMC, occupée à abaisser les tarifs, ne se préoccupe pas des problèmes d'environnement ; procédant des gouvernements, les agences mondiales n'ont pas de vision mondiale globale.

J. Stiglitz, prix Nobel d'économie, souligne que le problème n'est pas la globalisation, mais la façon dont elle est dirigée :
– la libéralisation des marchés financiers a eu des effets souvent désastreux en alimentant dans de nombreux pays des opérations spéculatives, les bulles immobilières notamment que le retrait brutal faisait éclater, entraînant l'effondrement de l'économie. La volatilité des capitaux est facteur de crise : l'Argentine doit ainsi faire face à des taux d'intérêt élevés, non de son fait, mais en conséquence de la crise en Russie ; ainsi s'est amorcée la crise argentine. Le FMI a imposé à la Thaïlande de libéraliser le marché immobilier ouvrant la porte à la surproduction de bureaux là où on manque d'écoles et de routes ;
– les programmes du FMI assortissent leurs prêts de mesures d'ajustement structurel rendant la création d'emplois difficile, sinon impossible, car la crainte de l'inflation impose de hauts taux d'intérêt dissuasifs ;
– le programme de libéralisation est injuste, privilégiant les intérêts des groupes de pression les plus puissants : en 1994, la Banque mondiale a calculé que l'Europe et les États-Unis avaient profité de l'ouverture tandis que l'Afrique subsaharienne avait perdu 2 % du fait des termes de l'échange. La question du commerce des produits agricoles est révélatrice ; alors que les produits manufacturiers sont échangés avec des droits de douanes sans cesse abaissés, il n'en est rien en matière agricole. Du fait de la PAC (barrières très importantes : 55 à 80 % sur les céréales, 100 % sur le beurre, 25 % sur le sucre), les importations agricoles en Europe n'ont augmenté que de 1 % entre 1995 et 2000. L'agriculture européenne reste ultra protégée alors qu'elle n'emploie que 2,5 % de la population active. Les États-Unis subventionnent fortement leurs producteurs de sucre, de tabac, d'arachides… fermant autant de marchés aux agriculteurs du tiers-monde. En revanche, les produits vivriers d'Europe et de l'Amérique, fortement subventionnés, arrivent sur les marchés des villes africaines à des prix qui ruinent les producteurs locaux ;
– une gouvernance globale sans gouvernement global : chaque agence impose les règles de libéralisation dans son domaine, mais la somme de ces actions se fait sans vue d'ensemble cohérente et sans imputabilité.

Un « cycle de développement » : contradictions et conflits

À Doha s'est ouvert, fin 2001, un nouveau cycle de négociations. Survenant après la prise de conscience de Seattle et les attentats du 11 septembre, cette réunion a proposé un programme plus large, soucieux d'équité, sur trois plans :
– *commercial* : libéraliser progressivement les secteurs de l'agriculture, des services et mieux définir les droits de propriété intellectuelle ;
– *institutionnel* : faire que les clauses anti-dumping ne soient pas une résurgence protectionniste ;
– *politique* : éclairer le rôle de l'OMC en relation aux accords internationaux, aux marchés publics, etc.
Alors que jusqu'à l'Uruguay Round, les négociations impliquaient surtout les partenaires du monde développé, les pays en voie de développement ont plus largement participé, avec en tête l'Inde, le Brésil, l'Égypte, la Tanzanie, la Thaïlande. Mais leur diversité même, sans compter l'arrivée de la Chine, a empêché que s'exprime un point de vue commun. Toutefois, sur plusieurs

questions, les tensions Nord-Sud résultent d'oppositions difficilement surmontables, notamment :

– *En matière sociale :* les pays du Nord dénoncent le « dumping social » (travail des enfants en Inde, des prisonniers en Chine) ; les pays du Sud refusent la réglementation vue comme un protectionnisme déguisé. Tolérant le « dumping social » comme la libération biaisée, « l'OMC impose une mondialisation qu'elle ne maîtrise pas » (E. Cohen).

– *En matière de propriété intellectuelle :* le piratage des idées et produits est un enjeu énorme, mais délicat. L'opinion mondiale a fait reculer les compagnies pharmaceutiques : sur 300 médicaments jugés essentiels par les pays en développement, 16 sont sous brevets. Mais plusieurs de ces pays comme l'Inde imposent aux médicaments des droits de douane et des marges commerciales considérables, nourrissant le soupçon qu'ils cherchent plus à protéger leurs propres producteurs que leurs malades.

Dérives criminelles et antimonde

Le crime organisé est lui aussi mondialisé. « Le Monde secrète un Antimonde et entretient avec lui des rapports contradictoires » (R. Brunet). Cet antimonde parasite le monde qui, tout à fois, le combat, le tolère ou s'en fait le complice. Les flux qu'il engendre relèvent du fabuleux ; le FMI cite le chiffre de 500 milliards de dollars, d'autres sources parlent de 1 000 milliards. C'est trois fois la valeur de la production mondiale du pétrole, plus que le PIB du Canada ou que les exportations de biens et services des États-Unis.

Les noces perverses du territoire et du réseau

Le crime organisé adopte les formes et les propriétés subtiles du réseau et exploite, jusque dans ses dimensions identitaires, le territoire et ses ressources.

Mafias et États

Les groupes criminels se sont souvent constitués contre l'État-nation. Les résistances à l'unité italienne s'incarnent dans les groupements tels que la Cosa Nostra sicilienne, la Camorra de Naples et la Ndranghetta calabraise ; les nouvelles autorités menacent les influences et les pouvoirs traditionnels, les associations souterraines se ramifient pour les maintenir. Inversement, c'est sur la décomposition du pouvoir soviétique que se développent les groupements mafieux qui imposent leur loi dans un pays où l'appareil légal se défait, et organisent le pillage systématique. L'effondrement du régime communiste a engendré un chaos institutionnel qu'une importante partie de l'ancienne nomenklatura a mis à profit pour se partager les dépouilles, y compris les réserves d'or, de l'État communiste. Des fiefs puissants, en forme de conglomérats, ont été constitués, appuyés sur des mafias étrangères rompues à tous les trafics. Un rapport du Centre d'analyse économique et sociale de la présidence russe, cité par Castells, estime que « presque toutes les petites entreprises et 70 à 80 % des grandes sociétés et banques payaient un tribut à une mafia […] ces paiements représentaient de 10 à 20 % de leur chiffre d'affaires, et à peu près la moitié de leurs bénéfices ». Le redressement de la Russie passe d'abord par un formidable effort d'assainissement accompagné de la remise sur pied d'un État de droit. C'est aussi dans leur rapport à l'État que les populations migrantes constituent un terreau fertile pour les organisations criminelles. Privés de la protection naturelle des autorités de leur pays, les migrants, surtout s'ils sont clandestins, doivent apprivoiser un système qu'ils ne connaissent pas : les mafias prospèrent sur ces situations de fragilité où leur protection vau contrepartie.

Identité, territoire et criminalité

C'est un caractère commun à toutes les mafias que leurs dimensions fortement identitaires. Chacun sait que les membres de la Cosa Nostra sont tous Siciliens. La décomposition de la Russie a révélé les mafias tchétchènes, azeris, georgiennes... la guerre du Kosovo a révélé la mafia albanaise. L'identitaire est aussi un filon d'exploitation privilégié ; les vedettes russes du sport et du spectacle paient une dîme de « protection » aux mafias russes en Amérique du Nord. Les Triades chinoises exploitent et mettent en coupe réglée les *Chinatowns* à travers le monde. C'est à partir de l'exploitation d'un territoire que les réseaux mafieux bâtissent leur puissance et étendent leurs ramifications. La « souveraineté » sur ce territoire est établie et farouchement défendue : le partage de New York entre cinq « familles » est bien connu. C'est à partir de la domination sur un étroit secteur de Los Angeles que le « gang de la 18ᵉ rue » s'est installé, se diffusant ensuite sur 36 États américains et l'Amérique centrale ; on lui attribue aujourd'hui 22 000 membres. Les meutes (*posses*) des Jamaïcains qui dominent le trafic du crack fonctionnent de la même manière dans les métropoles nord-américaines. Le contrôle sur le territoire s'exerce à des degrés divers. On distingue :

– *le mode prédateur* : les motards exploitent un territoire pour quelques activités spécifiques (les motards et la drogue) ;

– *le mode parasitaire* : le milieu exige sa part des bénéfices et activités exercées sur le territoire ;

– *le mode symbiotique* : le « milieu » contrôle tous les trafics, gangrène la société (piratage des marchés publics, corruption du personnel politique, de la police et la justice). Le groupe le plus puissant des yakuzas japonais (Yamagushi-gummi avec 25 000 membres) contrôle ainsi des centaines de firmes d'immobilier, de finances, de loisirs...

À partir du territoire de base, les groupes criminels se ramifient en réseaux complexes et souples, projetant leurs tentacules à des milliers de kilomètres : les mafias nigérianes étendent ainsi leurs réseaux sur toute l'Afrique de l'Ouest et poussent leurs antennes du Brésil en Thaïlande.

Mondialisation et explosion des trafics

L'accroissement des échanges et de la mobilité favorise les contacts et révèle les potentiels de marchés générateurs de profits d'autant plus considérables qu'ils sont moins licites. À côté de la drogue qui représente la moitié du chiffre d'affaires global de la criminalité (voir « Documents et méthodes », page 173), le champ des trafics s'élargit sans cesse. Le trafic d'armes profite du pullulement des conflits larvés et de la multiplication des États. Les migrations et la prolifération des clandestins enrichissent les réseaux de passeurs. La misère du monde est mise à profit pour de honteux trafics d'organes et de sang. La traite fleurit, de l'esclavage des enfants, dans les plantations africaines à la nouvelle traite des Blanches : on estime à 300 000 le nombre des prostituées-esclaves issues de l'Europe de l'Est. Les énormes profits illicites appellent un recyclage dans les circuits complexes du blanchiment. Les techniques de communication facilitent les trafics et leur ouvrent de nouveaux champs : de la propriété intellectuelle attaquée dans les produits les plus exposés (les deux tiers des vidéodisques à Hong Kong sont piratés) jusqu'aux rouages les plus intimes du système économique (pénétration des stocks de données bancaires) ou de sécurité (attaques contre les systèmes du Pentagone et de la NASA), la cybercriminalité prospère entre sport et brigandage globalisé.

L'engagement ambigu des États

Sur tous les fronts de la criminalité, les États disposent d'agences et d'outils déployés sur le territoire national et même à l'étranger, avec l'accord des États partenaires : c'est le cas de la DEA américaine. La mondialisation des réseaux criminels implique une coordination à l'échelle de la planète. Les partenaires du G7 ont créé, en 1989, le GAFI (Groupe d'action financière sur le blanchiment des capitaux). L'ONU a fait admettre, en matière de stupéfiants, la responsabilité des pays producteurs et consommateurs. Mais les succès restent incertains en raison de la règle internationale de non-ingérence dans les affaires intérieures, de la mollesse de certains États et, dans certains cas, de leur comportement douteux ou franchement répréhensible.

Le blanchiment des profits du crime

Le recyclage de l'argent sale est bien connu dans son principe et multiple dans les applications. L'argent liquide est introduit par le biais de commerces et/ou casinos dont les recettes et gains fictifs vont alimenter des comptes bancaires dans des établissements peu scrupuleux. Suivant la technique de l'empilage, des opérations financières en succession brouillent les pistes ; l'argent réapparaît dans des banques bien établies et s'investit dans les affaires régulières. Les paradis fiscaux sont des jalons majeurs dans le circuit de blanchiment. Un rapport du service de renseignement allemand a décortiqué le fonctionnement du réseau organisé autour du Liechtenstein. La complaisance de trente-trois havres fiscaux est pointée par l'OCDE qui les a inscrits sur sa liste noire en 2002. L'action du GAFI pour obtenir la levée du secret bancaire et l'engagement des banques à déclarer les mouvements de fonds suspects est prolongée par les services qui recherchent les filières de financement des réseaux terroristes.

Le trafic d'armes

Quatre pays (États-Unis, Royaume-Uni, Russie, France) sont responsables de 80 % du commerce des armements (28 milliards de dollars). Ces États, pour élargir leur échelle de production et réduire le coût de l'équipement de leur armée, ont une politique vigoureuse d'exportation accompagnée de commissions substantielles qui permettent de satisfaire la cupidité des décideurs. Le commerce des armes légères alimente toutes les guérillas et réseaux terroristes du monde ; les États plaident qu'ils ne font que des ventes légales. Mais par le biais du courtage, les règlements internationaux sont contournés en toute impunité tandis que la fabrication sous licence (dont les clauses ne sont pas observées) assure la dissémination de la fabrication et les approvisionnements illégaux ; au moins 70 pays – dont beaucoup de NPI – et plus de 400 entreprises fabriquent des armes comme le G3 allemand, le AK-47 russe, l'Uzi israélien…

L'espionnage économique

Pendant la Guerre froide, la mise en commun des moyens de surveillance et des sources de renseignements sur l'ennemi a poussé les États-Unis, le Canada, le Royaume-Uni, l'Australie et la Nouvelle-Zélande à bâtir le réseau Échelon. Celui-ci a atteint un remarquable degré de sophistication avec les réseaux de satellites qui traquent, aux fins d'analyse, toutes les formes de communication (fax, courriels, appels téléphoniques… sont interceptés et analysés). Les ennemis de la Guerre Froide ayant disparu, l'intérêt s'est déplacé vers le renseignement économique. L'Agence de sécurité américaine transfère vers les firmes américaines les informations recueillies sur leurs concurrents : les conversations interceptées entre Saoudiens et Airbus ont permis à Boeing d'enlever un contrat de six milliards. La concurrence rejoint dans sa frénésie les voies de la criminalité.

Les angles morts du système-monde

« Grand espoir du XXIe siècle, la convergence des revenus mondiaux a déjà commencé » écrit D. Cohen qui parie sur un scénario de rattrapage progressif du Nord par le Sud. Le privilège exclusif que l'Occident a tiré de la Révolution industrielle pourrait ainsi n'avoir duré que le temps de laisser aux autres civilisations le temps de s'y ajuster. Vision qui, pour l'heure, pèche par optimisme. Les analyses de la Banque mondiale montrent que l'intégration économique mondiale est une puissante forte de réduction de la pauvreté ; trois milliards de gens vivent maintenant dans des pays en voie de globalisation dont le taux de croissance par habitant a dépassé 5 % durant la dernière décennie, contre 2 % dans les pays développés. Dans ce groupe, le nombre des pauvres extrêmes (revenu quotidien inférieur à un dollar) a baissé de 120 millions en cinq ans. Mais le processus de globalisation laisse sur le bas-côté deux milliards d'individus ; le taux de croissance de ce groupe a été négatif. Même si le nombre de gens vivant avec moins de un dollar par jour a baissé de 200 millions, le tiers des individus de la planète pourrait être hors du circuit du développement : la globalisation produit de la marginalisation et engendre dans les « angles morts » (O. Dollfus) un quart-monde misérable.

Les PMA déconnectés du circuit mondial

Le triste palmarès des PMA

L'ONU a créé, en 1971, la catégorie des Pays les moins avancés (PMA) ; ce label, qui vaut à ceux qui le reçoivent un traitement préférentiel, est attribué sur la base du revenu par habitant (moins de 900 dollars en 2000), du degré de développement humain (indice combinant des indicateurs de santé, de nutrition et d'éducation) et de vulnérabilité économique (indice combiné de mesures d'instabilité, d'aptitude à la diversification, de handicap lié à la petite taille), et à condition d'avoir moins de 75 millions d'habitants. En 25 ans, le nombre de PMA a doublé, passant de 25 à 49. L'augmentation traduit une péjoration des conditions de vie dans plusieurs pays.

Un sous-développement profond

Les chiffres sont implacables :

– des revenus très bas : 235 dollars par habitant en 1997 ; avec 650 millions d'habitants, 11 % de la population mondiale – les PMA produisent moins de 1 % du revenu ;

– une situation démographique difficile : espérance de vie de 51 ans, mortalité infantile supérieure à 10 % ;

– une population en majorité analphabète ;

– une économie atone, où la survie de la grande majorité de la population dépend de l'agriculture ;

– un lourd endettement ;

– une marginalisation accrue : les PMA ne comptent que pour 0,4 % des exportations mondiales ; les flux de capitaux étrangers se tarissent (1 % de l'IDE mondial) et l'aide publique au développement a baissé de moitié en dix ans.

L'Afrique subsaharienne marginalisée

Trente-deux PMA appartiennent à l'Afrique subsaharienne. Cette concentration de la pauvreté, cette « convergence géographique » est pour partie liée au caractère faiblement porteur de l'environnement en matière de transmission et de mise en commun des innovations de technologie et d'encadrement. La mondialisation laisse la majeure partie du continent sur le bord du chemin. Alors que la part de l'Afrique dans la population mondiale a augmenté de 50 % depuis 50 ans, sa part dans les exportations mondiales et dans les investissements étrangers a été divisée respectivement par trois et par quatre. Sans doute l'économie des pays africains est-elle fragilisée par l'instabilité des cours des matières premières qui ont une incidence d'autant plus redoutable que leurs exportations reposent souvent sur un seul produit. Les cours du cacao qui avaient grimpé de 80 % entre 1993 et 1998 se sont effondrés en 1999-2000 (-50 %). Le prix du café est en 2001 au quart de la valeur de 1997. Ces fluctuations sont plus néfastes que les termes de l'échange qui ne se sont pas globalement détériorés entre 1970 et 2000. Les investissements étrangers se font essentiellement dans le secteur des matières premières ; l'IDE, porteur de développement industriel, a ignoré l'Afrique au profit des pays émergents.

Les plaies du quart-monde

La persistance de la faim

Le FAO fait état de 815 millions de mal nourris dans le monde, dont 180 millions d'enfants. Si les progrès sont substantiels en Chine, au Brésil, en Indonésie, les résultats sont désastreux dans de nombreux pays africains (le pourcentage de mal nourris au Congo est passé de 35 à 64 % entre 1990 et 1999). Obstacle à la croissance, la malnutrition est moins un problème de production que de distribution et d'équité. La libéralisation des échanges pousse à la spécialisation sur les produits d'exportation (cacao, café…) et l'importation des produits vivriers : les produits subventionnés du Nord concurrencent les productions locales. Le commerce, dans ces conditions, loin de réduire la pauvreté, nuit aux paysans à la productivité dérisoire soumis à la concurrence en situation de faiblesse ; les trois quarts des mal nourris sont des paysans.

Le fardeau écrasant de la dette

La dette des pays du Sud a été multipliée par douze entre 1970 et 1980 alors que la masse des pétrodollars cherchait des occasions de placement. La hausse brutale des taux d'intérêt, après 1980, a étranglé les emprunteurs, d'autant plus que les pays pauvres n'obtiennent des prêts qu'en payant une prime de risque. Le service de la dette de l'Afrique subsaharienne est quatre fois supérieur à ses dépenses en santé. Le budget du Mozambique consacre 33 % au service de la dette, 8 % à l'éducation et 3 % à la santé. Les pays riches ont consenti à alléger le fardeau des pays les plus pauvres, seule façon de rompre une chaîne sans fin.

L'épidémie de sida

Le rapport ONU-SIDA fait état de 20 millions de morts depuis le repérage de la maladie en 1981. En 2001, le nombre de personnes séropositives ou atteintes du sida est estimé à 40 millions et 3 millions sont mortes. La mobilité associée à la mondialisation a facilité la propagation de la maladie qui n'épargne aucun pays. Mais sa répartition est lourdement inégalitaire ; les deux zones les plus frappées sont l'Asie du Sud-Est et surtout l'Afrique avec 29 millions d'infectés (contre 940 000 en Amérique du Nord et 560 000 en Europe). Le taux de prévalence est inférieur à 1 % dans 120 pays, mais dépasse 10 % dans 16 pays d'Afrique, et souvent beaucoup plus (30 % des femmes enceintes au Botswana). Les conséquences sont désastreuses : 40 % des décès parmi les 15-49 ans sont dus au sida en Afrique du Sud où l'espérance de vie est tombée de 60 à 47 ans ; 15 millions d'enfants sont orphelins du fait du sida ; la croissance économique est amoindrie et le PIB de certains pays pourrait baisser de 10 % dans les cinq prochaines années.

**L'épidémie de SIDA dans le monde en 2001
(en nombre de personnes vivant avec le VIH)**

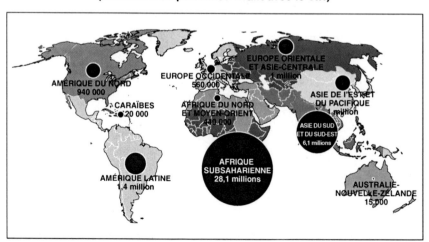

Source : Onusida/OMS, décembre 2001.

Le Brésil a montré l'efficacité politique de distribution de médicaments à prix réduit : en cinq ans, on a baissé de moitié la mortalité due au sida, des deux tiers le nombre des cas déclarés et de 500 millions de dollars les coûts budgétaires. L'opinion mondiale a exercé une forte pression en faveur des patients les plus démunis et les entreprises pharmaceutiques, tout en exigeant le respect de leurs droits de propriété intellectuelle, ont consenti à des baisses substantielles du prix des médicaments. Elles craignent, en effet, que leurs concessions ne servent qu'à favoriser leurs concurrents du Sud. L'effort pour favoriser l'accès des plus démunis aux traitements est conduit par l'ONU qui appelle à la création d'un fonds de 10 milliards de dollars. Mais l'étrange refus de l'Afrique du Sud d'administrer l'antirétroviral à ses six millions de contaminés contribue à obscurcir les enjeux.

La fracture technologique

L'image du village global ne fait pas le poids devant la réalité du fossé technologique qui sépare les plus démunis des avant-postes de la haute technologie. Il y a moins d'un poste téléphonique pour 100 Cambodgiens ; le taux d'équipement Internet qui est de 40 % des ménages en Amérique du Nord est 800 fois moins élevé en Afrique où le branchement n'est effectif que dans les grandes villes. Le potentiel de recherche et développement est à l'avenant. Dans une société informationnelle, ces clés essentielles du développement font défaut (un ordinateur équivaut à huit ans de salaire au Bangladesh). Les pays riches ont le monopole du savoir.

Entre exploitation et pillage

Corruption et détournement des ressources dépassent souvent l'imagination : à la mort de Mobutu, sa fortune était évaluée à cinq milliards de dollars, l'équivalent de la dette extérieure du Congo. L'intervention des armées alliées ou ennemies s'accompagne de rapines. Un rapport de l'ONU de 2001 stigmatise le pillage sur une grande échelle de la République démocratique du Congo par les armées du Rwanda, du Burundi, de l'Ouganda et du Zimbabwe.

Les guerres oubliées

On estime à 2,5 millions le nombre de morts des conséquences de la guerre du Congo entre 1998 et 2001, en majorité décimés par la maladie et la malnutrition. D'autres guerres traînent, depuis des décennies, comme en Angola depuis l'indépendance en 1975. Au Soudan, où s'affrontent, sur fond de convoitises pétrolières, les Musulmans du Nord et les Chrétiens et animistes du Sud, on compte, depuis vingt ans, 2,5 millions de morts et 4,5 millions de déplacés. Depuis 1989, le Libéria est en proie aux affrontements des bandes rivales faites de mercenaires et d'enfants-soldats ; un quart de la population est réfugié en Guinée, tandis que se poursuivent l'extraction du fer, des diamants et l'exploitation du caoutchouc finançant une des multiples guerres meurtrières qui laissent la planète dans l'indifférence.

Sombres perspectives

Au tournant du millénaire, les instances comme la Banque mondiale prennent conscience de l'ampleur du décrochage.

Le programme d'action de la Banque mondiale

Le rapport de la Banque mondiale constate la marginalisation de deux milliards d'individus et propose l'élaboration d'une économie mondiale inclusive :

– un nouveau cycle de négociation abaissant les barrières douanières que les pays riches maintiennent sur les produits pour lesquels les pays pauvres ont un avantage comparatif ;

– l'amélioration du climat d'investissement par l'instauration d'une saine gouvernance (règles claires, administration efficace, lutte contre la corruption) ;

– un effort accru en matière d'éducation et de santé ;

– une protection sociale minimale pour les individus soumis aux risques d'un environnement économique ouvert et changeant ;

– une aide étrangère accrue et mieux gérée ;

– une réduction du fardeau de la dette des pays les plus pauvres ;

– une prise en compte de l'effet de serre et du réchauffement global pour limiter les coûts et risques de la globalisation.

Le « consensus de Monterrey »

La réunion de l'OMC de Doha a placé le nouveau cycle de négociations sous le signe du développement ; au Sommet de Monterrey (mars 2002), des engagements ont été pris afin d'augmenter l'aide publique au développement. Les États-Unis ont promis d'augmenter leur apport de cinq milliards d'ici 2005 et l'Union européenne, de porter son aide à 0,39 % de son PIB. On est très loin des objectifs de la Banque mondiale qui souhaiterait une contribution moyenne équivalente à 0,44 % du PIB : celle des États-Unis est actuellement de 0,1 %, celle de l'Europe de 0,32 %. Les promesses sont conditionnelles à la mise en place d'un partenariat Nord-Sud sur la base du « donnant-donnant » : la responsabilité de chaque État dans son développement est affirmée (bonne gouvernance, lutte contre la corruption, mobilisation de l'épargne nationale). Le Nouveau plan de développement pour l'Afrique (NPDA) à l'initiative de l'Afrique du Sud, l'Algérie, l'Égypte, le Nigéria et le Sénégal répudie la « stratégie de la sébile » et appelle à un partenariat fondé sur des intérêts mutuels.

Le Sommet du Millénaire de l'ONU a fixé pour objectif la réduction de la pauvreté de moitié, d'ici 2015. Objectif sans doute utopique car la croissance enregistrée en Afrique durant les dernières années – supérieure à 3 % – est en large partie absorbée par le croît démographique et surtout, est très inégalement distribuée : de nombreux États d'Afrique centrale, en proie au chaos, sont en pleine régression.

SYNTHÈSE

Loin de produire uniformément de l'ordre et de la prospérité, la mondialisation engendre de multiples dysfonctionnements. Les tensions sont moins militaires et plus géoéconomiques. À l'intérieur des États, l'écart des revenus entre riches et pauvres s'est de nouveau élargi, tandis que Davos et Porto Alegre sont les symboles des oppositions suscitées par la mondialisation de l'économie qui est aussi celle de tous les trafics criminels devant lesquels les États ne montrent pas toujours une résolution sans faille. Le dysfonctionnement le plus grave est l'incapacité du système-monde à intégrer les pays les moins avancés : 800 millions de gens en situation précaire ou désespérée pour lesquels les perspectives restent sombres.

Pour en savoir plus

D. COHEN, *Richesse du monde, pauvreté des nations*, Flammarion, 1997.

Stimulante réflexion sur les mutations économiques et sociales contemporaines.

S. BRUNEL, *La coopération Nord-Sud*, PUF, « Que sais-je ? », 1997.

Un tableau critique des buts, moyens et imperfections de la collaboration Nord-Sud.

11

À LA RECHERCHE
D'UN NOUVEL ORDRE MONDIAL

La mondialisation engendre une dynamique d'homogénéisation de bouleversements structurels ; chez ceux qu'elle blesse dans leur situation ou leurs valeurs, elle suscite le refus, le repli. La base privilégiée du refus est l'identité, « processus de construction du sens à partir d'un attribut culturel ou d'un ensemble d'attributs culturels, qui reçoit priorité sur toutes les autres sources » (M. Castells). Les « paradis communautaires » revêtent de multiples formes : communautés minimalistes des *gated cities* américaines, bandes de rues, patriotismes locaux, communautés virtuelles de l'Internet, et surtout résurgences nationalistes et fondamentalismes religieux. Ils expriment une recherche d'identité, un projet, une résistance. Dans l'ensemble, ce sont des réactions défensives contre la « mondialisation [...], la mise en réseau et la flexibilité qui brouillent les frontières de l'appartenance [...] et créent une instabilité structurelle de l'espace et du temps » (Castells). Le nouvel ordre mondial annoncé s'en trouve brouillé. Face au surgissement des réseaux de l'hyperterrorisme s'affirme la suprématie mondiale des États-Unis.

Les tensions identitaires (page 120)
Quel peut être l'effet sur la sécurité internationale de la multiplication des États, de l'émancipation des régions et de l'essor des fondamentalismes religieux ?

Les nouvelles configurations géopolitiques (page 123)
Le monde bipolaire cède-t-il le pas à un nouvel ordre mondial ou à un dangereux chaos ? La confrontation des civilisations est-elle commencée ? Ce siècle sera-t-il celui des grands ensembles territoriaux ?

Vers une société-monde ? (page 129)
La nécessaire utopie du XXIe siècle.

Les tensions identitaires

Les systèmes harmonieux de relations se construisent dans l'épanouissement des identités – de l'individu, du groupe – concrétisées dans le territoire. Sous la menace, l'identité se cambre en résistance. Les « paradis communautaires » de tous ordres s'offrent en refuge devant la mondialisation quand elle est source de brutalité dans les contacts, de brouillage des identités. C'est ainsi que la mondialisation produit de l'homogène et du fragmenté dans une « dialectique de l'universalité et de l'identité, de la mondialisation et des particularismes, du transnational et du local » (P. Hassner). La fragmentation se manifeste sous des formes multiples : ethnies, régions, États, religions…

Dynamique d'émiettement et prolifération étatique

Le XIXe siècle fut le siècle des nationalités ; la seconde moitié du XXe aura engendré plus d'États encore ; « il entrera dans l'Histoire comme une nouvelle période de déchaînement et de prolifération des nationalismes […] L'urgent besoin d'exprimer son identité propre, et de la faire reconnaître aux autres, est de plus en plus contagieux […], force fondamentale dans notre monde high-tech » (D. Hooson). La décolonisation avait suscité une grande vague de création d'États, l'effondrement de l'URSS et la fin du monde bipolaire ont inauguré une nouvelle ère de parcellisation. Certains annoncent une balkanisation de la planète et le passage à 250, voire 300 États, d'ici 2025 (P. Boniface) avec un effet déstabilisant sur la sécurité internationale.

Tribalisation du monde

Certains nationalismes, longtemps brimés, trouvent leur expression quand saute le verrou qui les contenait ; c'est un phénomène de rattrapage. De multiples manifestations actuelles relèvent de fixations identitaires réactives dans un monde sans repères. Pour Gellner, la résurgence des nationalismes relève de la manipulation de l'histoire et de ses mythes par des élites avides de pouvoir : la nation serait ainsi un « artefact idéologique », une communauté imaginée. Leurs racines anciennes et l'adhésion populaire donnent à plusieurs de ces mouvements une authenticité incontestable. Diverses cristallisations s'arrêtent en deçà, sur l'ethnie, le clan ; des nationalismes exacerbés se perdent dans le nettoyage ethnique. Le génocide rwandais est l'un des cas les plus tragiques. Célébré naguère comme la Suisse de l'Afrique, le Rwanda a sombré, en avril 1994, dans l'effroyable massacre de près d'un million de personnes ; une interprétation courante en fait la volonté d'élimination des Tutsis éleveurs par les Hutus agriculteurs qu'ils avaient longtemps dominés. La réalité est plus complexe ; « Tutsis et Hutus ne sont pas des ethnies, mais des catégories sociales fondées sur de lointaines différences ethniques depuis longtemps résorbées par l'histoire, la langue, la culture » (G. Prugnier). La colonisation a reconstruit la différence ethnique, ethnicisé ces groupes ; les colonisateurs allemands, puis belges se sont appuyés sur les Tutsis constitués en élite ; quand le Rwanda accède à l'indépendance, les Hutus discriminés inversent le rapport de force, marginalisent les Tutsis souvent condamnés à l'exil. La conscience identitaire s'exalte et la violence se déchaîne, d'autant que la charge démographique s'accroît et que la situation alimentaire se dégrade sur un territoire saturé. Confrontées aux problèmes (subsistance, sida, guérilla tutsi à partir du Burundi), les autorités rwandaises font de la surenchère ethnique. Dans ces deux groupes spatialement imbriqués où la violence est quotidienne, les discours déclenchent le massacre.

En Europe, la fin du monde bipolaire déclenche un processus de décomposition qui montre, jusqu'à l'absurde, l'impossibilité de penser l'altérité en d'autres termes que ceux d'un nationalisme d'exclusion. La crise yougoslave s'achève dans l'émiettement et le nettoyage ethnique. Les différents morceaux de l'URSS, « Empire éclaté », sont à leur tour menacés d'éclatement (Tchétchénie). En Asie, l'Indonésie aux 17 000 îles, après la sécession du Timor oriental et la révolte de l'Aceh, ne risque-t-elle pas une réaction en chaîne ?

Les « nationalismes régionaux »

Les États-nations de l'Europe sont eux aussi en proie à des forces centrifuges qui remettent en cause des constructions territoriales et identitaires vieilles de plusieurs siècles. L'affirmation de la différence se fait souvent contre le mépris jacobin de l'État central et se satisfait souvent d'une dévolution de pouvoir accompagnée de concessions fiscales. Le mouvement est rarement violent, à quelques notables exceptions près (ETA basque, IRA irlandaise, FNLC corse). Tout se passe comme si la globalisation appelait à un ressourcement, un enracinement culturel. Elle pousse des ensembles dynamiques à prendre de la distance avec un cadre qui leur paraît entrave : Flandre belge, « Padanie », Écosse.

La langue est souvent le support premier d'affirmations identitaires qui ont parfois une longue histoire. Sous le joug depuis Philippe IV, la Catalogne s'est affirmée par le dynamisme économique. Le retour de l'Espagne à la démocratie en 1977 s'accompagne de la restauration de l'autonomie catalane. L'affirmation d'une nation, distincte sur le plan linguistique et culturel, mais sans spécificité ethnique ou religieuse, dans le cadre d'une Espagne plus fédérale et décentralisée, semble satisfaire la majorité des Catalans. La Catalogne cultive ses relations internationales et joue pleinement des opportunités offertes par le cadre européen. Des analystes comme B. Giblin soulignent l'effet à la fois incitatif et sécurisant de l'Union européenne (la politique régionale et le FEDER) dans l'affirmation des nationalismes régionaux et se demandent si une Europe vraiment politique n'aurait pas un effet dissolvant sur les États.

Fondamentalismes religieux

La mobilité propre à la société américaine, a toujours produit des mouvements soucieux d'arrêter le temps, de revenir aux fondements, un passé mythique restauré dans sa pureté et imprégné de transcendance. La phase actuelle de la mondialisation suscite de profonds mouvements de réaction. Les divers rameaux du fondamentalisme chrétien s'attachent à la signification littérale, à l'infaillibilité de la Bible, et exigent l'enseignement de la Genèse et le bannissement du darwinisme. Les diverses émanations politiques (Robertson, Buchanan…) louangent la famille, le mariage, l'autorité masculine et le patriarcat, fustigent féminisme, homosexualité, société laïque et intervention de l'État et vouent aux gémonies toutes formes de modernité, y compris les « ténèbres électroniques ». Puissant mouvement réactif, le fondamentalisme islamique occupe depuis deux décennies le devant de la scène.

Sources de l'islamisme

Avant 1967, c'est la nation qui fonde la communauté de sens dans le monde musulman. À l'échec de Nasser et la guerre des Six Jours, le vent tourne. Fondé sur les enseignements de l'Égyptien Qotb, du Pakistanais Mawdoudi et de l'Iranien Khomeiny, un puissant mouvement islamiste déferle réclamant un État islamique, dont Allah est le seul principe de souveraineté, appliquant la loi sacrée, la Charia. Y. Kepel montre comment un premier pôle de diffusion s'ordonne autour de l'Arabie saoudite dont les pétrodollars contribuent à véhiculer la conception ultra-conservatrice des rapports sociaux, tandis qu'avec la révolution iranienne de 1979, un pôle radical se met en place en Iran.

De la révolution iranienne à la théocratie

Les événements de 1978-1979 en Iran illustrent le rejet brutal d'une occidentalisation agressive. Le Shah, fort de la richesse pétrolière et du soutien des États-Unis, s'est érigé en gendarme du Golfe et bastion avancé de l'Occident. Il entreprend une réforme profonde de la société par l'éducation, stimule l'économie dont l'essor engendre une classe moyenne urbaine dynamique. La brutalité de la méthode, le caractère dictatorial du régime, mobilisent tous ceux que l'occidentalisation choque et que l'évolution économique déstabilise. Chez les étudiants, à côté des doctrines marxistes (le parti Toudeh) s'affirme un chiisme socialiste qui révère l'imam Hussein, symbole du peuple iranien martyrisé par le Shah. Les pieux marchands du Bazar souffrent de la concurrence des affairistes qui gravitent autour du Shah. Dans les faubourgs et les bidonvilles, les jeunes ruraux déracinés sont exclus de la richesse qui s'affiche. Ces clientèles sont exploitées par le clergé chiite qui mène la charge contre le régime impérial ; l'ayatollah Khomeiny, exilé en France, appelle au renversement du Shah et soude une vaste coalition rassemblant les jeunes urbains, les bourgeois du Bazar et les intellectuels islamistes. Affaibli par la baisse du prix du pétrole et les critiques de ses méthodes dictatoriales par les États-Unis, le Shah est renversé. Khomeiny rentre en Iran et proclame la république islamique ; la Constitution lui donne l'autorité suprême. Le Guide de la Révolution peut éliminer ses alliés libéraux et socialistes en s'appuyant sur les jeunes islamistes (*pasdarans*) encadrés par les mollahs. Le Bazar retrouve son pouvoir économique tandis que l'on rejette l'occidentalisation (tenue islamique complète).

Rayonnement de l'islamisme

La guerre contre l'Irak consolide la légitimité de la Révolution islamique qui rayonne à l'extérieur. Khomeiny représente un idéal qui s'oppose aux régimes corrompus de nombreux pays musulmans. Ceux-ci sont mis à rude épreuve. Le mouvement islamiste, complexe, s'appuie sur deux forces principales : la jeunesse urbaine pauvre et la bourgeoisie pieuse. Les intellectuels musulmans enflamment les foules grâce à un langage qui soude ces fractions socialement distinctes. Pour résister à l'assaut des radicaux, les régimes arabes travaillent à les dissocier ; la monarchie saoudienne durcit ses positions contre les élites occidentalisées, nourrit les mouvements de réislamisation ; parallèlement elle distribue ses faveurs aux classes moyennes pieuses par le biais du système bancaire islamique. Les monarchies arabes renforcent l'ostentation religieuse et elles œuvrent en sourdine contre l'influence persane. L'Arabie saoudite soutient l'Irak dans la guerre contre l'Iran qui veut exporter sa révolution ; le conflit palestinien s'islamise : le parti Hezbollah est inspiré par Téhéran qui alimente aussi la rébellion contre le monopole saoudien sur le pèlerinage à la Mecque. Dans le même temps, l'Arabie saoudite soutient vigoureusement, avec la CIA, la lutte des musulmans contre l'URSS en Afghanistan ; elle alimente et finance ces troupes de combattants qui affluent de tous les pays musulmans, nouvelles « brigades internationales ». Lorsque l'URSS est chassée d'Afghanistan, le mouvement islamiste est à son apogée. Le triomphe d'El Tourabi au Soudan, la mobilisation de l'Intifada autour du Hamas en Palestine, les succès du Front Islamique du Salut en Algérie, témoignent d'une vitalité conquérante. La communauté musulmane, l'Oumma, « projette son ombre sur l'Occident » (Y. Kepel) : vagues d'attentats en Europe, fatwa à l'endroit de l'écrivain S. Rushdie. Sous cette forme cependant, la poussée islamiste perd de la vigueur après 1990.

Les nouvelles configurations géopolitiques

La fin de l'Histoire annoncée par Fukuyama promettait un dépérissement de la géopolitique entendue dans le sens traditionnel d'un jeu planétaire dont les États sont les acteurs. Le sentiment d'une rupture avec le passé appelait la paraphrase de Chateaubriand : « l'ancien monde finit, le nouveau monde commence ».

Nouvel ordre mondial ou nouveau Moyen Âge ?

La chute des Murs, mettant fin au monde bipolaire de la Guerre froide, ouvre une nouvelle ère à laquelle la guerre du Golfe donne sa coloration initiale. Les États-Unis, à la tête d'une coalition consentie par les Nations unies, interviennent pour mettre un terme à l'invasion et l'occupation du Koweït par l'Irak.

L'espoir d'un monde policé

Vainqueur, le président George Bush proclame : « Nous voyons apparaître un nouvel ordre mondial... où les Nations unies, libérées de l'impasse de la Guerre froide, sont en mesure de réaliser la vision historique de leurs fondateurs ; un monde dans lequel la liberté et les droits de l'homme seront respectés par toutes les nations ». L'ONU avait souffert du blocage né de l'opposition URSS – États-Unis ; ses résolutions souvent ignorées, l'impuissance était son ordinaire comme en Afghanistan (huit résolutions exigeant un retrait de l'URSS entre 1980 et 1988). L'ONU est d'abord faible du comportement des grands États, détenteurs d'un droit de veto ; elle pâtit du conflit latent entre la majorité des pays du Sud dominant l'Assemblée générale et le Conseil de sécurité mené par les grandes puissances. Le Conseil reflète une réalité désuète : comment dénier à terme un siège de membre permanent au Japon, à l'Allemagne, à l'Inde, au Brésil ? L'intervention au Koweït constitue donc un réel succès pour l'ONU. Mais on peut questionner dans les termes de

The Economist le nouvel ordre mondial annoncé : qu'est-ce qui est nouveau ? quel ordre ? aux ordres de qui ?

Une hyperpuissance ambivalente

Les États-Unis émergent de cet épisode sans aucun rival. Leur supériorité militaire est sans contrepoids. Responsables du quart du produit mondial, ils n'exercent plus la domination économique qui était la leur en 1945. J. Nye observe (*Bound to lead*) qu'ils n'ont guère plus de poids que sous Théodore Roosevelt ; s'ils ont mené les opérations au Koweït, ils en ont fait partager les frais aux États arabes, à l'Allemagne et au Japon : les États-Unis, mercenaires d'un ordre démocratique ? G. Bush proclamant le « nouvel ordre mondial » ou W. Clinton substituant « l'élargissement de la démocratie à l'endiguement du communisme » s'inscrivent dans le droit fil de la tradition idéaliste wilsonienne : les États-Unis, instrument de la Providence, œuvrent pour un monde pluraliste, démocratique, ouvert, interdépendant. Mais leur implication concrète est inconstante. Éternel mauvais payeur de leurs cotisations aux Nations unies, ils ne souscrivent pas aux engagements qui limitent leur liberté d'action (accord d'Ottawa sur la condamnation des mines antipersonnel). Prétendant à l'universalisme, ils répugnent à intervenir quand leurs intérêts fondamentaux ne sont pas menacés. Leurs réticences à l'engagement tout autant que le concept « zéro mort » rendent compte d'une intervention tardive et hésitante dans le bourbier yougoslave.

« Un monde sans amarres »

Le rapport Ramses (1993) décrit une planète en proie au désordre. Tout comme la décomposition de l'Empire romain avait ouvert une ère obscure et violente, la fin de la Guerre froide, porteuse d'une lumineuse espérance, laisse la place au chaos. Le XXe siècle, lourd des plus horribles massacres, s'achève sur une décennie de violences sanglantes, de conflits ethniques ou religieux ; un million de Rwandais sont massacrés sans que personne n'intervienne. Le monde, qui a échappé à la destruction nucléaire, est menacé de tribalisation devant une Amérique hésitante et une Europe inconsistante.

Le spectre du choc des civilisations

En 1993, la revue *Foreign Affairs* publie un article à grand retentissement de S. Huntington « *The clash of civilizations* ». La thèse qu'il exprime peut ainsi se résumer :

– les plus importants conflits du futur se produiront sur les lignes de fractures culturelles séparant les civilisations ;

– le choc des civilisations est la plus grande menace à la paix mondiale mais aussi le plus sûr garde-fou contre une guerre mondiale.

L'argumentation d'Huntington

La fin de la Guerre froide met un terme au monde bipolaire et inaugure un monde multipolaire dans lequel les peuples définissent leur identité en termes culturels ; sur ces termes qui conditionnent les structures de cohésion/désintégration s'articule désormais la politique globale. Nous n'allons pas à une civilisation universelle qui serait occidentalisation du monde : l'influence de l'Occident décline alors que s'affirment de nouveaux pôles ; l'ordre mondial va se définir sur la base des civilisations, sept ou huit selon Huntington : occidentale, latino-américaine, africaine, islamique, chinoise, hindoue, orthodoxe, bouddhiste, japonaise. Les pays se regroupent autour des États les plus puissants de leur civilisation en cercles concentriques suivant la force de leurs affinités. L'Occident, par sa prétention universelle, est sur une trajectoire de confrontation avec des civilisations majeures qui s'affirment (Islam, Chine). L'Occident doit prendre conscience de sa singularité et les moyens pour la préserver.

Les critiques de Huntington

D'éminents spécialistes ont stigmatisé cette nouvelle mouture du pessimisme historique, ce Spengler de l'après-Guerre froide : le concept de civilisation présenté par Huntington – sorte de cocktail d'histoire, de langue, de culture, de tradition et surtout de religion – est flou et même fumeux ; peut-on le suivre lorsqu'il met le succès économique du Japon au crédit du confucianisme ? Quand il voit la Chine se rallier à une sorte de néo-confucianisme ? Quand il envisage une alliance entre la Chine et l'Islam ? Les « civilisations » qu'il décrit sont tout sauf homogènes : elles sont criblées de conflits internes ; voir l'Islam comme unité avec des États aussi divers que la Turquie, l'Irak, l'Iran et l'Indonésie relève de la fantaisie.

Les propositions de S. Huntington ont le mérite de souligner l'importante résurgence du traditionnalisme et la force de l'aspiration communautaire, évidentes réactions à la mondialisation. Elles éclairent le côté négligé du triangle des relations internationales, la culture, mais sous-estiment stratégie et économie. L'ambition de Huntington était de remplacer un paradigme moribond – la Guerre froide – par un autre, rendant compte de la politique globale. Mais comme le dit P. Hassner, notre époque qui voit « l'éclatement des paradigmes » se laisse-t-elle enfermer dans une explication totalisante ?

Déclin de l'Islamisme ?

De 1970 à 1990, la spectaculaire montée de l'Islamisme a semblé illustrer les vues de S. Huntington : manifestations violentes, attentats dans le monde musulman et en Europe. Pour Y. Kepel cependant, vers 1990, le reflux commence. La guerre du Golfe constitue une rupture. Pour se protéger contre l'agression irakienne au Koweït, les monarchies pétrolières s'alient nombre de musulmans : les masses urbaines manifestent leur appui à Saddam, tandis que l'appel aux troupes « infidèles » qui « souillent » le sol d'Islam, entache la légitimité religieuse des dirigeants. En apparence, l'Islamisme continue à marquer des points ; les jihadistes quittant l'Afghanistan après la victoire, vont allumer des foyers de réislamisation en Bosnie, en Algérie avec les Groupes islamiques armés. Les Talibans, soutenus par le Pakistan, imposent la loi islamique en Afghanistan. Mais les attentats et les excès finissent par effrayer les classes moyennes musulmanes ; leur alliance avec les jeunesses urbaines se dissout. Les modérés gagnent du terrain en Iran avec l'élection du président Khatami. En Indonésie, le successeur du général Suharto à la présidence se réclame de la laïcité. En Algérie, Bouteflika gouverne sur une ligne modérée ; la chute de Nawaz Charif au Pakistan, celle et d'El Tourabi au Soudan semblent autant de coups d'arrêt. Pour Y. Kepel, la fin du XXe siècle marque le déclin de l'Islamisme.

Le réseau à l'assaut du territoire : l'hyperterrorisme

Stupéfiant le monde, les attentats du 11 septembre 2001 portent un coup terrible au cœur du territoire américain inviolé depuis 1812. L'État le plus puissant de la planète est attaqué par une poignée de terroristes dont l'action meurtrière est planifiée, financée et télécommandée par une puissance sans territoire : le réseau Al Qaida.

Le 11 septembre, témoin de mondialisation

Près de 4 000 victimes de 70 nationalités ont péri dans les décombres du World Trade Center dont les tours altières et le nom même symbolisaient l'économie mondialisée. Une grande partie de la planète a pu assister en direct à l'effondrement des tours ; symbole de la puissance militaire mondiale des États-Unis, le Pentagone a été touché. L'immense émotion – quelque forme qu'elle ait prise – s'est manifestée sur tout le globe : pratiquement sans exception, les autorités de tous les pays du monde ont fait savoir leur réprobation. Les États-Unis ayant fait reconnaître la légitimité de leur riposte ont cherché à bâtir une alliance mondiale contre le terrorisme avant de déployer leurs forces.

Les indices indiquent un fonctionnement en réseau déployé sur plusieurs continents : des étudiants musulmans dans des universités allemandes, un recrutement dans les mosquées anglaises et françaises, des militants « dormants » en Floride, des va-et-vient entre l'Europe et les camps d'entraînements en Afghanistan, des mouvements de fonds aux circuits compliqués. Discrétion, simplicité, minutie ont présidé à la préparation et à la mise en œuvre des attentats singulièrement efficaces, si l'on compare l'ampleur des destructions à la modicité des coûts (moins d'un million de dollars). L'asymétrie est la marque d'un affrontement où le réseau souple, fluide, peu hiérarchisé, fait de cellules autonomes, déjoue les plus puissantes organisations de renseignement aux moyens gigantesques. L'hyperpuissance américaine a paru désarmée devant le terrorisme déterritorialisé. Le retrait de l'État dans les sociétés occidentales, particulièrement la privatisation de la gestion et de la sécurité dans les aéroports américains, l'hostilité des États-Unis au contrôle des flux de capitaux, prennent ici un singulier relief.

Les sources de l'hyperterrorisme

Le terrorisme est chose ancienne, l'anarchisme en avait fait son mode opératoire, comme de nombreux mouvements séparatistes (ETA, IRA…) et gauchistes (Brigades rouges, Action directe, etc.). Le terrorisme palestinien reste cantonné à Israël. L'association du terrorisme à la religion musulmane prend sa source dans une réaction à l'État « néopatrimonial » que les dirigeants ont privatisé en un système clientéliste qui élimine l'individu au profit du groupe – tribu, communauté – et dont l'autoritarisme ne tolère aucune opposition : la religion est alors le recours et cimente des groupes activistes (Frères musulmans en Égypte). Les élites sont d'autant plus visées qu'elles sont corrompues ou pactisent avec l'ennemi (assassinat du président de l'Égypte Sadate qui fait la paix avec Israël). La religion porte la protestation contre la menace appréhendée à l'identité, notamment la menace de l'occidentalisation ; le salafisme, interprétation rigoriste du Coran qui prône le règne de la charia, s'est nourri de cette protestation et a essaimé dans le monde musulman. L'intervention soviétique en Afghanistan lui a donné un grand essor. Les éléments les plus avancés sont venus prendre les armes ; cette propagande active a suscité l'afflux de brigades djihadistes internationales. L'homme d'affaires saoudien Oussama Ben Laden en a organisé le financement élaborant une structure d'approvisionnement, de gestion et de circulation des fonds. Les liens avec l'Arabie saoudite sont à la fois obscurs et troublants. Il est avéré que des banques fondées par des proches de la famille royale (Dar alMal al Islami, Dalla al Baraka...) organisent la circulation des fonds d'ONG comme Islamic Relief Agency. La CIA aide ces précieux alliés dans la lutte anti-soviétique.

Trois faits consolident et façonnent le réseau islamique :

– Avec la fin de la guerre d'Afghanistan, les volontaires se dispersent et retournent dans leur pays d'origine où ils constituent des cellules activistes qui sont surtout des relais de l'influence d'Al Qaida : les « Afghans » sont les chefs les plus actifs des GIA algériens.

– La guerre du Koweït, les troupes américaines en terre d'Islam sont pour Al Qaida l'illustration de l'œuvre impie de l'Amérique, fer de lance de l'Occident judéo-chrétien, d'où la rupture avec les monarchies arabes compromises avec les Infidèles.

– La mainmise des talibans sur l'Afghanistan. Les « étudiants en religion » formés dans les écoles coraniques au Pakistan imposent leur pouvoir et la loi islamique, avec le concours de la CIA et de groupes pétroliers américains qui souhaitent un régime d'ordre sur un territoire où sont projetés les oléoducs sortant le pétrole d'Asie centrale. Al Qaida y trouve un sanctuaire pour les camps où viennent de partout s'entraîner les recrues.

La nébuleuse Al Qaida a une stratégie de fond : s'emparer des masses musulmanes, des esprits et des imaginations, subvertir les États musulmans corrompus pour y imposer la *charia* et s'attaquer à la civilisation occidentale judéo-chrétienne. L'appel au *djihad* de Ben Laden répond donc à la prophétie d'Huntington, à laquelle des propos inconsidérés de dirigeants occidentaux (G. Bush parlant de croisade contre le terrorisme et Berlusconi de la supériorité de la civilisation occidentale) ont semblé donner corps. Le 11 septembre cependant n'ouvre pas une une guerre de civilisation. Le monde musulman, dans son ensemble, n'a pas adhéré à la vision de Ben Laden et le monde n'a pas fait l'amalgame entre musulmans et terroristes. Le 11 septembre produit le surgissement d'une « secte millénariste », d'une « mouvance apocalyptique » (F. Heisbourg) fruit amer des traumatismes de la mondialisation. ; il révèle aussi la fragilité des sociétés hyperdéveloppées : pendant quelques mois, le spectre de la récession a hanté les dirigeants mondiaux. Enfin, on ne saurait écarter de sinistres résurgences : les fanatismes se nourrissent de la misère et de l'ignorance, et de ce terreau, il y a abondance.

La suprématie américaine : un état « proto-mondial »

Le 11 septembre 2001 introduit-il une rupture aussi décisive que la chute des Murs ? Épisode tragique de globalisation, il ne change pas fondamentalement ni les grands problèmes planétaires (le décrochage du tiers-monde, la montée des inégalités, la question de l'environnement...) ni le positionnement relatif des grandes puissances, même s'il rend plus évidente la suprématie américaine.

Les pronostics du déclin de l'empire américain sont controuvés. Les États-Unis se sont assurés d'une large alliance contre le terrorisme, mais ils ont conçu et mené seuls les opérations d'Afghanistan avec une stupéfiante efficacité. Les évènements ont légitimé de fortes augmentations des budgets militaires (380 milliards de dollars en 2003) au profit de tous les types d'armement, et en particulier de la constitution du bouclier anti-missiles. Il ne s'agit pas seulement de se prémunir contre le terrorisme, mais de pouvoir agir rapidement et massivement en tous points de la planète. À côté de leur « *soft power* » – pouvoir d'attraction et de rayonnement de l'économie et de la culture –, les États-Unis développent un « *hard power* » technico-militaire sans rival et sans précédent. Le décrochage en matière de défense est spectaculaire : les dépenses militaires de l'Union européenne ne cessent de baisser.

Les conséquences sont immenses : militaires et politiques, mais aussi économiques : les États-Unis vont à terme réaliser 50 % de la recherche industrielle de l'OCDE. Renonçant à l'idéalisme wilsonien, G.W. Bush pratique un unilatéralisme rigide : rejet de l'accord de Kyoto, identification d'un « axe du mal » (Irak, Iran, Corée du Nord), renforcement des protections douanières, des subventions aux fermiers, changement de doctrine stratégique (de la dissuasion à l'action préventive), affirmation des États-Unis comme « puissance morale ».

Vers un monde de grands ensembles territoriaux

Une des conséquences les plus notables du 11 septembre 2002 est le retour des États : les attentats ont montré leur rôle irremplaçable dans la prévention et la lutte contre le terrorisme. Vulnérables aux attaques terroristes, les États-Unis sont la seule puissance mondiale ; ils assument un leadership qui n'est véritablement contesté que s'il ne s'exerce que là où leurs intérêts vitaux sont en cause. Alors que l'OTAN se cherche une nouvelle vocation, l'Union européenne peine à affirmer sa personnalité politique et sa doctrine militaire. La Russie de Poutine restaurant l'autorité à l'intérieur s'applique à retrouver un rôle dans le jeu mondial ; l'alliance stratégique avec les États-Unis pour combattre le terrorisme et l'esquisse d'un partenariat énergétique, lui donne les mains libres en Tchétchénie, voire dans tout le Caucase. Condamnant aussi le terrorisme, la Chine voit dans un rapprochement avec l'Occident l'occasion de consolider son développement économique (entrée à l'OMC) tout en gardant sa liberté d'action au Xingiang et au Tibet ; elle poursuit son objectif de parité stratégique avec les États-Unis et défend farouchement le droit souverain des États. Si l'affirmation de l'Inde, voire du Brésil, est moins éclatante, le XXIe siècle paraît promis aux grands ensembles territoriaux. La multiplication des États et le ventre mou du monde, de la Méditerranée à l'Himalaya (« guerre de cent ans » en Palestine, conflit Inde-Pakistan au Cachemire, etc.) demeurent préoccupants. Les facteurs de risques s'accumulent hors des grands États, dans ces zones grises, ces aires de pourrissement où l'autorité de l'État vacille, ces États « faillis » (*failed states*) « lambeaux d'empires décomposés » où prospèrent tous les trafics. Leur prise en charge est le grand défi du nouveau système mondial.

Vers une société-monde ?

L'évolution du système-monde ne crée pas spontanément ordre, homogénéité, harmonie. La contraction de l'espace-temps multiplie les opportunités de contacts, d'échanges, rapproche physiquement les gens et les territoires, mais accroît l'individualisation du monde, l'érosion du lien social, l'importance des exclusions sociales et spatiales, le choc des valeurs. Les oppositions diverses à la mondialisation s'enracinent dans ces constats. Pourtant, la mondialisation est une « aventure obligée ». La révolution informatique, la puissance créatrice de la technologie, vont continuer à se déployer, et avec elles la diffusion d'une logique productive, dans une dialectique de convergence et de fragmentation. Rythmes, formes, cheminements en revanche ne sont pas inexorablement fixés ; le Groupe de Lisbonne (1995) a esquissé quatre scénarios suivant que prévaudront la concurrence ou la coopération entre les acteurs du système-monde.

Le règne du marché débridé n'apporte pas la prospérité universelle. L'action de l'OMC et du FMI s'est fondée, avec des effets désastreux, sur cette idéologie primaire en retard sur la théorie économique même (par exemple, les effets de l'asymétrie de l'information, le rôle de l'investissement social et sanitaire). La mondialisation n'est pas maîtrisée par les organismes qui prétendent la conduire ; l'idée émerge d'une révision des objectifs et des méthodes, d'une coordination qui pointe vers l'idée (lointaine) d'un gouvernement économique mondial. La construction des régulations de l'économie mondialisée est une entreprise de longue haleine. Parallèlement s'affirme une conception compréhensive des droits de l'homme qui implique l'abolition de toutes les formes d'exploitation et de coercition, mais aussi l'accès à l'eau potable, au logement (dénié respectivement à 2 milliards et 1,5 milliard de gens) et à la santé (outre la tragédie du sida, 3 millions d'enfants meurent chaque année de la tuberculose, et autant des effets de l'eau contaminée). Émergent également le sentiment d'un patrimoine commun de l'humanité, la notion de bien collectif : les biens culturels désignés par l'UNESCO ou encore l'Antarctique depuis 1949 sont gérés dans cette perspective. L'intensité de la compétition économique et la diffusion de l'industrialisation soumettent le stock de ressources (le milieu marin par exemple) et l'environnement à de rudes attaques ; malgré ses imperfections, le protocole de Kyoto a une valeur exemplaire : les difficultés à le faire adopter montrent l'ampleur de la tâche. La prise de conscience est favorisée par l'action des multiples ONG qui militent pour le respect des droits de l'homme, de l'environnement, etc. L'écheveau complexe de ces ONG constitue la première ébauche d'une société-monde et en tout cas la proposition d'un objectif majeur : le monde doit faire société ; utopie bien sûr, comme autrefois le projet de Paix perpétuelle de l'abbé de Saint-Pierre ou la société des Nations de Wilson... Le Groupe de Lisbonne a proposé quatre contrats : suppression des inégalités, tolérance et dialogue des cultures, contrat de démocratie, contrat pour la Terre. Ces contrats de société-monde pourraient être un programme de gouvernement mondial. Ni l'ONU trop brûlée, ni le G8 même élargi au G20 ne peuvent y prétendre. La régulation de l'économie, l'organisation du développement social, la sécurité collective, la justice internationale sont tâches urgentes. Mais la marche à la société-monde ne progresse qu'à petits pas (progrès du droit d'ingérence, organisation de la Cour pénale internationale). Tant il est vrai que sont lourdes les inerties dues aux groupes d'intérêts, aux États, et au difficile dialogue dans un monde où les cultures ne portent pas toutes les mêmes valeurs. L'humanisme universel auquel convie M. Serres pour une mondialisation harmonieuse s'enracine dans « le grand récit unitaire des sciences et... l'atlas en mosaïque des cultures humaines ». Une longue marche.

SYNTHÈSE

La mondialisation produit de fortes réactions identitaires qui s'incarnent dans des particularismes de tous ordres, facteurs de fragmentation ethnique, nationale, religieuse... Une dynamique d'émiettement est à l'œuvre. Profondément réactifs, les fondamentalismes religieux – illustrés notamment par l'islamisme – récusent la modernité et l'universalisme. Au lieu du nouvel ordre international, c'est le risque du chaos qui apparaît ; Huntington peut annoncer le choc des civilisations. En septembre 2001, l'État le plus puissant de la planète est frappé par le terrorisme : c'est le Réseau contre le territoire. La réaction des États-Unis rend plus évidente leur suprématie mondiale ; à terme, le XXIe siècle s'annonce dominé par les grands ensembles territoriaux.

Pour en savoir plus

G. KEPEL, *Djihad, expansion et déclin de l'islamisme,* Gallimard, 2000.	Une anatomie minutieuse des fondamentalismes islamiques.
S. HUNTINGTON, *Le choc des civilisations,* Odile Jacob, 2000.	Un nouveau paradigme pour expliquer le monde après l'effondrement de l'URSS.

DOCUMENTS
ET
MÉTHODES

GÉOPOLITIQUE ET GÉOSTRATÉGIE : L'ÉVOLUTION DES CONCEPTIONS

Doc. 1 – **Le monde selon Mackinder (1904)**

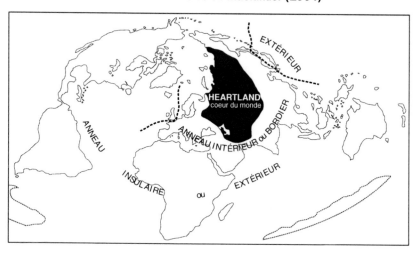

Doc. 2 – **Le monde selon Spykman (1944)**

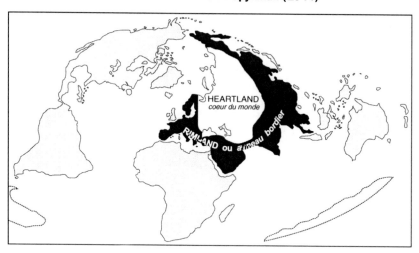

Doc. 3 – **Le monde selon Seversky (1949)**

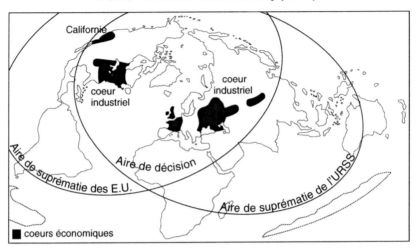

- ■ coeurs économiques

Doc. 4 – **Trajets des bombardiers stratégiques**

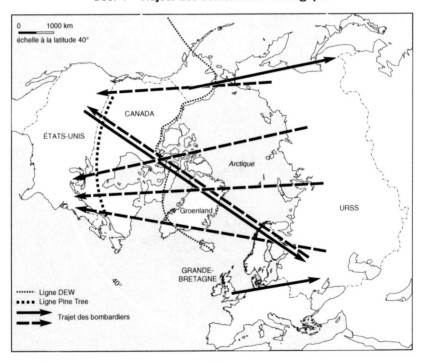

Doc.5 – **Trajets des missiles balistiques et radars fixes**

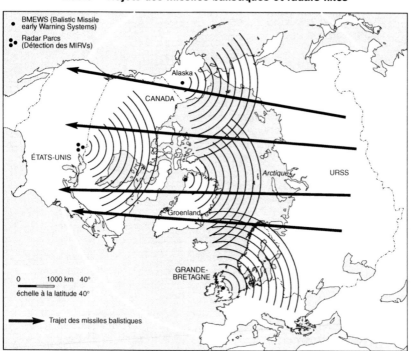

Source des documents : P. Letourneau, « Introduction à la géopolitique du Canada », *Cahiers de géographie du Québec*, n° 93, Presses de l'université de Laval, 1990.

COMMENTAIRE

Les Temps modernes ont affirmé le contrôle exclusif de l'État sur son territoire (et sa population). La Nation a socialisé la notion de territoire, propriété du peuple. S'est développée une mystique de l'espace aux dimensions multiples (les frontières naturelles, l'espace vital…). L'Allemand Ratzel dans sa *Politische Geographie* (1897) développe la conception de l'État comme organisme lié au sol et esquisse le jeu des États comme compétition pour le territoire. La géopolitique (terme forgé par le Suédois Kjellen pour désigner l'étude de l'État comme organisme géographique) est conscience et représentation du territoire comme base, support, champ d'exercice de la puissance. C'est poser en filigrane la question clé : « qui, demain, dominera le monde ? ». Les conceptions géopolitiques et leur traduction en termes de géostratégie ont évolué au XXᵉ siècle avec le compactage de l'espace-temps, la mutation des armements et l'irruption des idéologies.

Les géopolitiques de l'ère industrielle

Les théories géopolitiques de cette époque, fortement marquées par le contexte scientifique, attribuent un rôle dominant au milieu naturel, aux configurations géographiques sur les relations entre les États ; le relief, le climat, les ressources engendrent une sorte d'invariance, de « fatalité géographique », que cependant chaque auteur regarde à travers le filtre des préoccupations et ambitions de son pays.

Le géopoliticien de la puissance maritime : Mackinder

Ce professeur de l'Angleterre victorienne prononce à Londres une conférence vouée à une durable renommée : « Le pivot géographique du monde » cherche à exprimer « la causalité géographique en histoire universelle ». L'arrangement en grandes masses de terres et des mers sur la planète invite à regarder dans l'histoire les antagonismes renouvelés entre puissances de terre et de mer, entre Sparte et Athènes, entre Carthage et Rome, entre France et Angleterre. Au milieu des océans, les trois grands continents (Asie-Europe-Afrique) forment l'Ile du Monde structurée autour du Heartland, de l'Arctique à l'Asie centrale, par un ordonnancement concentrique de « croissants » :
– le croissant intérieur (de l'Himalaya à la plaine eurasiatique) ;
– le croissant côtier (les littoraux d'Eurasie méridionale) ;
– le croissant extérieur (Grande Bretagne, Japon).
– le croissant insulaire (Amérique-Australasie-Afrique subsaharienne).

La domination du monde est promise au Heartland. Contourné après les Grandes Découvertes, il retrouve toute son importance avec l'expansion de l'Empire russe désormais sillonné par les chemins de fer : c'est une formidable réserve de puissance et base d'attaque aussi bien contre l'Europe que contre la Chine, et qui peut prétendre à la puissance mondiale une fois équipée d'une grande flotte et d'un accès aux mers chaudes. L'alliance de la Russie et de l'Allemagne est dans cette perspective la hantise permanente de l'Angleterre, d'autant plus vive à la fin du XIXᵉ siècle que Guillaume II, affichant une Weltpolitik, proclame que l'avenir de son pays est sur l'eau : la politique anglaise d'alliances contre l'Allemagne, et notamment avec la Russie, est inscrite dans les vues de Mackinder. À la même époque, l'amiral Mahan pense la stratégie navale des États-Unis en fonction de leur rôle à venir sur la planète ; il insiste notamment sur l'importance du Pacifique et se fait l'un des doctrinaires de l'impérialisme américain.

La géopoliticien de la puissance continentale : Ratzel

La géographie allemande entend être la science qui donne à son pays la conscience de son rôle et de ses moyens dans le monde. L'État, vu comme un organisme, a pour base le sol qu'il doit contrôler et étendre pour assurer l'espace vital de son peuple (*Lebensraum*). L'exemple de la conquête de l'Ouest américain inspire Ratzel qui promet l'avenir aux États-Continents. Le territoire allemand est restreint, trop tard arrivé (il ne peut prétendre qu'aux miettes de la colonisation) et, qui plus est, enclavé, menacé d'une guerre sur deux fronts. L'Allemagne, première puissance industrielle européenne, doit être une puissance mondiale. Si Ratzel demeure velléitaire par rapport aux vues de Haushofer qui dans l'entre-deux-guerres offrira une justification objective aux conquêtes de Hitler, on ne saurait oublier qu'il écrit alors que s'exprime un pangermanisme parfois agressif (Tannenberg).

La géopolitique au temps des blocs

Dès la fin de la Seconde Guerre mondiale, le bras de fer idéologique qui s'engage redéfinit les contours des rapports de forces : la dimension interétatique perd de la consistance alors que s'affrontent deux blocs, certes fortement hiérarchisés. Les autres sources de conflit sont marginalisées ou resituées en fonction de la problématique dominante. Le contexte géopolitique évolue radicalement avec l'avènement de vecteurs rapides (avion à réaction, missiles) et de l'arme atomique qui laisse entrevoir l'apocalypse.

Pleins feux sur le Rimland

La guerre du Pacifique que les États-Unis gagnent contre le Japon et la bataille de l'Atlantique pour acheminer armes, troupes et vivres sur le théâtre d'opérations en Europe concrétisent aux yeux des Américains l'analyse qu'avait faite le géopoliticien de la mer, l'amiral américain Mahan à la fin du XIXe siècle : les États-Unis sont comme une île. C'est l'analyse reprise dans le même esprit par Spykman vers 1940 ; les États-Unis sont la puissance insulaire face à la puissance continentale – l'Allemagne puis l'URSS, qui domine le Heartland. Le pivot n'est plus, comme pour Mackinder, le Heartland, mais bien le Rimland, cet ensemble de terres bordières qui court de l'Europe occidentale au Japon en passant par les péninsules méditerranéennes et asiatiques. Le Rimland est la charnière, l'enjeu, la zone d'affrontement pour la domination du monde. Les États-Unis doivent être membres d'alliances qui assurent la liberté de ces zones face à la puissance continentale : la vision de Spykman annonçait en fait l'Alliance atlantique et l'Organisation du Sud-Est asiatique.

La mise au point de la bombe atomique (1945 par les États-Unis, 1949 pour l'URSS) bouleverse la donne géopolitique. Les États-Unis, les premiers à posséder la bombe thermonucléaire, élaborent une stratégie anti-villes, qui est une menace de représailles massives pour dissuader l'URSS d'utiliser en Europe sa puissance militaire terrestre. Quand l'URSS est à son tour dotée de la bombe H et des missiles balistiques intercontinentaux, on envisage une stratégie de première et deuxième frappes vite illusoires tant les arsenaux nucléaires sont désormais terrifiants (dès 1956, 4 000 bombes aux États-Unis, 900 en URSS). Dès lors, on se persuade de la « destruction mutuelle assurée » : c'est désormais l'équilibre de la terreur.

On cherche cependant à se protéger contre tout dérapage ; les forces terrestres sont vulnérables : on s'affaire à renforcer la protection des missiles profondément enterrés dans des silos. Les sous-marins nucléaires sont beaucoup plus difficilement détectables : les océans sont investis de flottes formidables. Toutefois, la doctrine de la destruction mutuelle assurée amène les deux grands sur deux autres terrains :

– les affrontements indirects menés par alliés interposés, notamment dans le tiers-monde, avec les séquelles de la décolonisation ;

– la tentative de garder le monopole de l'arme nucléaire, en se comportant en « adversaires-partenaires » (R. Aron). Ils ne peuvent empêcher le

Royaume-Uni (1952), la France (1960), la Chine (1964), l'Inde (1974) de se doter d'une force de frappe, ni l'Afrique du Sud, le Pakistan, Israël... d'accélérer leurs recherches. Le Traité de non-prolifération signé en 1968 est tout de même un garde-fou pour contenir la diffusion effrénée de l'arme de destruction massive.

Le conditionnement idéologique

La politique d'endiguement (le *containment*) conseillée par G. Kennan en 1947 relève du réalisme. Il faut contenir un système soviétique sans doute impressionnant, mais trop fondé sur la contrainte pour ne pas être fragile ; on doit l'empêcher de s'étendre en accélérant le développement économique d'aires bordières – l'Europe, le Japon – dont le dénuement pourrait faire des proies de choix pour l'URSS. Le président Truman donne au containment une allure de croisade, le communisme est une peste dont il faut préserver le monde, en soutenant et armant tous les peuples libres. Il faut intervenir pour empêcher que succombe un pays sous peine de voir les voisins contaminés tombés à leur tour. C'est en vertu de cette « théorie des dominos » que les États-Unis interviennent au Vietnam pour éviter la contagion aux pays-voisins. Il faut attendre l'analyse de Kissinger pour qu'au nom du réalisme les États-Unis se retirent d'Indochine, et reconnaissent la Chine, certes communiste, mais nécessaire contrepoids à l'Union soviétique.

L'impact de l'arme nucléaire

Spykman avait montré le rôle de l'évolution technique et notamment les transports dans les équations géopolitiques. L'apparition de l'avion à réaction (plus tard des missiles) change la donne en relativisant la distance. Sans doute, le rimland demeure-t-il l'aire majeure de confrontation ; mais la notion de sanctuaire est singulièrement affectée : Seversky (1949) montre l'importance des zones polaires et partage le monde entre les aires de domination respectives de l'URSS et des États-Unis et l'aire de décision qui inclut le territoire productif des adversaires. Le temps lui aussi est modifié : se préparer à une attaque et à la riposte n'est plus une question de jours, mais de minutes.

L'importance géostratégique mouvante des territoires

Durant trente ans, alors que se renforcent les moyens de destruction, les changements techniques concernant les vecteurs modifient de façon radicale l'importance géostratégique des territoires. Le Canada en fournit un bon exemple. Par son éloignement, il semblait en marge du jeu géostratégique. Les années 1950 ouvrent l'ère des bombardiers stratégiques : le cheminement par l'Arctique intègre le territoire canadien dans l'ère vitale ; la protection et la surveillance sont à l'ordre du jour : on édifie des lignes d'installations radar (ligne Dew, ligne Pine Tree). Le Grand Nord paraît si important que le gouvernement canadien juge impératif d'en marquer l'occupation de façon tangible ; il en vient à transplanter des communautés d'Inuits à des centaines de kilomètres de leur habitat d'origine. La venue des missiles balistiques intercontinentaux qui réduit à 15 minutes le délai d'alerte, périme le territoire canadien en temps qu'espace utile d'alerte et de défense. Dès lors, on déserte progressivement les bases radar avancées dont l'équipement n'est pas renouvelé. Dans les années 1980, l'Initiative de défense stratégique (IDS) lancée par Reagan et popularisée sous le nom de « guerre des étoiles », a pour but d'édifier un bouclier antimissile au-dessus du territoire américain. Les implications techniques du dispositif restaurent l'importance stratégique du Canada, tout comme la pénétration des sous-marins nucléaires sous les glaces de l'Arctique le remet aux premières loges d'un éventuel affrontement : le Canada se met alors en quête de sous-marins capables de patrouiller ses abords septentrionaux.

Tout au long du XXᵉ siècle, géopoliticiens et géostratèges ont proposé des conceptions qui, en dépit de l'évolution liée au contexte technique et idéologique, ont continué à être singulièrement marquées par le déterminisme géographique et réduites à la confrontation entre États. La géopolitique contemporaine prend acte de la multiplicité des acteurs dans les jeux de pouvoir et notamment de l'importance de l'économie, de l'affirmation de sociétés transnationales, souvent plus puissantes que la plupart des États, et revendique pour champ d'étude les « enjeux d'identité et de pouvoir sur les territoires » aux différentes échelles.

FORMATION ET DÉPLOIEMENT DES TRANSNATIONALES

Doc. 1 – **Cycle du produit et transnationalisation**

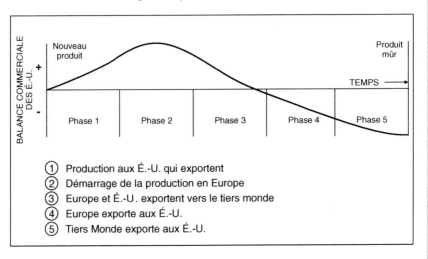

- ① Production aux É.-U. qui exportent
- ② Démarrage de la production en Europe
- ③ Europe et É.-U. exportent vers le tiers monde
- ④ Europe exporte aux É.-U.
- ⑤ Tiers Monde exporte aux É.-U.

Doc. 2 – **Organisation spatiale de la production transnationale**

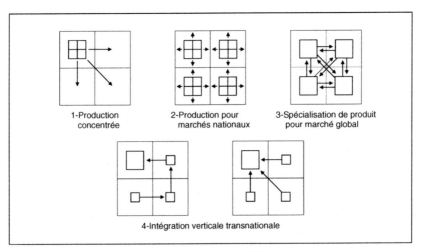

1-Production concentrée

2-Production pour marchés nationaux

3-Spécialisation de produit pour marché global

4-Intégration verticale transnationale

Source des documents : P. DICKEN, *Global Shift*, Guilford Press, 1998.

COMMENTAIRE

L'implantation de filiales dans les pays étrangers est une pratique ancienne. Les Médicis de Florence avaient au XVᵉ siècle des comptoirs dans les grandes places commerciales d'Europe ; avec l'industrialisation et les progrès des transports, l'internationalisation des entreprises a progressé ; mais l'essor décisif date des années 1950. On compte aujourd'hui plus de 60 000 firmes multinationales ; la plupart ne comptent que quelques établissements à l'étranger. Mais les plus importantes déploient un vaste réseau sur la planète : ce sont des entreprises transnationales. Comment expliquer, au-delà des contingences, la décision d'internationaliser, et les modalités de déploiement et de fonctionnement du réseau de filiales commandé par la maison-mère ?

Une théorie explicative : le cycle de vie du produit

Différents facteurs poussent les entreprises à produire à l'étranger (recherche de matières premières, de marché, de main-d'œuvre peu coûteuse ; attrait de subsides ou de lois permissives) ; ils ne constituent pas un cadre général d'explication. La vision radicale, la nouvelle DIT, n'a qu'une portée partielle. En 1966, R. Vernon a tenté de rendre compte de la multinationalisation des entreprises américaines à partir du cycle du produit. Chaque produit connaît un cycle de vie ; à chacune de ses phases (lancement, jeunesse, croissance, maturité), les besoins pour la fabrication (management, technologie, capital, main d'œuvre, proximité du marché) et le marketing ne sont pas les mêmes. R. Vernon explique que les États-Unis disposant de ressources et d'un revenu par tête plus élevé, créent de nouvelles méthodes et de nouveaux produits qu'ils exploitent pour le marché national (jeunesse : phase 1 Document 1) et exportent à l'étranger. Quand sa position d'exportateur est menacée parce que les concurrents européens se familiarisent avec le nouveau produit et les techniques de production, la firme américaine implante une filiale en Europe où elle met à profit son avantage initial ; la production de la filiale se substitue aux exportations américaines qui sont alors dirigées vers les pays en développement (phase 2). Les filiales européennes prennent de l'ampleur, produisent à meilleur coût et ravitaillent à leur tour les pays en développement (phase 3 où les exportations américaines s'amenuisent) puis sont assez compétitives pour exporter aux États-Unis (phase 4). À mesure que le produit gagne en maturité et se banalise, la production en grande série requiert une main d'œuvre bon marché : les filiales installée dans les pays en développement approvisionnement à leur tour le marché américain (phase 5).

Historiquement, le modèle de Vernon rend bien compte de l'expansion des firmes américaines à l'étranger ; après 1920, General Foods, Coca-Cola, Corn Products… se développement à l'étranger. La tendance s'épanouit après guerre alors que l'industrie européenne est détruite : les nouveaux procédés et produits d'abord fabriqués aux États-Unis et exportés sont confiés à une filiale européenne quand l'innovation se diffuse et que les marges bénéficiaires se tassent aux États-Unis. C'est ainsi que les firmes américaines se mettent à développer leur production en Europe à travers leurs filiales anglaises, allemandes, françaises dans un premier temps, puis espagnoles, etc. latino-américaines, asiatiques... Aujourd'hui, le marché américain de l'automobile est largement approvisionné par les filiales canadiennes et mexicaines de Ford et G.M.

Cependant, à partir du moment où l'Europe et le Japon sont devenus à leur tour des centres d'innovation, les insuffisances du modèle sont apparues. Il fallait imaginer un modèle à plusieurs centres d'innovation. De plus le réseau des firmes transnationales, tendu de multiples flux de biens, de services, de capitaux et d'information, est devenu d'une complexité telle qu'il devient caricatural d'expliquer son déploiement par la séquence simple du cycle du produit. On lui reconnaît une bonne fécondité explicative pour l'expansion initiale des firmes américaines à l'étranger ; gardant valeur partielle, il faut le replacer dans des cadres plus amples. Par exemple, sans nier nullement le rôle de l'innovation, Williamson explique que les imperfections du marché (douanes, information, etc.) contraignent la firme à se créer un espace propre, vaste marché interne où les imperfections sont réduites et qui permet d'exploiter les avantages multiples que peut fournir la planète : les grandes firmes transnationales seraient le résultat de cette croissance « nécessaire ».

Modalités de fonctionnement d'une firme transnationale

Une entreprise remplit un ensemble de fonctions dont la complexité augmente avec la taille et le déploiement international. D'une façon générale, les firmes transnationales, quelles que soient leurs prétentions a être « locales à l'échelle du monde » (slogan de ABB) gardent un enracinement profond dans leur pays d'origine. Elles y conservent en particulier les fonctions stratégiques. C'est le cas des sièges sociaux mondiaux où se prennent les décisions majeures : où et combien investir, quel produit lancer, quelle entreprise acquérir, quel nouveau marché développer , etc., ce qui suppose la maîtrise du financement et de l'information. Des décisions de moindre portée sont laissées aux sièges nationaux. La même concentration peut être observée en ce qui a trait à la R&D, autre fonction stratégique, qui demeure attachée aux grands laboratoires proches du siège social : on estime que 85 % de la recherche des transnationales américaines est faite aux États-Unis.

En revanche, le déploiement des unités de production des entreprises multinationales revêt des formes multiples et évolutives : le modèle de Vernon laissait entrevoir leur fluidité dans le temps ; le graphique 2 stylise les solutions spatiales les plus fréquentes au problème de localisation.

La production en un seul pays pour un marché mondial

C'est la situation initiale d'une entreprise avant internationalisation de la production ; le marché mondial est ravitaillé par l'exportation. Les entreprises japonaises se sont lancées à la conquête du monde par l'exportation d'une production concentrée au Japon, le cas de Honda précocement installé aux États-Unis étant relativement exceptionnel.

La filiale étrangère produit pour le seul pays-hôte

C'est une filiale-relais, une réplique miniature de la firme-mère. Les filiales américaines se sont à l'origine implantées au Canada pour exploiter ce marché à l'abri des barrières douanières ; ce sont les mêmes raisons qui ont conduit les entreprises japonaises à quitter l'archipel pour conquérir les marchés de l'Union européenne et de l'ALENA (à l'abri des barrières tarifaires et non tarifaires).

La spécialisation sur un produit pour un vaste marché

Dans ce cas, la filiale étrangère a pour mission de fabriquer un seul produit pour ravitailler un large marché, par exemple un modèle automobile pour l'ensemble du marché européen. La spécialisation permet d'exploiter les économies d'échelle permises par un vaste marché. Dans des cas de plus en plus fréquents – en particulier pour le matériel de télécommunications – une filiale étrangère reçoit un mandat mondial de développement et de fabrication d'un produit particulier.

La production transnationale intégrée

La maison-mère (ou la filiale étrangère qui en a reçu le mandat) draine le flux de matières premières, de composants, de demi-produits vers son site qui intègre la production finale à partir de filiales-ateliers. Il est aussi possible d'utiliser les spécificités propres de chaque filiale, les avantages des différents pays participant à la chaîne intégrée, en particulier en termes de coût de main-d'œuvre : les unités de production localisées dans les zones franches et/ou dans les pays en développement contribuent à un schéma de fabrication illustrant la nouvelle DIT. Les variantes de ce mode d'organisation sont multiples : la chaîne transnationale de fabrication et la convergence des sous-ensembles vers le site de montage. Il en existe d'autres : dans le secteur des composants électriques, les « gaufres » (*wafers*) de silicium taillées dans la Silicon Valley vont au Mexique pour l'assemblage et le test des circuits et reviennent en Californie pour l'intégration au produit final. Pour éviter toute rupture dans la chaîne (grève, nationalisation, accident), chaque unité participante est souvent doublée par une unité identique dans un autre pays.

Conclusion

La répartition de la production entre la maison-mère d'une firme transnationale et ses multiples filiales étrangères engendre des flux considérables et complexes ; ce qui explique que près du tiers du commerce mondial représente des échanges intra-firmes. On ne saurait rendre compte de la complexité du fonctionnement des firmes transnationales sans évoquer le recours de plus fréquent à une sous-traitance mondialisée dont les plates-formes internet décuplent les possibilités et les avantages.

LES COMPAGNIES TRANSNATIONALES SONT-ELLES APATRIDES ?

Doc. 1 – **Indices de transnationalisation (IT)[1] 1999 des entreprises**

Rang selon les actifs	I.T		Société	Pays	% des actifs à l'étranger	% de l'emploi à l'étranger
	Rang	**valeur**				
63	1	95,5	Thomson Co	Canada	95	88
13	2	95,4	Nestlé	Suisse	66	97
54	3	93,3	Electrolux	Suède	85	82
88	4	91,8	Holcim	Suisse	84	87
15	5	91,2	ABB	Suisse	85	94
35	6	90,7	Brit-Am	Royaume-Uni	35	93
22	7	89,5	Unilever	R.-U./P.B.	78	90
62	8	88	Seagram	Canada	77	76
82	9	82	Akzo Nobel	Pays-Bas	73	77
67	11	73	Michelin	France	61	–
73	12	68	Total	France	67	73
3	14	68	Exxon	États-Unis	68	67
74	17	67	McDonald	États-Unis.	58	81
27	21	58	Renault	France	66	–
1	25	56	Shell	RU/PB	67	60
7	54	53	IBM	États-Unis.	54	52
84	57	50	Carrefour	France	38	–
8	65	32	Toyota	Japon	33	8
4	85	29	GM	États-Unis.	25	40
41	100	23	Toshiba	Japon	–	20

1. L'indice de transnationalisation d'une firme, noté de 0 à 100, est la moyenne de trois pourcentages : ventes à l'étranger/ventes totales ; actifs à l'étranger/actifs totaux, emploi à l'étranger/emploi total.

Doc. 2 – **Citations de K. Ohmae et de L. Tyson**

– « Le pays d'origine n'importe pas. La localisation du siège social n'importe pas. Les produits dont vous êtes responsable et la compagnie que vous servez sont désormais apatrides» K. Ohmae. Dans un ouvrage célèbre dont le titre affiche la thèse (*Le monde sans frontières*), K. Ohmae (1995) affirme qu'avant l'identité nationale, l'affiliation locale, c'est désormais la mission globale de la firme qui compte.
– « La propriété américaine des entreprises compte toujours » L. Tyson.

COMMENTAIRE

L'extraordinaire expansion des multinationales conduit à un glissement prononcé de l'assiette spatiale du système productif. Les firmes étendent leur réseau de filiales, rachètent des entreprises étrangères. Une part de plus en plus grande de leur marché et de leur production se trouve au-delà des frontières. Leurs enseignes flottent sur tous les continents. Mais jusqu'où va la redistribution des cartes ? En étendant leurs affaires, les grandes firmes perdent-elles leurs couleurs nationales ? L'exigence de profit et l'élargissement de l'aire d'intervention aux quatre coins de la planète affaiblissent-ils les liens entre l'entreprise et son pays d'origine ?

« Qui est "nous" ? » Le débat Reich-Tyson aux États-Unis

Dans les années 1950-1960, les entreprises américaines investissent massivement en Europe ; puissantes, appuyées sur une monnaie forte, elles rachètent des entreprises à l'étroit dans leur marché national. Beaucoup d'Européens y voient une invasion. Pour un journaliste français, c'est le « défi américain » qu'il faut relever en bâtissant des entreprises dynamiques à la taille du marché européen pouvant rivaliser avec les concurrents américains. Un même sentiment d'invasion s'est répandu aux États-Unis après 1980 ; les firmes japonaises, favorisées par un yen fort, rachètent les plus beaux fleurons de l'économie américaine : RCA, CBS Records, Columbia Pictures, Firestone, Goodyear, Giant Food, Pillsbury, Bloomingdale's… Faut-il réellement s'en inquiéter ? Les intérêts des Américains coïncident-ils avec ceux des entreprises américaines ?

Deux éminents économistes, Robert Reich et Laura Tyson, membres de l'administration Clinton, conviennent que le temps n'est plus où l'on pouvait dire comme le président de General Motors, « Engine » Charlie Wilson, « ce qui est bon pour General Motors est bon pour les États-Unis ». La loyauté des entreprises à l'endroit de leur pays d'origine est incertaine. La variété de leurs opérations se conjugue mal avec l'intérêt national. Développant une argumentation que nourrit au même moment le Japonais Ohmae, Reich soutient que la question de la nationalité des entreprises est de plus en plus inappropriée, qu'elles tendent à devenir apatrides. Il en conclut qu'il est désormais impossible de parler d'économie nationale. La force économique et le bien-être des Américains dépendent beaucoup moins de la puissance des compagnies américaines que de la vitalité des activités installées sur le sol américain. Il est ainsi aberrant d'attribuer un contrat à John Deere Co. aux dépens de Fujitsu sur la base de nationalité, puisque Fujitsu emploie plus de travailleurs américains que John Deere. De même, le consommateur « patriote » qui croit acheter américain en préférant la Camaro à la Honda fait fausse route puisque la Honda a un plus fort contenu américain que la Camaro. Les Américains, d'ailleurs, achètent de plus en plus d'actions étrangères – quatre fois plus en 1989 qu'en 1984. Les entreprises américaines, dès qu'elles y voient un plus grand profit, n'hésitent pas à transférer leurs usines à l'étranger, suppriment des emplois aux États-Unis (et d'ailleurs Ford n'a-t-il pas produit des camions pour l'Allemagne nazie durant les hostilités ?). Ce qui n'empêche nullement ces mêmes entreprises de réclamer des subsides au gouvernement américain. R. Reich en conclut qu'une véritable politique industrielle américaine résiderait non dans le financement d'illusoires « champions nationaux », mais dans le renforcement de la formation et de la compétence des travailleurs américains. Les entreprises vont et viennent, les travailleurs restent. La richesse des nations désormais, c'est la compétence et la créativité de leurs citoyens.

Laura D'Andrea Tyson juge que l'argumentation de Reich est prématurée : « la propriété américaine importe encore ». Pour elle, l'essentiel de l'activité des entreprises américaines demeure sur le sol américain (78 % des actifs, 70 % des ventes, 74 % de l'emploi en 1988). De plus, les meilleurs emplois y sont localisés (direction, recherche, etc.). Si les compagnies étrangères installées aux États-Unis tendent à s'américaniser, elles ont souvent beaucoup de chemin à faire : beaucoup ne sont encore que des ateliers de montage tributaires des importations (les photocopieuses Ricoh en Californie). Enfin, les États-Unis doivent donner les bons signaux : nombre de gouvernements, non seulement soutiennent leurs nationaux, mais encore multiplient les obstacles à l'entrée des firmes étrangères sur leur territoire La spécificité nationale demeure ; sur le long terme, toutefois, Tyson s'accorde avec Reich : dans un monde de compagnies globales, l'origine nationale perdra son importance.

Les entreprises globales sont encore peu nombreuses

Comment trancher le débat ? Quelques critères simples permettent de mesurer l'attache d'une entreprise à son berceau :
– la localisation du siège social ;
– la localisation des activités clés (recherche-développement) ;
– la localisation de l'emploi ;
– la localisation des actifs ;
– la nationalité « légale » et « fiscale » de l'entreprise.
Une étude menée sur ces différents critères a conclu en 1992 que la compagnie transnationale demeure encore pour l'essentiel « une corporation nationale avec des opérations internationales conduites par ses filiales à l'étranger ». L'indice de transnationalisation est un outil qui permet de cerner la part relative des activités qu'une entreprise mène sur le sol natio-

nal d'une part, à l'étranger d'autre part ; il combine trois mesures simples de répartition portant sur l'emploi, les ventes et les actifs. L'analyse du tableau ci-avant permet de tirer un certain nombre de conclusions ; il est des entreprises qui paraissent véritablement apatrides : plus des neuf dixièmes de leurs activités se font à l'étranger. Ce n'est pas surprenant, ces transnationales émanent de petits pays, au marché étroit, qui ne pouvaient faire leur expansion qu'à l'étranger. C'est le cas notamment des entreprises suisses (Nestlé, ABB..), suédoises (Electrolux), néerlandaises (Unilever), canadiennes (Thompson, Seagram). Des entreprises fortement identifiées à des pays plus peuplés et puissants ont pourtant un indice de transnationalisation très fort : c'est le cas de la firme française Michelin dont près des deux tiers des actifs et des emplois sont à l'étranger.

Il n'y a guère qu'une cinquantaine de firmes qui ont un indice de transnationalisation supérieur à 50 (c'est le score de Carrefour, le géant français de la distribution). Des entreprises de très grande taille, et répandues sur toute la planète, conservent pourtant l'essentiel de leurs activités dans leur pays d'origine. C'est le cas de General Motors et de Toyota, respectivement numéro 4 et 8 dans le monde qui ont des indices de transnationalisation inférieurs à 30.

Sur la base des indices de transnationalisation pour 1999, on peut donc dire qu'il y a peu de firmes véritablement transnationales. Cette appréciation appelle cependant deux nuances : ce sont des firmes très importantes dont le poids dans le monde est considérable ; en outre, le nombre augmente rapidement : seules 42 entreprises avaient un indice de transnationalisation supérieur à 50 en 1994, elles sont 57 en 1999.

Les activités clés sont encore dans le pays d'origine

Les sièges sociaux des entreprises demeurent la plupart du temps dans le pays d'origine, et ce ne sont pas des coquilles vides. Le siège social est le cerveau de la firme. Toutes les décisions stratégiques y sont prises : les grands investissements et désinvestissements, les produits et les marchés à développer ou à abandonner, les entreprises à acquérir et les filiales à vendre, le choix des grands sous-traitants et partenaires. Le siège a la haute main sur ce qui conditionne le futur de l'entreprise : finances (allocation des ressources entre les différentes composantes) et information ; il regroupe aussi les compétences essentielles en matière légale et publicitaire (campagnes mondiales). Les tâches sont déléguées aux sièges « régionaux » et nationaux selon les compétences respectives de ces niveaux décision.

La répartition d'une activité stratégique – la recherche et le développement – fournit des indications convergentes. Ce qu'on désigne sous l'expression R&D recouvre en fait trois niveaux : la recherche fondamentale et son application à la conception de produit/procédé, la recherche de développement du produit/procédé, la recherche d'adaptation du produit/procédé. Globalement, la R&D fondamentale reste concentrée dans le pays d'origine des entreprises, dans de grandes agglomérations proches du siège social : 86 % des dépenses de recherche des entreprises américaines sont faites aux États-Unis ; c'est surtout la recherche d'aval qu'on implante à l'étranger là où l'adaptation au marché est essentielle ; le fondamental reste étonnament concentré dans pays d'origine. Plusieurs entreprises à la recherche de main-d'œuvre hautement qualifiée montent des centres de recherche dans les principaux bassins mondiaux : ainsi Hewlett-Packard exploite les capacités des grandes universités étrangères. Cependant, si la tendance s'affirme, elle reste timide.

Conclusion

L. Tyson décrit une situation encore bien présente, K.Ohmae et R.Reich dépeignent une dynamique montante. À examiner les situations et les comportements réels, on doit conclure qu'il existe encore peu d'entreprises réellement globales. Certaines ont atteint « l'art d'être locales mondialement » : c'est le slogan d'ABB. L'ancien patron de Sony a forgé le terme de glocalisation qui contient toute l'ambition stratégique des plus grandes entreprises : capter tous les potentiels locaux au profit d'une performance globale maximisée. Même les entreprises à fortes attaches nationales s'emploient, par l'internationalisation, à optimiser leurs profits. La loyauté, le pavillon national sont plus présents dans les discours des hommes politiques que dans les pratiques des firmes. Toutefois, Volswagen demeure une entreprise allemande, Renault une entreprise française... Ce n'est pas nécessairement une volonté déterminée, beaucoup plus un héritage : l'entreprise est le produit d'une culture ; elle est dans ses structures, ses traditions ses comportements, ses représentations, ses automatismes, le produit du pays qui l'a engendrée. Lorsque Renault dépêche un de ses dirigeants pour assainir Nissan, il doit, pour ramener l'entreprise à la profitabilité, rompre avec les habitudes, les contrats tacites avec les sous-traitants..., autant de ruptures durement ressenties au Japon qui rendent l'opération périlleuse. L'absorption de Chrysler par Daimler-Benz s'avère problématique pour des raisons identiques.

UN MONDE DOMINÉ PAR LA FINANCE

Les actifs de la CALPERS

Années	Actifs totaux (en milliards de dollars)	Taux de rendement
1985	29	35 %
1990	58	10 %
1995	97	16 %
2000	165	11 %

COMMENTAIRE

Dans une économie mouvante où surgissent innovations et entreprises, les hiérarchies évoluent très vite. En 2000, douze entreprises de la « nouvelle économie » figurent parmi les vingt premières capitalisations boursières à Wall Street. De façon surprenante, dopées par la flambée des cours, des firmes qui n'existaient pas voici vingt ans, absorbent des entreprises qui dominaient leur secteur depuis des décennies. Ainsi America On Line a-t-elle attiré dans ses filets Time-Warner. Qui peut assurer que Yahoo !, Amazone ou AOL seront encore au palmarès dans cinq ans ? Ces turbulences traduisent la mise en place d'une nouvelle mouture de capitalisme avec des acteurs, règles et des horizons différents. Quelle est la logique de ce nouveau capitalisme et qui mène le jeu ?

La mue du capitalisme

À l'époque fordiste, les grandes entreprises sont dirigées par une bureaucratie de gestionnaires. Le pouvoir va au facteur le plus rare qui est alors la connaissance et la capacité de la traiter au profit de la grande entreprise organisée sur le mode divisionnel : ce sont les managers et leurs collaborateurs, la technostructure, qui détiennent ces capacités ; le pouvoir passe donc du capital aux capacités de gestion. Les motivations ne sont pas les mêmes : plus que le profit, c'est la puissance de l'organisation qui importe. Peu préoccupés des intérêts des actionnaires, très autonomes par rapport au conseil d'administration, les managers arbitrent entre l'autofinancement et la distribution de dividendes.

Avec la fin du fordisme et des Trente Glorieuses, le capitalisme managérial ne parvient pas à proposer des solutions à la crise. Un nouveau type de capitalisme se met en place qui correspond à l'évolution profonde du système productif et de la société. La toute-puissance du capital s'installe avec la mondialisation montante. La révolution technologique qui repose sur l'innovation et les *start-up* met de l'avant les valeurs, voire les fantasmes qui les accompagnent : plus-value, introduction en Bourse, réussite rapide. Le vieillissement de la population suscite la préoccupation de l'épargne et de sa valorisation. L'actionnariat se répand dans les couches moyennes mais évolue surtout avec l'intervention de groupes puissants qui font sentir leur poids. L'apparition d'actionnaires d'un type nouveau change la donne. La CALPERS (California Public Employees Retirement System), l'un de ces nouveaux acteurs, est le fonds de pension des employés de l'État, des districts scolaires et des agences locales de Californie ; il gère l'argent capitalisé par les travailleurs pour leur retraite ; la CALPERS gère le patrimoine de 350 000 retraités et 850 000 actifs, qui est considérable : 165 milliards de dollars en 2000. On parle aujourd'hui de capitalisme patrimonial, voire rentier. Car la CALPERS n'est que l'un de ces nouveaux investisseurs : en 2000, on estime que 1 000 fonds américains représentent 4 800 milliards de dollars. Pour l'ensemble de l'OCDE, c'est plus de 15 000 milliards de dollars que capitalisent ces fonds : grosso modo, 15 fois le PIB de la France.

Les nouveaux maîtres du monde

Entre 1981 et 1995, la capitalisation des fonds de pension aux États-Unis est passée de 1000 à 5000 milliards de dollars, celle des fonds mutuels de 120 millions à deux milliards ; en comparaison, celle des assurances (de 0,6 à 1,8 milliard) et des banques (de 0,4 à 1,2 milliard) évolue à un rythme plus modeste. Les investisseurs institutionnels ne se repartissent pas de façon aléatoire (50 % aux États-Unis, 17 % au Japon et 25 % dans l'Union européenne). Leur poids et leur souci de profit les amènent à intervenir directement dans la gestion des groupes industriels, la « corporate governance ».

Tous les investisseurs institutionnels n'ont pas le même comportement. Fonds de retraite, la CALPERS est gérée avec prudence (un quart en placements fixes, trois cinquièmes en actions et obligations dont 30 % à l'étranger) ; c'est aussi l'attitude des investisseurs institutionnels comme les sociétés d'assurances ; les fonds mutuels peuvent être plus spéculatifs ; les *hedge funds* (fonds de performance) comme le Quantum Funds de G. Soros, sont franchement agressifs. Mais tous ces fonds ont en commun de détenir de gros paquets d'actions des entreprises, de peser lourd au conseil d'administration, et d'exiger des résultats. Le rendement de 15 % sur fonds propres est devenu la norme tyrannique qui pèse sur le gestionnaire. J.-M. Messier, le flamboyant P.D.G. de Vivendi sait que le marché est son juge ; faute de présenter la performance désirée, le conseil d'administration lui montrera la porte comme en ont fait l'expérience les dirigeants de G.M., de Kodak... C'est pour « créer de la valeur » (c'est-à-dire des dividendes pour les actionnaires : 2 milliards en 2002) que Marks and Spencers a fermé ses magasins étrangers et licencié 4 000 employés. Autre témoin de la puissance des fonds : c'est l'intervention décisive de J. Hille, gestionnaire du fonds de retraite des enseignants du Texas, qui a arbitré la concentration du secteur bancaire français ; avec ses 250 000 titres de

Paribas, il a permis à la BNP de l'emporter sur la Société générale. Le capitalisme patrimonial est un puissant adjuvant de la concentration.

Conclusion : l'illusion d'un capitalisme démocratique et transparent

La domination de la sphère financière a une apparence : la large diffusion des actions, obligations... dans le public : aux États-Unis, 45 % des ménages ont des actions, 60 millions de salariés ont des fonds de retraite. Elle a une réalité : la concentration du pouvoir dans « la fraction haute du capitalisme [que représentent] les actionnaires de contrôle des grandes entreprises, les institutions et fonds du placement, les grandes sociétés de courtage et d'audit financier, et quelques paradis fiscaux » (J. Gadrey). La formidable exigence de performance qui caractérise le capitalisme patrimonial conduit certains dirigeants à des pratiques douteuses – malversations et faillite d'Enron, truquage des bilans de Worldcom – qui fragilisent l'ensemble du système.

LA FRÉNÉSIE DES FUSIONS-ACQUISITIONS

Doc. 1 – **Les fusions-acqiositions internationales d'entreprises de 1987 à 2000**

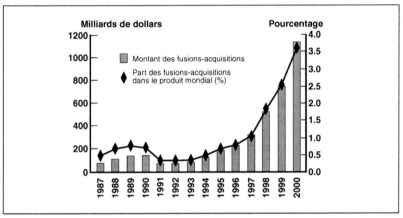

Source : CNUCED.

Doc. 2 – **L'empire AOL–Time Warner**

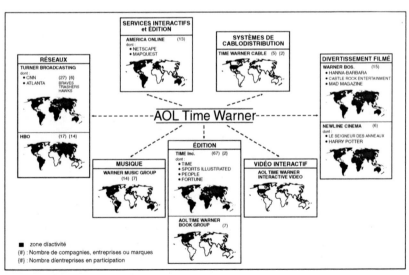

Source : www.aoltimewarner.com.

COMMENTAIRE

La concentration technique et financière accompagne le déploiement du capitalisme dans ses mues successives. Ce n'est pas un mouvement linéaire ; la constitution de grandes unités de gestion et de production connaît des phases d'accélération entrecoupées de phases de ralentissement : les inconvénients de la grande taille apparaissent : inertie, moindre innovation... ; on redécouvre que *small is beautiful*, comme au cours des années 1980. La dernière décennie du vingtième siècle a connu un mouvement sans précédent de fusions-acquisitions avec la constitution de puissants oligopoles mondiaux.

Un formidable mouvement de concentration

Contemporaine de la première vague de mondialisation (1880-1914), une première vague de concentrations industrielles et financières a déferlé sur le monde. Pour l'essentiel cependant, elles se produisaient dans le cadre national : on peut évoquer la gigantesque fusion qui aboutit en 1903 à la constitution de US Steel, géant américain de la sidérurgie bâti par Andrew Carnegie et Pierpont Morgan. Le vaste marché américain autorise les économies d'échelle que mobilisent les grandes unités de production. Une seconde vague de fusions est intervenue au cours des années 1920 dans les secteurs de la banque, l'électricité, la chimie, l'agro-alimentaire. Les années 1960-70 correspondent à l'édification d'immenses conglomérats comme ITT qui rassemble sous sa coupe les actifs les plus variés : mines et fonderies de cuivre, matériel de télécommunications, chaînes hôtelières, location de voiture... Il s'agit alors d'étendre à un vaste domaine un modèle de gestion (la structure divisionnelle) jugé scientifique et efficace. En fait, l'insuffisance des capacités de gestion par rapport à l'ampleur et à la variété des secteurs couverts, engendrera de telles déconvenues que l'on répudiera le modèle du conglomérat. Dans les années 1990, une nouvelle vague de fusions-acquisitions déferle et s'accélère à la fin de la décennie : en 1999, le montant des transactions s'élève à 3 900 milliards de dollars, dont 1 200 milliards pour les seules transactions internationales.

D'abord anglo-saxonnes, les grandes fusions aux États-Unis se poursuivent : de la restructuration du secteur militaire (achat de Lockheed et Loral par Martin-Marietta, de Hughes par Raytheon, de Westinghouse-défense par Northrop-Grumman) à celui des ordinateurs (Hewlett-Packard et Compaq). En 1999, les fusions-acquisitions en Europe se sont élevées à 1 200 milliards de dollars. La majorité est entre entreprises de même nationalité, le quart des cibles étant européennes et l'autre quart dans le reste du monde. La stratégie européenne est une exploitation naturelle du marché unique (économies d'échelle, rationalisation). Depuis 1998, le mouvement d'internationalisation s'est accéléré avec de très grosses opérations (Daimler-Benz et Chrysler), signe évident de mondialisation.

Les mouvements de fusions-acquisitions ont évidemment profité des progrès des télécommunications qui permettent une gestion à l'échelle de la planète. La libéralisation croissante, la déréglementation et notamment la privatisation des entreprises nationalisées, des services publics comme la téléphonie, ont ouvert de nouveaux champs de convoitise. Les innovations de la « nouvelle économie » en ont créé d'autres : à l'ère du téléphone cellulaire, Vodafone rachète Mannesmann, France-Telecom rachète Orange. Il apparaît clairement que les fusions-acquisitions se produisent en périodes de bouleversements structurels, quand on porte un nouveau regard sur la dynamique et les perspectives des divers secteurs économiques, et sur l'efficacité des modèles de gestion.

Un cas exemplaire : AOL-Time-Warner

Le 10 janvier 2000, Time-Warner, numéro un mondial de la communication, et America On Line (AOL), premier fournisseur d'accès Internet, ont annoncé leur fusion par échange d'actions : c'est à ce moment la plus grosse transaction de l'histoire boursière (280 milliards de dollars). Le nouveau groupe, avec un chiffre d'affaires de 38,2 milliards de dollars, se définit comme la première entreprise de presse et de communication au monde pour le siècle de l'Internet : c'est le résultat d'un mouvement de convergence entre des activités, des supports et des réseaux complémentaires assurant une couverture du marché à l'échelle du monde. Le groupe Time-Warner procédait lui-même d'une logique de convergence ; Warner, le géant du cinéma avec ses studios de Burbanks, son catalogue de 6 000 films et 14 000 dessins animés (Bugs Bunny...), son édition musicale (un portefeuille de 1 000 artistes comme Eric Clapton) avait fusionné avec le géant Time (magazines Time, People, Fortune... 120 millions de lecteurs) ; en s'associant avec Ted Turner, fondateur de CNN, fort de 150 millions d'abonnés dans le monde, de la première société de télévision à péage et d'équipes de sport professionnel pourvoyeuses de spectacles (les Braves d'Atlanta...), Time-Warner s'était assuré la maîtrise des contenus et des réseaux de diffusion (câble). L'apport d'AOL-Compuserve, ce sont les réseaux interactifs, le navigateur Netscape et 22 millions de clients Internet que l'on pourra désormais rejoindre à haut débit par le câble et alimenter en contenus multiples. Il est symptomatique de l'esprit du temps que la société la plus récente – AOL créée en 1985 – absorbe le groupe héritier d'un siècle de création de substance grâce à une capitalisation boursière bien supérieure (164 milliards de dollars contre 97) : c'est le triomphe, au moins apparent et momentané, de la Nouvelle économie et l'affirmation de la suprématie d'Internet.

Les fusions : la variété des objectifs

La stratégie de la convergence caractérise également de nombreux cas de fusions intervenues récemment. La fusion entre Citicorp et Travelers en 1998 (transaction de 83 milliards de dollars) a créé le premier groupe financier universel. L'assureur Travelers (20 millions de clients), contrôlant déjà les banques d'affaires Smith and Barney et Salomon Brothers, s'associe à une banque commerciale (100 millions de clients, 3 200 guichets dans 98 pays ; premier émetteur de cartes de crédit). Ce modèle d'entreprise financière avait déjà existé à une échelle plus modeste aux

États-Unis : après la crise de 1929, le législateur avait interdit la création de ces conglomérats financiers associant le dépôt, la distribution du crédit, l'actionnariat industriel et l'intermédiation boursière). Les nouveaux mots d'ordre (flexibilité, interdépendance des activités et les marchés) ont amené le législateur à autoriser ces fournisseurs de services, produits et conseils financiers à l'échelle de la planète.

D'autres fusions répondent à des objectifs de diversification pouvant aller dans certains cas jusqu'à un changement radical d'orientation : ce fut le cas de Vivendi. À l'origine vaste entreprise de distribution des eaux et de traitement des déchets, la Compagnie Générale des Eaux s'est transformée en une gigantesque centrale de production multimédia. Contrôlant déjà la plus grande société européenne de télé payante (Canal +), le groupe de télécommunications Cegetel, le conglomérat Havas (presse, édition scolaire), Vivendi a acquis sa stature actuelle par l'acquisition du groupe canadien de spiritueux Seagram, propriétaire de Universal Films et Universal Music. Le portail Vizzavi a pour ambition d'offrir à 100 millions de clients sport, musique, film, information, éducation, etc.

L'autre stratégie dominante est plus classique : elle relève de la concentration horizontale ; elle prévaut dans le secteur automobile avec, par exemple, la prise de contrôle de Chrysler (120 000 employés) par Daimler-Benz (300 000 emplois). L'augmentation de la puissance du groupe s'agrémente d'une complémentarité de gammes (berlines de luxe d'un côté, voitures populaires et monospaces de l'autre) et d'une couverture spatiale accrue : Europe et Amérique, mais aussi Asie grâce aux participations et accords avec Mitsubishi et Huyndai. Il en va de même pour l'aéronautique où le marché mondial des gros porteurs ne met plus en concurrence qu'Airbus et Boeing. La croissance de Boeing s'est accompagnée de fusions et d'acquisitions dont la plus récente est celle de l'avionneur McDonnel Douglas. MDD qui avait perdu la bataille des gros porteurs et a été victime de la baisse des commandes du Pentagone après 1990 ; la rationalisation s'imposait avec la fermeture d'usines (perte de 15 000 emplois) mais augmentation des revenus (de 35 à 58 milliards de dollars) : suppression des dédoublements, économies d'échelle, baisse des coûts.

Beaucoup d'acquisitions sont conduites dans le souci de s'approprier des *start-up* (stratégie d'Alcatel et de Siemens aux États-Unis, tout comme Cisco). Enfin, créer de la valeur pour l'actionnaire est un motif toujours présent derrière les fusions. Il arrive que ce soit le seul. Ainsi la vieille Chase Manhatan Bank qui s'était associée autrefois aux Rockefeller est passée de 48 000 à 33 000 emplois en dix ans lorsque son principal actionnaire lui a enjoint d'élever le cours de son action, et a fini par la céder à Chemical Co pour dix milliards de dollars.

Les fusions : des opérations aléatoires

Le succès n'est pas garanti, ni les gains assurés. Un audit récent montre que la moitié des fusions-acquisitions se sont traduites par des pertes boursières et un tiers n'ont rien changé. La prise en main de Nissan par Renault a produit en deux ans un redressement spectaculaire de la société japonaise qui produit moins de voitures mais dégage des profits. D'autres opérations sont si catastrophiques qu'il faut revenir en arrière. Même l'action de Daimler-Chrysler qui avait atteint 125 dollars après la fusion est tombée à 63 en 2000 ; celle de Boeing a d'abord chuté avant de retrouver le niveau antérieur à la fusion. Le cours de l'action de Vivendi a fléchi au cours de l'année 2002 tombant de 60 euros en janvier à 24 en mai et 18 en juin, fragilisant le PDG de l'entreprise et le conduisant à la démission en juillet. Il y a, à ces mécomptes, des causes multiples :

– l'endettement est souvent la première conséquence de l'acquisition et le service de la dette (elle est de 30 milliards d'euros pour Vivendi) gruge les profits et les marges de manœuvre ;

– les coûts d'acquisition sont souvent trop élevés, parce qu'on les a fixés non en vertu de la valeur réelle des actifs comme naguère, mais en rapport à des profits anticipés qui ne se sont pas matérialisés ;

– les synergies sont moins importantes que prévu ;

– les « cultures » d'entreprises sont très différentes : ainsi se concilient mal dans le nécessaire ajustement des pratiques, les cultures Daimler et Chrysler, le pragmatisme américain et la rigueur allemande.

Conclusion

Les fusions-acquisitions dont l'ampleur actuelle illustre les progrès de la globalisation sont souvent douloureuses, que ce soit destruction créatrice ou simple dégraissage. Elles influent sur les modèles nationaux de capitalisme confrontés à d'autres pratiques, d'autres valeurs : le capitalisme rhénan est ainsi remis en question ; des modes de « gestion multiculturelle » apparaissent. La création de ces oligopoles mondiaux pose aussi le problème de la concurrence : six groupes automobiles font près des trois quarts de la production mondiale ; on peut craindre les effets, pour les consommateurs, d'une concurrence diminuée. C'est dans cet esprit que la Commission européenne a refusé les fusions Péchiney-Alcan-Alusuisse, Volvo-Scania, World. Com-Sprint. Verra-t-on, à terme, une agence mondiale de régulation ?

DIASPORAS ET POPULATIONS TRANSNATIONALES : L'EXEMPLE DE LA DIASPORA CHINOISE

Doc. 1 – **La diaspora chinoise**

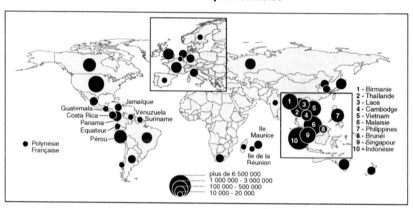

Doc. 2 – *Chinatowns* dans le monde

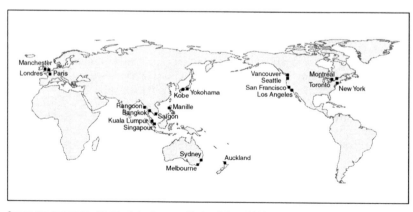

Source des documents : Ma Mung, *La diaspora chinoise*, Ophrys, 2000.

157

L'emploi du mot « diaspora » s'est aujourd'hui banalisé : on l'étend à toute communauté ethnique et/ou religieuse qui se répand hors du territoire d'origine ; en toute rigueur, il faudrait, comme le souhaite Y. Lacoste dans un numéro d'*Hérodote* (1989) consacré à la géopolitique des diasporas, en réserver l'usage aux groupes dont plus de la moitié vit loin du pays d'origine ; Y. Lacoste souligne que les 30 millions de Chinois expatriés pèsent bien peu à côté des 1 200 millions qui peuplent la Chine. Vrai ; mais c'est aussi beaucoup de Chinois dans le monde, dont l'impact est incontournable et dont l'histoire et la géographie sont fort instructives pour la compréhension de la mondialisation (Ma Mung, 1998).

La diaspora chinoise : une migration ancienne

Les marchands chinois étaient déjà dans l'Océan indien et aux Philippines au XVe siècle, échangeant le riz et les tissus pour le poivre et la muscade. Mais la migration proprement dite prend de l'ampleur avec la demande de travail, notamment en Amérique du Nord après la fin de l'esclavage, pour les mines, la construction des chemins de fer, et dans les plantations du Sud-est asiatique. L'incitation est d'autant plus grande que les seigneurs de la guerre mettent la Chine en coupe réglée : plus de 5 millions de Chinois partent ainsi avant la première guerre mondiale. Par la suite, des lois d'exclusion leur ferment les portes et c'est vers l'Asie que se dirigent les mouvements ; il faut attendre les années 1960 pour que le Canada (1962), les États-Unis (1965) et l'Australie (1973) mettent fin à leur politique d'immigration blanche, tandis que l'Europe elle-même s'ouvre largement jusqu'à la crise de 1973.

Des pôles multiples

La grande majorité, soit 26 millions des 30 millions de Chinois expatriés, est implantée en Asie ; c'est en Indonésie qu'on retrouve le plus fort contingent (7,5 millions), à peine moins en Thaïlande (6,5 millions) et en Malaisie (5,5 millions soit plus du tiers de la population). Singapour est une forteresse chinoise (76 % des 2,8 millions d'habitants) où le mandarin et les valeurs confucéennes sont célébrés. Les Hoa sont installés depuis longtemps au Vietnam, notamment à Cholon où l'arrivée des communistes a entraîné des nombreux départs et une baisse d'influence. C'est surtout en Europe, en France notamment, que se sont fixés les exilés d'Indochine, renforçant considérablement les contingents anciens (3 000 en 1936 ; 300 000 aujourd'hui). Les pays d'Europe sont une destination fréquente depuis trente ans ; mais les Chinois ont retrouvé le chemin de l'Australie, et de l'Amérique du Nord. Au Canada où les premiers immigrants étaient venus extraire l'or de la Fraser (1858), c'est surtout après 1980 et les lois favorisant les investisseurs que sont arrivés de Hong Kong, de Canton... des flots de Chinois gonflant les Chinatowns de Vancouver, Toronto et Montréal. De 1981 à 1991, le nombre de Chinois double (300 000 à 600 000), car aux investisseurs s'ajoutent les nombreux travailleurs souvent clandestins qui triment dans les arrière-boutiques. Quant aux États-

Unis, ils ont toujours été depuis 1848, la « Montagne d'or ». Si les bandes dessinées ont popularisé la silhouette du cuisinier chinois dans les coins les plus reculés du Far West, l'immigration chinoise se fixe surtout dans les grandes villes. Le célèbre modèle de la ville lancé par l'École de Chicago dans les années 1920 comprend, à côté des autres enclaves ethniques (Little Italy) une *chinatown*. Les *chinatowns*, dont les plus vastes et célèbres, à New York, San Francisco, ont servi maintes fois de cadre aux films américains, sont les enclaves les plus typiques par leur architecture et leur décoration. Ce sont aussi celles qui ont été les plus stables, même si la spéculation immobilière dans les zones centrales des villes les a souvent entamées. Depuis deux décennies, les Chinois les plus riches participent au mouvement de suburbanisation : des quartiers résidentiels chinois bourgeonnent dans les banlieues de Vancouver et de Montréal.

Diversité des individus et puissance de l'identité

Que la migration embrasse une grande variété de catégories sociales – du riche homme d'affaires à l'humble laveur de vaisselle – est précisément une des caractéristiques des diasporas. L'hétérogénéité est accrue par la multiplicité des origines géographiques et des strates temporelles ; ainsi à Vancouver, on trouve des Chinois issus de la Chine populaire, d'autres venus des différentes contrées d'Asie du Sud-Est qui s'ajoutent aux descendants d'immigrés anciens dont certains sont métissés. Les grandes régions de départ sont le Fujian (d'où proviennent de nombreux clandestins au prix de leur pécule donné à des passeurs), le Zhejiang, le Guandong, Haïnan, etc.Selon la région d'origine, le dialecte, la période d'immigration, on a tenté des classifications. Ainsi, Wang Gungwer (cité par Ma Mung) distingue :

– les Huashang, commerçants et artisans immigrés qui ont fait venir leur famille,
– les Huagong, descendants des coolies,
– les Huaqiao, chinois à forte allégeance nationaliste,
– les Huayi, descendants de plusieurs générations…

Aujourd'hui, la venue d'étudiants, de cadres d'entreprises, etc. ajoute à la complexité. Mais cette grande variété est transcendée par la force de l'identité, de nature évidemment ethnique, la fidélité aux origines, la vigoureuse conscience identitaire.

Réseaux et pôles diasporiques

Les différents pôles sont unis par de multiples liens familiaux, économiques et migratoires sous-tendus par de riches réseaux d'informations. Les liens sont d'autant plus étroits et nombreux que la migration chinoise s'appuie sur des filières efficaces qui construisent des réseaux puissants et durables. Ainsi le réseau des Quingtian : de cette ville du Zhejiang, les marchands et colporteurs se sont répandus dans le monde au XIXe siècle ; ce sont eux qui guident la venue en Europe de plus de 10 000 migrants entre 1919 et 1939 ; ils sont présents aujourd'hui dans plus de cinquante pays !

L'économie des diasporas fonctionne d'abord sur une base communautaire livrant produits et services dont la communauté a besoin (de l'alimentation aux services funéraires), utilisant les compétences des multiples entreprises (services légaux, bancaires, approvisionnement, sous-traitance, etc.) et d'une main-d'œuvre (légale et clandestine) d'une grande flexibilité ; les liens de confiance, la proximité culturelle, la langue, la solidarité contribuent puissamment à l'élargissement de la base communautaire et à l'exploitation du marché du pays d'accueil. Les rayons d'un supermarché chinois à Paris renseignent sur la multiplicité des liens et le fonctionnement des réseaux à l'échelle mondiale ; on y trouve des produits chinois de Chine, de Californie, de Singapour, etc. La maroquinerie chinoise de Florence approvisionne tous les maroquiniers chinois d'Europe et de nombreuses *chinatowns* d'Amérique du Nord. Entre les multiples pôles circulent de façon incessante marchandises, informations, personnes en quête de travail, d'occasions d'investir.

La transnationalisation des populations ?

Avant 1850, à l'exception de certains groupes marqués de quelque macule (les serfs, les Juifs des ghettos, etc.), les gens circulaient à peu près sans entraves, en Europe en particulier. La montée des États-nations s'est accompagnée d'une fermeture des frontières ; la logique des États l'a emporté sur la liberté des individus, les droits de l'homme. La prérogative des États est pratiquement absolue ; nul État n'est tenu d'accepter des étrangers sur son sol – à l'exception des réfugiés dont la Convention de Genève interdit le renvoi dès qu'ils peuvent être persécutés dans leur pays d'origine. Il est clair que la libre circulation des marchandises et des capitaux progresse beaucoup plus vite que la libre circulation des personnes. Seule des unions régionales, l'Union européenne en a fait un objectif dès le Traité de Rome. Alors que se consolide la structure des compagnies transnationales, l'apatride fait figure d'oiseau rare. Mais précisément l'ampleur des migrations internationales et leur probable intensification ne préfigurent-elles pas à la transnationalisation du monde ? C'est ce que laissent entendre les théoriciens qui, comme B.Badie, voient dans les migrations une revanche de l'individu sur l'État, et une « individualisation » du monde. « La mobilité transfrontalière, dès qu'elle obéit à des solidarités transnationales, affaiblit aussi bien l'efficacité que la crédibilité des États ». Les échanges de toutes sortes entre les populations émigrées et leur pays d'origine échappent au contrôle des États. On estime que sur le continent africain plus de la moitié des échanges sont liés à la mobilité des gens, évident empiétement sur la politique commerciale et sur la fiscalité des États et que l'on peut interpréter comme un colmatage des défaillances du marché. Les diasporas se préoccupent fortement du destin géopolitique de leur communauté d'origine et pèsent sur le choix politique du pays d'accueil. Les Irlandais ont longtemps contrôlé Tammany Hall ; les Républicains et les Démocrates courtisent assidûment la communauté juive et l'on sait le poids de l'électorat hispanique en Californie. Diverses agences et fondations israéliennes organisent des levées de fonds régulières aux

États-Unis. Les mouvements politiques tentent de mobiliser les groupes d'expatriés : ainsi les luttes entre le FLN et le MNA pour le contrôle des Algériens de France durant la guerre d'Algérie et plus récemment l'activité des réseaux du Front islamique du salut. Les États eux-mêmes se soucient de ces communautés lointaines : Chine populaire et Taiwan se sont longtemps disputé le contrôle des Chinois d'outre-mer.

Ces diverses formes d'allégeances consenties, parfois subies, à la terre d'origine posent le problème de la légitimité et de l'utilité sociale des populations diasporiques dans le pays d'accueil, avec plus ou moins d'acuité suivant que celui-ci favorise le multiculturalisme ou s'inscrit dans une forte tradition intégratrice. Le fondement de l'identité dans la généalogie, la mémoire, l'ethnie est mal comprise par les nationaux pour qui elle s'enracine dans le territoire et le civisme. Ma Mung montre que le « nous » des Chinois de la diaspora… qui se constituent une mémoire – histoire commune aux différents éléments de la diaspora – est un nous « territorialement éclaté et localement ancré ». L'identité est construite par intériorisation des valeurs originelles entretenues par les multiples liens et flux – de familles, d'affaires, d'idées…– entre les nombreux pôles de la diaspora. La dimension d'extraterritorialité des implantations chinoises à l'étranger tend à rejoindre celle des entreprises constituées par la diaspora sous des noms bien significatifs – Overseas Chinese Commercial Bank, Overseas Trust Bank – qui témoignent de sa vitalité.

LES MAQUILADORAS

Doc. 1 – Les maquiladoras

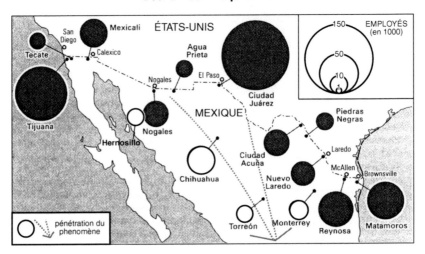

Doc. 2 – Les exportations de Tijuana et Ciuadad Juarez

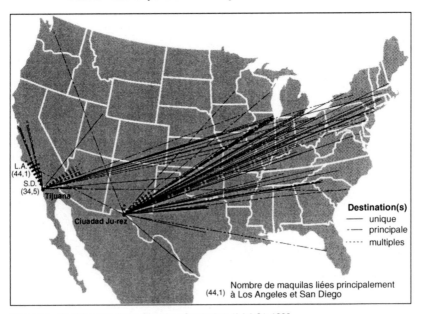

Source : Annals of the Association of American Geographers (A.A.A.G.), 1990.

COMMENTAIRE

La globalisation de l'industrie met en œuvre des processus complexes ; elle repose en partie sur la Nouvelle division internationale du travail (NDIT) qui met à contribution la formidable « armée de réserve » des travailleurs du tiers-monde ; la baisse rapide des coûts et temps de transport permet de mobiliser pour des salaires dérisoires ces travailleurs sans qualifications. La production prend souvent place dans des zones franches, zones de dérogation comportant notamment des privilèges douaniers, fiscaux etc. Un cas particulier de ces zones franches est constitué par les *maquiladoras* mexicaines. Leur prolifération sur la frontière américano-mexicaine engendre un corridor industriel et urbain en pleine croissance qui doit cependant faire face aux épineux problèmes de cette forme particulière de développement dont les documents 1 et 2 permettent de décoder la dynamique.

Genèse des maquiladoras

Leur origine coïncide avec l'adoption en 1965, par le gouvernement mexicain, du Plan de développement du Nord. Initialement centré sur la stimulation du tourisme, il s'est vite transformé en un plan de développement industriel de la frontière. La rapide croissance de la population mexicaine – multipliée par quatre en 60 ans – s'accompagnait d'une concentration excessive dans la partie centrale du pays, notamment autour de Mexico. La zone septentrionale était particulièrement démunie, et la frontière source d'un vieux contentieux avec les États-Unis. Depuis des décennies, les Mexicains, en quête d'un meilleur sort, franchissaient illégalement la frontière (souvent à la nage, d'où leur nom de *wetbacks*) et rejoignaient les travailleurs saisonniers recrutés à des bas prix par les grands producteurs agricoles américains. L'idée, pour retenir cette population, était de lui donner des moyens d'existence et d'amorcer le développement du pays, d'offrir aux entreprises américaines des privilèges alléchants, et particulièrement l'exemption de droits de douane sur les machines, matières premières et demi-produits importés pour la fabrication de produits destinés à l'exportation.

Le Congrès américain vota une loi permettant de taxer sur la seule valeur ajoutée les marchandises ainsi réimportées aux États-Unis. Dès lors, l'affaire était intéressante pour les entreprises américaines qui pouvaient bénéficier d'une main d'œuvre huit à dix fois moins chère qu'aux États-Unis. Sans doute, comme le dit un dirigeant de la firme Samsung, la productivité est alors moins élevée que dans les zones franches asiatiques, mais la différence est plus que compensée par la proximité du Mexique. Le document 2 montre l'intensité des relations d'une courte section de la zone frontière – celle de Tijuana et Ciudad Juarez – avec le Manufacturing Belt américain ; les relations qui revêtent deux formes principales :

– la délocalisation pure et simple : ainsi la firme Trico qui pendant cinquante ans avait fabriqué les essuie-glaces pour GM et Ford à Buffalo s'est déplacée à Nogalès ;

– la séparation géographique des opérations en fonction du niveau de qualification : l'assemblage est fait dans l'usine mexicaine.

Le schéma se complique lorsque l'entreprise américaine trouve profit à s'installer sur le côté américain de la frontière pour y localiser les opérations de contrôle, de gestion et de finition ; se développent alors des doublets de villes : Matamoros-Brownsville, Ciudad Juarez-El Paso, Nuevo Laredo-Laredo, Mexicali-Calexico, tandis que Tijuana et San Diego constituent une vaste zone urbaine.

La comparaison entre les zones de Tijuana et Ciudad Juarez est fort instructive ; le développement des *maquiladoras* de Tijuana est essentiellement lié au Sunbelt, la Californie d'abord, l'Arizona en second lieu. Le fonctionnement est différent à Ciudad Juarez (et c'est encore plus accentué en allant vers l'est, jusqu'à Matamoros) : les liens existent avec les États frontaliers, mais le gros des exportations se dirige vers les États du Midwest et du Nord-Est : un indice très convaincant de la réingénierie du Manufacturing Belt et du rôle qu'y joue la nouvelle DIT.

La structure industrielle privilégie naturellement les branches où la part des tâches non qualifiées prédomine : le textile et le vêtement, l'électronique grand public, l'assemblage de composants, les pièces simples d'automobile. Près du cinquième de la production mondiale de téléviseurs y est concentré : Thomson Consumer Electronics emploie 8 000 personnes dans cinq usines. Les syndicats américains se sont naturellement mobilisés contre les délocalisations et une pièce importante de la plateforme politique de Ross Perot, candidat à deux reprises à l'élection présidentielle, était de les contrôler sinon de les éliminer.

Une formidable croissance

Tous les indicateurs montrent qu'après des débuts chaotiques, le programme des *maquiladoras* s'est traduit par un succès indéniable, au moins sur le plan quantitatif :

– la croissance démographique de la zone frontière est alimentée par les flux migratoires très nourris : la moitié des flux mexicains y convergent. La population est passée de 400 000 à quatre millions en un demi-siècle. Si les clandestins franchissent encore nombreux la frontière américaine (au moins 300 000 par an), un grand nombre de gens viennent s'y établir sans projet de la traverser.

– la croissance de l'emploi, malgré le ralentissement récent, a été de 150 % en dix ans ; et le nombre d'emplois s'élève en 2002 à 1,2 million.

– ce sont les villes qui attirent et retiennent les flux de migrants à 88 %. La population de Tijuana a doublé en 12 ans.

Un mal développement ?

Même le très libéral magazine britannique *The Economist* en convient : derrière les chiffres de la croissance, il y a beaucoup de dysfonctionnements et bien des « histoires d'horreur ».

– Il s'agit d'une croissance dépendante et extravertie qui fragilise la région. Le ralentissement de l'économie américaine en 2001 s'est immédiatement traduit par des fermetures et des mises à pied. Plus de 98 % des intrants de la production sont importés, et les retombées locales, au-delà des salaires distribués, ne sont guère perceptibles, notamment en termes d'apprentissage, de retombées technologiques, d'effets d'imitation...

– Les investisseurs étrangers n'ont aucun intérêt au développement des infrastructures, et moins encore aux progrès de l'éducation, des compétences locales.

– Les services ne suivent pas : à Tijuana, la situation est d'autant plus tendue, qu'outre les travailleurs locaux, il faut faire face aux besoins des 80 000 résidants qui travaillent de l'autre côté de la frontière. Les problèmes sociaux sont particulièrement aigus : ce sont majoritairement des femmes qui sont employées dans les usines, or il n'y a que dix garderies à Ciudad Juarez.

– La question de l'eau est lancinante : les habitants attendent l'eau courante de plus en plus longtemps. L'approvisionnement est problématique : elle vient du Colorado et du Rio Grande (où les prélèvements sont réglés par un arrangement bi-national) qui ne suffisent plus à la demande ; on estime que la nappe aquifère sous Ciudad Juarez ne durera pas vingt ans.

– Les déchets s'entassent (et notamment les déchets toxiques, alors que le Mexique n'a qu'une seule usine de traitement) et toutes les formes de pollution prolifèrent.

– La criminalité, très liée au trafic de drogue (l'héroïne est aisément accessible et relativement bon marché) progresse : ainsi en 2000 il y a eu 183 meurtres à Ciudad Juarez contre seulement 9 du côté américain à El Paso.

– Les collaborations transfrontalières sont difficiles : on s'y emploie mais les difficultés sont innombrables ; les pompiers d'El Paso vont aider ceux de Ciuad Juarez à leurs risques, car ils ne sont plus assurés en franchissant la frontière. Les nouveaux organismes conjoints qui se constituent n'aboutissent pas toujours. La Border Coopération Commission et la North American Bank ont prêté 300 millions de dollars pour améliorer les aqueducs et les égouts ; pourtant San Diego et Tijuana n'arrivent pas à s'entendre sur un aqueduc commun.

En outre, il est vrai que les villes frontalières qui dépendent moins des *maquiladoras* (Nuevo Laredo, par exemple, liée aux services de camionnage) se sont développées moins vite mais aussi plus harmonieusement, avec moins de problèmes. Il est vrai aussi que la dévaluation du peso a érodé une bonne partie des gains en pouvoir d'achat. Mais de gros progrès ont été enregistrés en matière de logements à coût modique, de traitement des déchets. Et l'emploi est apprécié dans un pays où il manquait cruellement.

ALENA : la fin des maquiladoras ?

L'investissement américain au Mexique ne s'est jamais cantonné dans les *maquiladoras* : ainsi Motorola de Phoenix a installé une usine d'assemblage de composants électroniques à Guadalajara voici vingt-cinq ans. L'application des clauses de l'ALENA va mettre fin aux privilèges fiscaux et douaniers des *maquiladoras* entre 2002 et 2004. Les entreprises étrangères, et notamment américaines, peuvent dès lors trouver avantage à exploiter les ressources en main d'œuvre dans les milieux urbains consolidés où les services, le logement, etc. sont moins problématiques et où il est possible, grâce aux écoles et universités d'avoir accès à une main d'œuvre mieux formée. Le document 1 indique que la tendance favorise maintenant ces villes éloignées de la frontière comme Monterey, Hermosillo, Torreon... La logique de l'ALENA – dont l'originalité est d'associer deux pays développés et un pays en développement – est d'exploiter le marché et le bassin de main d'œuvre mexicains dans leur totalité. La division des tâches est clairement illustrée par la localisation des usines d'automobiles. Les voitures de bas de gamme et de petite cylindrée sont dévolues au Mexique. Ainsi Ford y assemble l'Escort et la Tracer, tandis que le Marquis est produite au Canada, la luxueuse Lincoln et la sportive Mustang au Michigan.

Les grands constructeurs américains avaient d'ailleurs anticipé l'ouverture en implantant des usines de montage dans les principales villes mexicaines, et non sur la frontière. Nulle surprise à ce que les Trois Grands aient été parmi les plus actifs des partisans de l'ALENA. Les constructeurs des autres pays ont suivi pour bénéficier du grand marché en respectant la règle du minimum de contenu local (62,5 %). La flèche du document 2 indique la pénétration vers le sud du mouvement d'industrialisation qui contribue à transformer l'économie mexicaine.

Conclusion

Le développement des *maquiladoras* a constitué un moment fort de l'implantation du capital américain au Mexique. Malgré le caractère dépendant et chaotique d'un développement tronqué, l'essor du corridor industriel et urbain de Matamoros à Tijuana a été une importante étape de transition avant l'ouverture de l'ALENA. S'il est possible que la perte des privilèges douaniers et de la concurrence chinoise suscitent un ralentissement de son expansion, le corridor a acquis une personnalité faite de fusion culturelle (en musique par exemple, mélange du *norteno* et du *techno*) et de contacts multiples entre familles et collectivités de part et d'autre d'une frontière qui est devenue autant un lien qu'une séparation.

GÉOGRAPHIE DES INÉGALITÉS

Doc. 1 – **Taux de pauvreté absolu et relatif aux États-Unis (1950-2000)**

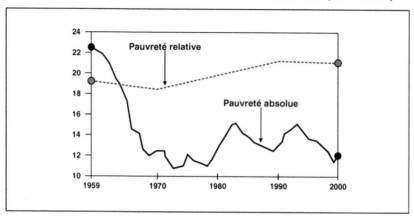

Doc. 2 – **La croissance des inégalités en France :
Évolution annuelle du revenu des ménages par décile**

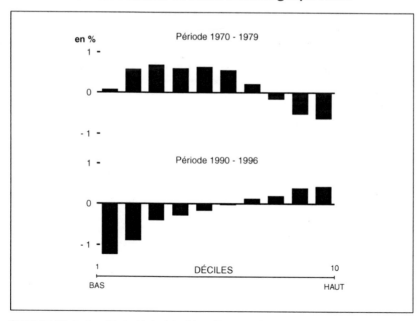

Source des documents : « Géographie des inégalités », *Alternatives économiques*, n° 189, 2001.

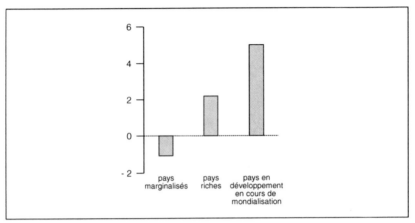

**Doc.3 – Des chemins divergents :
croissance annuelle du PIB/hab. (1990-2000)**

Source : Dollar et Kraay, 2001.

Doc. 4 – L'inégalité du monde selon P.N. Giraud

« Émergence des inégalités entre pays, réduction des inégalités sociales internes en fin de période, tel aura été – du XVIIIe siècle aux années soixante-dix de ce siècle – le double mouvement d'ensemble de l'inégalité du monde. Or depuis vingt ans, ce mouvement s'inverse. Un rattrapage des pays riches a été entamé, non seulement par les « nouveaux pays industrialisés » mais aussi par les vastes pays à bas salaire. Cependant cette réduction des écarts entre pays s'accompagne au sein des pays riches, d'une croissance des inégalités… »

P. H. Giraud, *L'inégalité du monde*, Gallimard/Folio actuel, 1996.

COMMENTAIRE

L'enrichissement du monde se fait sur un rythme sans précédent. Qui aurait misé sur les rythmes annuels de croissance de 6 à 10 % que connaissent la Chine et l'Inde ? Qui aurait dit que la Corée sous-développée qui sortait exsangue de la guerre en 1952 serait aujourd'hui un des pays industriels les plus dynamiques du monde ? Tout se passe comme si la fracture Nord-Sud se réduisait, comme si la malédiction du sous-développement allait enfin disparaître. Parallèlement, les pays développés sont aux prises avec des problèmes qu'on pensait résolus ; le paupérisme est de retour : taux de chômage supérieur à 10 %, banlieues qui tournent au ghetto où des jeunes sans emploi et sans perspectives sont menacés par la drogue et la délinquance ; et aussi ces *working poors* américains qui, bien que dotés d'un emploi, ne peuvent subvenir aux besoins essentiels de leur famille.

Quelles sont les causes de cet étonnant renversement ? Les deux termes sont-ils liés ? Et cet étonnant paradoxe rend-il bien compte de la situation réelle des inégalités dans le monde ?

Le monde pauvre qui s'enrichit : le rattrapage avéré ?

L'écart de revenu entre pays développés et tiers-monde, qui avait beaucoup crû au XIXe siècle, a encore doublé entre 1900 et 1950. De 1950 à 1970, le PIB du tiers-monde croit rapidement ; le taux annuel de 4,3 % est très supérieur à celui qu'avaient connu les pays du Nord au XIXe (1,8 %) et même durant les Trente Glorieuses (4 %). Il reste cependant que, compte tenu de la croissance démographique, le taux annuel d'augmentation du revenu par tête dans le tiers-monde n'est que de 2 %, deux fois moins que dans les pays du Nord jusqu'en 1973. Donc, l'écart entre le Nord et le Sud augmente encore : il est de 8 selon Bairoch. Ce n'est qu'après la fin des Trente Glorieuses autour de 1973, quand s'essouffle le fordisme et que se renverse le cycle que la tendance change de sens. La révolution verte améliore la situation alimentaire, les stratégies d'industrialisation portent leurs fruits, et pour les pays pétroliers, la montée de cours remplit les caisses. Il faut cependant ne pas oublier qu'en 1990 encore, les quatre Dragons du Sud-Est asiatique (Corée, Taiwan, Singapour, Hong Kong) fournissent à eux seuls 53 % des exportations industrielles du tiers-monde alors qu'ils ne comptent que pour 2 % de sa population. Depuis, la Chine, les petits Tigres d'Asie, les Pumas d'Amérique latine ont emboîté le pays et sont devenus des exportateurs actifs. Depuis dix à quinze, il paraît avéré que, dans une bonne partie des pays du tiers-monde participant à l'économie mondialisée, le revenu par tête augmente plus rapidement (5 % par an) que dans les pays riches selon les statistiques de la Banque mondiale. Ces mêmes données limitent la portée du diagnostic : dans les pays les moins « globalisés », le revenu par tête diminue !

Le retour du paupérisme

Le capitalisme a été, pour les pays avancés, une formidable machine à créer du développement et du mieux-être. Ce fut particulièrement vrai durant les Trente Glorieuses, période bénie avec un taux de chômage très bas et une progression moyenne du revenu de 5 % par an. Non seulement les revenus progressaient-ils, mais les écarts entre les pauvres et les nantis se réduisaient. Même au cours de la décennie 1970-79 en France, les revenus des ménages les moins fortunés ont continué à augmenter, alors que ceux des plus favorisés régressaient, comme le montre le document 2. De la même manière aux États-Unis, le nombre des pauvres décline jusqu'en 1973 ; tenant compte de l'enrichissement global de la société, le taux de pauvreté relative diminue, c'est-à-dire que les écarts s'amenuisent entre pauvres et riches. Le fordisme crée une immense classe moyenne à bien-être croissant.

Or après cette date aux États-Unis, le nombre de pauvres augmente de nouveau avec des pointes très marquées lors des récessions. La pauvreté relative progresse, et la situation des minorités, des Noirs surtout, se détériore. Le rapport entre les revenus du premier et du dernier décile passe de 3,1 à 4,3 en 25 ans : le rêve américain est en passe de s'évanouir. Les plus riches ont accès à des sources de revenus dont sont exclus les plus pauvres : gains boursiers, stock options... et le gouvernement Reagan leur donne encore un coup de pouce en diminuant le taux marginal d'imposition maximal sur le revenu de 70 % à 50 %. En France, l'écart continue un temps à se réduire grâce aux mesures de redistribution, à la bonification du SMIC. Mais après 1990, en France aussi la tendance s'inverse : les revenus les plus faibles diminuent alors que progressent les plus élevés. Les signes de pauvreté s'affichent de plus en plus nombreux dans les grandes agglomérations. Il est juste de dire cependant qu'aux États-Unis, l'exceptionnelle croissance économique de la période 1991-1999 s'accompagne d'une forte diminution du nombre de pauvres.

Au sein du Tiers-Monde, les situations de départ sont très variées : les sociétés d'Amérique latine sont fortement duales au contraire des sociétés asiatiques. Mais la croissance des inégalités y est très perceptible alors que s'amorce le développement : c'est dans les périodes de démarrage que s'accumulent des fortunes exceptionnelles comme se fut le cas autrefois avec les Rockefeller, les Gould, les Carnegie. Il n'est que de constater la différence de situation en Chine, entre la région côtière effervescente – Shanghai, le delta de la Rivière des Perles – et l'intérieur agricole en pleine déstructuration.

Un système de vases communicants ?

L'enrichissement des pays pauvres est-il cause de l'appauvrissement des pays riches ? C'est la nouvelle Grande Peur de l'Occident. La mondialisation et le commerce avec les pays pauvres sont pointés du doigt comme la source de la déstabilisation des sociétés industrialisées. L'Américain R. Perot a tenté de mobiliser ses compatriotes contre la signature de l'ALENA, en le représentant comme un immense aspirateur à emplois au profit des travailleurs à bas salaires du Mexique.

Il y a naturellement une part de vérité dans ce diagnostic. Chacun peut mesurer la désindustrialisation partielle qui accompagne le transfert des industries à bas salaires vers les pays en développement : textile, habillement, chaussure, assemblage électronique. La globalisation des grandes entreprises repose sur la mobilisation des conditions de production les plus favorables, à l'île Maurice, en Tunisie ou en Pologne. Le rapport Arthuis a chiffré à 300 000 en nombre d'emplois perdus en raison des délocalisations. Un rapport de 2001 de la Caisse des Dépôts laisse entrevoir la possibilité d'une nouvelle vague de délocalisations. Aux États-Unis, la célèbre firme de jeans Levi's qui avait persisté à fabriquer aux États-Unis vient de décider le transfert de toute sa production vers les pays à bas salaires.

Il n'est pas sérieux cependant d'attribuer toutes les perturbations des sociétés occidentales au commerce avec des pays qui ne génèrent qu'une infime fraction des biens et des richesses du monde. La mondialisation dont les effets pervers sont évidents ne peut être tenue pour seule et même pour principale responsable. Il faut prendre en compte les transformations profondes du capitalisme ; la révolution informatique et la démocratisation de l'enseignement qui l'accompagnent modifient la nature du travail. La professionnalisation des tâches et le recours généralisé à la sous-traitance marginalisent les travailleurs non qualifiés. Les nouvelles technologies – automatisation, robotisation – sonnent le glas pour les emplois non qualifiés : c'est la signification profonde de la fin du taylorisme qui, aux États-Unis a été si préjudiciable aux Noirs en particulier qui formaient une partie importante des effectifs dans les usines d'assemblage. Il va de soi que la mondialisation accentue la tendance : le transfert des fabrications non qualifiées vers les pays en développement s'accompagne d'une spécialisation dans les emplois riches en compétences dans les pays avancés. La recherche de flexibilité et des bas coûts conduisent les entreprises globalisées à privilégier cette spécialisation des tâches de la « Toute nouvelle division internationale du travail ».

Les transformations contemporaines du capitalisme engendrent une montée des inégalités au sein de chaque société ; les producteurs d'idées, les « manipulateurs de symboles », comme les nomme R. Reich, sont par définition compétitifs. Leurs services sont recherchés par les entreprises qui leur offrent salaires élevés et avantages multiples. À l'opposé, les travailleurs routiniers, sans qualification particulière sont très exposés, vulnérables à la concurrence des travailleurs des pays à bas salaires ; ils sont attachés aux tâches répétitives dans des secteurs en perte de vitesse sujets à une éventuelle délocalisation. La fracture sociale sépare les « branchés » et les « exclus ». Ces inégalités ne peuvent être réduites par de simples paiements de transfert ; l'enjeu est dans l'accès au savoir et donc le remède dans l'éducation, la formation. Car la montée des inégalités est susceptible de rompre le lien social : déjà aux États-Unis, alors que les pauvres sont confinés aux ghettos, les riches se murent dans des *gated communities* qui sont porteuses d'une logique de « sécession civique » (R. Reich).

Les pays les moins avancés à la dérive

L'idée que le fossé se comble entre les pays riches et les pays pauvres ne se vérifie pas dans tous les cas ; la Banque mondiale est une fervente avocate de « l'intégration globale qui est une puissance force de réduction de la pauvreté » : la globalisation réduirait la pauvreté parce que les économies intégrées tendent à croître plus vite et que cette croissance se diffuse rapidement ; trois milliards de gens vivent dans une économie qui croît un rythme annuel de 5 % au cours de la dernière décennie. Depuis 1980, le nombre de pauvres a globalement diminué de 200 millions. La Banque mondiale reconnaît que « la globalisation réduit la pauvreté, mais pas partout ». Les pays sous-développés qui n'ont pas pris le train de la mondialisation sont de plus en plus marginalisés : ce qui représente deux milliards d'individus dont le revenu par habitant a baissé de 1 % par an en moyenne entre 1990 et 2000.

L'ONU a reconnu la situation douloureuse des 49 pays les moins avancés (revenu par habitant inférieur à 900 dollars, fort analphabétisme, vulnérabilité économique). C'est surtout en Afrique que se concentrent ces pays où persiste la faim et sévit l'épidémie de SIDA. Les guerres oubliées et la corruption ajoutent au fardeau de la dette. Ces pays n'exportent qu'une gamme étroite de matières premières vulnérables à la variation des cours. Ils n'ont pas les moyens de l'industrialisation qui leur permettrait de profiter des échanges mondiaux. Leurs exportations agricoles se heurtent aux barrières protectionnistes des pays riches qui, en revanche, submergent les marchés des pays pauvres avec leurs produits subventionnés qui ruinent les exploitations locales. La libéralisation biaisée est le pire fléau de la mondialisation et le premier obstacle à la disparition du fossé Nord-Sud. La fracture numérique (40 % des ménages américains sont branchés, 0,02 % en Afrique, et seulement dans les métropoles) ajoute encore au problème alors que le savoir est la clé du développement.

Conclusion

Nous vivons le « nouvel âge de l'inégalité ». Une majorité des pays en développement comblent leur retard sur les pays riches alors qu'au sein de ceux-ci les écarts s'accentuent entre les plus riches et les plus pauvres. Les transformations du capitalisme contemporain rendent compte de ce renversement que la mondialisation accentue. Les périodes de changement rapide broyent les couches sociales et les individus qui n'arrivent pas à s'adapter. C'est le défi de la lutte contre une double exclusion : les laissés-pour-compte des sociétés avancées et les deux milliards d'individus du tiers-monde marginalisés par la mondialisation.

NARCOTRAFICS ET NARCOÉCONOMIE

Doc. 1 – Géographie de la drogue

Source : *Le monde diplomatique*, octobre 1989.

COMMENTAIRE

La drogue était d'usage fréquent dans les sociétés traditionnelles et les cérémonies rituelles (plantes sacrées). L'ouverture du monde a fait entrevoir le potentiel d'un commerce profitable : la Guerre de l'opium et l'intrusion de l'Occident en Chine (1839) en sont une première manifestation. Les progrès de la chimie et la mondialisation ont transformé des substances en marchandises, génératrices de plantureux profits. La mondialisation des échanges s'accompagne de la mondialisation des trafics illicites qui font la prospérité d'un Antimonde qui étend ses tentacules sur toute la planète. Le trafic de drogue produit plus de la moitié des revenus frauduleux qui dépassent probablement 1 000 milliards de dollars. La drogue engendre une véritable narcoéconomie qui s'est installée dans le tissu conjonctif des sociétés contemporaines.

Les grandes zones de production

La culture du cannabis est répandue sur tous les continents ; les plants sont dissimulés entre les rangées de maïs du Kentucky, de cacao du Cameroun ou dans les sous-sols des pavillons de banlieue en Amérique du Nord. En revanche, la production de l'opium et de la coca est beaucoup plus concentrée ; trois grandes régions fournissent la plus grande partie des approvisionnements.

Le Moyen-Orient, du Népal à la Bekaa libanaise,

Ces régions produisent 4 000 tonnes d'opium. Les quantités produites comme la répartition des cultures varient beaucoup en fonction des conjonctures. En Iran, traditionnel fournisseur, elles sont été éradiquées après la révolution islamique. La culture du pavot est également traditionnelle en Afghanistan où elle donne de forts rendements. Les trois grandes zones de culture, le Helmand, le Nangahar et le Kandahar ont subi les avatars des affrontements entre les talibans et leurs adversaires ; tous en tiraient profit. En 1999-2000, les talibans ont banni la culture de pavot ; elle a repris de plus belle en 2002.

L'Asie du Sud-Est

L'Asie du Sud-Est, surtout le Triangle d'Or, fournit des quantités comparables d'opium. Le Triangle d'Or désigne cette région à cheval sur les frontières du Myanmar (Birmanie), de la Thaïlande, du Laos, de la Chine et du Vietnam. C'est une région montagneuse, peuplée de minorités ethniques, qui échappe souvent un contrôle des autorités centrales. La plus grande part des 200 000 hectares en culture se trouvent dans la partie birmane.

L'Amérique latine

250 000 tonnes de coca sont produites au Pérou, en Équateur, Colombie et Bolivie et 80 % transformées en cocaïne en Colombie (500 tonnes). Le Pérou était le plus gros fournisseur ; sur le piedmont andin, et malgré la proximité du marché de Lima, les cultures traditionnelles (riz, café, agrumes) avaient régressé devant la production de coca, plus lucrative et

encouragée par la guérilla ; au moins 100 000 hectares y étaient dévolus dans le haut Huallaga. La production a beaucoup régressé moins du fait de l'action des autorités qu'en conséquence d'un changement de stratégie d'approvisionnement des cartels colombiens qui ont privilégié leur pays. En Colombie également les autorités avec l'aide des États-Unis ont entrepris d'éradiquer les cultures (épandages, fumigations, etc.). Leurs efforts, comme ceux du PNUCID (Programme des Nations unies pour le contrôle des drogues) pour favoriser les cultures de substitution, donnent des résultats incertains.

Les filières

Si, régionalement, leur impact peut être fort repérable à la vitesse du déboisement, les cultures de drogues ne couvrent pas plus de 1,5 million d'hectares. Les réseaux de distribution, au contraire, enferment la planète dans un filet aux mailles serrées. Les grands trafiquants constituent le maillon fort de la chaîne. Le trafic de la cocaïne repose sur une structure très intégrée qui contrôle les trois quarts du marché mondial ; les cartels de Medellin, de Cali, etc., sont assez puissants pour mobiliser les moyens électroniques de communication et de surveillance et les vecteurs les plus modernes (au point d'avoir voulu acheter un sous-marin russe). La mafia turque domine la transformation de l'opium du Croissant d'Or en héroïne et son cheminement vers l'Europe. La moitié de l'héroïne issue de l'opium du Triangle d'Or est contrôlée par Khum Sha et la Shan United Army qui alimentent la filière chinoise par Hong Kong et Macao. Le transit vers les marchés d'Europe et d'Amérique emprunte les voies et les moyens les plus divers : des classiques containers aux multiples et humbles passeurs, « fourmis », « mules », noyés dans les hordes de voyageurs internationaux. Les voies privilégiées ou les plaques tournantes changent en fonction des opportunités ou des succès des organisations de lutte contre la drogue. Depuis quinze ans, l'Afrique est devenue le support de nombreux réseaux de transit constitués, en particulier, par la mafia nigériane. Sur les marchés de consommation, les mafias locales assurent la distribution par un réseau de « dealers », rabatteurs, revendeurs qui font commerce sur les trottoirs, dans les stations de métro, les cités de banlieues…

L'impact de la narcoéconomie

Le nombre des acteurs, tout autant que l'ampleur du chiffre d'affaires, confèrent à la narcoéconomie une étendue et une vitalité considérables. Ses retombées sont très inégalement distribuées. Les paysans boliviens du Chaparé (peut être 100 000) ne touchent que quelques dollars pour un kilo de coca ; ils peuvent gagner cinq dollars par nuit pour fouler un mélange de feuilles de coca et de kérosène qui donne la pâte à 50 dollars le kilo.

La cocaïne vendue 5 000 dollars en Bolivie en vaut 25 000 à New York et, diluée et détaillée, elle rapporte 125 000. De la même manière, les montagnards laotiens, payant avec l'opium leurs dettes aux marchands chinois, gagnent moins de 500 dollars par famille, alors que le kilo d'héroïne, détaillé et allongé, en vaut 250 000 aux États-Unis. Mais pour des régions entières, la culture de l'opium ou de la coca fait vivre la majorité de la population ; un demi-million d'emplois sont liés à la drogue en Bolivie, qui fait peut-être 6 % du PIB. Les cartels empochent la plus grande part des profits, mais le boom de l'économie de Medellin montre qu'ils percolent dans toute la société. L'incitation à la culture de la drogue est d'autant plus forte que les alternatives sont peu attrayantes : une tonne de café colombien permettait d'acheter 37 tonnes d'engrais aux États-Unis en 1960 et seulement 10, trente ans plus tard. Dans l'Afghanistan dévasté de 2002, la culture du pavot a vite repris car elle assurera dix fois plus de revenus que les cultures vivrières. Les paysans boliviens crient misère depuis que l'armée, financée par la DEA américaine, a entrepris l'éradication des 40 000 hectares de coca dans la vallée du Chaparé. Autre incitation à la culture : elle finance les conflits locaux et les achats d'armes, de la Bekaa au Triangle d'Or ; même les mouvements révolutionnaires comme le Sentier Lumineux péruvien et le Parti Communiste birman n'y ont pas résisté.

Dans les dernières décennies, les drogues chimiques ont envahi le marché ; à l'origine, moins contrôlées par le crime organisé, elles sont rapidement prises en main, ainsi le trafic d'ecstasy. Les techniques de distribution se sont améliorées, les saisies sont moins nombreuses : en témoigne le prix de détail qui a baissé de moitié aux États-Unis en quinze ans. Ce bilan et les rouages de la drogue dans le tissu social ont poussé *The Economist* à proposer la légalisation de la drogue. Cette vue libérale, fondée sur la philosophie de la responsabilité individuelle de S. Mill, ne manque pas d'arguments : c'est le caractère illicite qui génère les formidables profits enrichissant le crime organisé et provoque la violence, tout comme la prohibition de l'alcool après 1920 avait fait la fortune des mafias et des bootleggers de tous poils et empoisonné la société américaine. Considérer que la drogue n'est qu'un produit parmi d'autres – tabac, alcool – est loin de rallier une majorité de suffrages.

REPÈRES
ET
OUTILS

QUATRE MODÈLES DU MONDE

Pour rendre intelligible la genèse et la dynamique du système-monde, ils décrivent « quatre manières dont les groupes humains des différents lieux entrent en relations entre eux » (*in* M. J. Durand, J. Lévy, D. Retaillé, 1993) ; ces quatre manières existent simultanément, mais leur contribution relative à l'explication du monde varie dans le temps.

Ensemble de mondes

Pendant des millénaires, les hommes ont été éparpillés sur la planète comme les îlots d'un archipel, entre lesquelles distances métrique et culturelle interdisaient ou limitaient les relations et biaisaient les perceptions.

Champ de forces

La mise en relation des groupes humains s'est accompagnée de la mise en place d'organismes territoriaux, les États, couvrant la planète d'un pavage géopolitique : l'ordre international s'impose entre 1600 et 1950.

Réseau hiérarchisé

L'univers des marchands est celui de la transaction dont les réseaux gagnent l'ensemble de la planète. Les entreprises en voie de globalisation incarnent cet ordre transnational qui fait des États des acteurs parmi d'autres.

Société-monde

L'abolition des distances, la multiplication des communications, des contacts entre gens, pays et cultures tissent des liens de plus en plus serrés. Font-ils du monde une société ? Comme le rappelle Lévy, il n'y a rien de linéaire et d'inéluctable dans « ce passage du local au global, du prédatif au productif, du social au sociétal »… et dans l'avènement d'une société-monde.

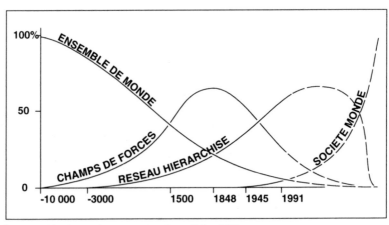

Source : J. Lévy, *Le monde, espaces et systèmes*, Dalloz, 1990.

LA DIFFUSION SPATIALE

Processus capital dans la formation du système-monde, la diffusion spatiale permet de comprendre comment se répandent les gens, les produits, les idées, les innovations. À partir d'un centre d'émission, la propagation se fait de proche en proche par contagion, en tache d'huile (adoption d'une idée) ou par migration (un front pionnier). Elle peut se faire par saut (percolation à travers les étages de la hiérarchie urbaine), par délocalisation (le maïs américain arrivé en Europe au XVIᵉ siècle). La diffusion peut rencontrer des barrières – physiques (océan, montagne), sociales, culturelles, politiques – qui l'arrêtent ou la retardent.

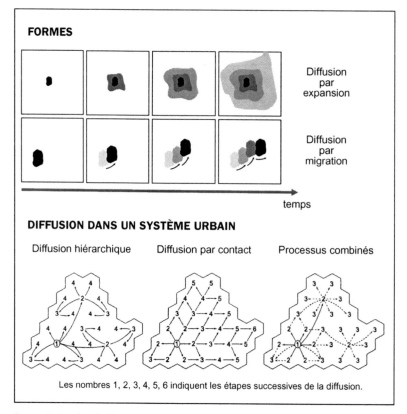

FORMES

Diffusion par expansion

Diffusion par migration

temps

DIFFUSION DANS UN SYSTÈME URBAIN

Diffusion hiérarchique   Diffusion par contact   Processus combinés

Les nombres 1, 2, 3, 4, 5, 6 indiquent les étapes successives de la diffusion.

Source : D. Pumain et Th. Saint-Julien, *Les interactions spatiales*, Armand Colin, 2001.

GRAPHIQUE TRIANGULAIRE ET STRUCTURE DE L'EMPLOI

Le graphique triangulaire permet de traiter tout phénomène décrit par trois composantes dont la somme est 100 %. La répartition de l'emploi (100 %) en trois secteurs : primaire, secondaire et tertiaire est aisément visualisée à l'aide du graphique triangulaire. La position d'un pays renvoie à ses coordonnées sur chaque côté du triangle, en l'espèce le pourcentage de la population employée dans chacun des secteurs.

En disposant de données historiques, on reconstitue l'évolution des structures nationales d'emploi. Le graphique ci-dessus montre l'industrialisation très précoce du Royaume-Uni, plus tardive en Allemagne et en France et leur tertiarisation contemporaine très marquée. À l'industrialisation récente et fulgurante de la Corée s'oppose la persistance de l'économie des ressources dans un pays comme la Tanzanie.

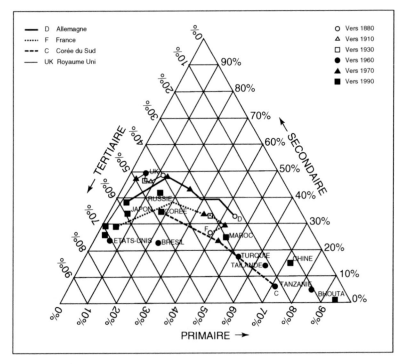

D'après Ch. Vandermotten.

L'INDICE DE DÉVELOPPEMENT HUMAIN (IDH)

Pour représenter la répartition de la richesse et les inégalités dans le monde, on utilise généralement le PIB ou le PNB par habitant, soit en valeur brute, soit en tenant compte des différences de coût de la vie : on parle alors de produit par habitant, par exemple en dollars, à parité de pouvoir d'achat.

Toutefois, ce sont des données qui privilégient la production ; elles ne disent rien de la consommation, des inégalités internes, du bien être, de la qualité de vie des gens.

Pour pallier ces carences, les Nations unies ont proposé un indice composite, intégrant d'autres dimensions que le revenu. C'est l'indice de développement humain. D'une valeur de 0 à 100, il est la moyenne de trois variables, elles-mêmes exprimées sur une échelle de 0 à 100 :
– le produit intérieur but par habitant (à parité de pouvoir d'achat) ;
– l'espérance de vie ;
– le taux d'alphabétisation.

La comparaison du classement des pays selon le produit et l'indice de développement montre des différences substantielles. Les trois pays qui ont le plus fort indice de développement humain, la Norvège, l'Australie et le Canada n'occupent respectivement, en termes de revenu, que les troisième, douzième et sixième rangs. Les écarts sont beaucoup plus substantiels dans le groupe des pays en développement : le Vietnam et le Pakistan ont le même revenu par tête, mais l'IDH du Vietnam (0,68) est très supérieur à celui du Pakistan (0,49).

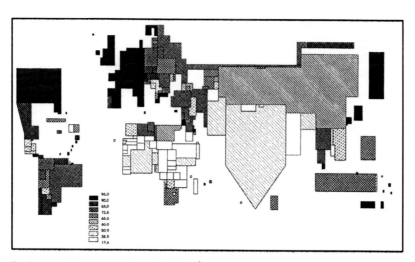

Représentation proportionnelle à la population des États.

LA MESURE DE LA TRANSNATIONALISATION DES ÉCONOMIES

Divers indices tentent de cerner la pénétration des économies nationales par les phénomènes de mondialisation. L'indice de transnationalisation utilisé par la CNUCED est la moyenne de quatre pourcentages (l'indice est compris entre 0 et 100) :
– le rapport de l'entrée d'IDE (investissement direct étranger) et la formation brute de capital fixe sur trois ans (ici 1997-98-99) ;
– le rapport du stock d'IDE au PNB ;
– le rapport entre la valeur ajoutée par les filiales étrangères et le PNB ;
– le rapport entre l'emploi des filiales étrangères et l'emploi total.
Le graphique ci-dessous montre un indice moyen de 15 pour les pays développés (l'effet de taille est évident : l'indice est plus élevé dans les petits pays), de 18 pour les pays en développement. On notera la rapide pénétration des pays d'Europe centrale et orientale (PECO).
D'autres indices, plus complexes, intègrent des variables plus diverses. Ainsi l'indice A. T. Kearney combine aux données d'intégration économique de la CNUCED des mesures de contacts personnels internationaux (voyages, appels téléphoniques, …), d'équipement Internet et d'engagement politique (représentations diplomatiques, participations aux agences de l'ONU…), (cf. *Foreign Policy Magazine*, janvier 2002).

Indice de transnationalisation

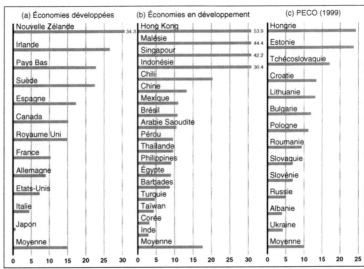

Source : CNUCED.

MESURES DE DISTRIBUTION :
LA COURBE DE LORENZ

La courbe de Lorenz permet de mesurer la façon plus ou moins inégale avec laquelle se distribue un phénomène. Le graphique ci-dessous représente la distribution du revenu dans la population ; la diagonale du graphique correspond à une situation d'équirépartition. Plus la courbe s'éloigne de la diagonale, plus les inégalités sont considérables : c'est le cas du Brésil où 20 % de la population ne dispose que de 4 % des revenus, tandis que le décile des plus riches en accapare 35 %. Le graphique montre qu'aux Pays-Bas, la répartition est plus équitable et que l'équité s'est renforcée durant l'après-guerre.

On peut calculer un indice d'inégalité, ou indice de Gini, qui rapporte la superficie comprise entre la courbe et la diagonale à la superficie du demi-carré. Il est compris entre 0 (égalité parfaite) et 1 000 (inégalité absolue).

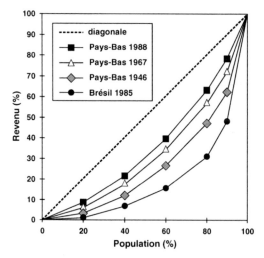

Source : C. Vandermotten, *La production des espaces économiques*, Presses de l'université de Bruxelles, 1998.

LES GRANDES VILLES

La croissance des grandes villes (1900-1975-2000) (suite)

Villes	Population (milliers)			Croissance annuelle (%)		
	1950	1975	2000[1]	1950-1955	1970-1975	1980-1985
Mexico	3 050	11 610	26 820	5,26	4,81	3,58
Tokyo	6 736	17 668	24 172	4,86	1,52	1,26
São Paulo	2 780	10 290	23 970	5,73	4,50	4,28
Calcutta	4 520	8 250	16 530	2,05	2,96	2,76
Bombay	2 950	7 170	16 000	3,29	3,63	3,32
New York	12 410	15 940	15 780	1,36	– 0,43	0,04
Séoul	1 113	8 950	13 770	6,67	4,99	3,88
Rio de Janeiro	3 480	8 150	13 260	3,86	2,55	2,37
Shanghai	10 240	11 590	13 260	0,38	0,32	0,36
Jakarta	1 820	5 530	13 250	4,14	4,20	3,52
Delhi	1 410	4 630	13 240	4,89	4,84	4,61
Buenos Aires	5 251	9 290	13 180	2,91	1,66	– 1,66
Karachi	1 040	4 030	12 000	6,48	4,98	5,20
Téhéran	1 128	4 267	11 329	8,52	5,78	5,33
Beijing	6 740	8 910	11 170	0,85	1,44	0,43
Dhaka	430	2 350	11 160	4,02	8,42	7,25
Caire	3 600	8 250	11 130	2,46	1,87	2,15
Baghdad	670	3 830	11 125	4,35	5,10	4,23
Osaka	3 626	8 648	11 109	4,22	0,88	1,82
Manille	1 670	6 040	11 070	3,83	8,70	3,30
Los Angeles	4 070	8 960	10 990	4,83	1,22	1,05
Bangkok	1 440	4 050	10 710	4,18	4,30	4,05
Londres	10 369	10 310	10 510	0,19	– 0,54	0,10
Moscou	4 841	7 600	10 400	2,68	1,44	1,79

Tianjin	6,450	7,430	9,700	1,07	1,56	0,63
Lima	1,050	3,700	9,140	5,01	4,71	4,26
Paris	6,626	8,620	8,720	2,59	0,66	0,04
Lagos	360	2,100	8,340	6,60	7,51	5,34
Milan	3,637	6,150	8,150	2,05	2,18	1,41
Madras	1,420	3,770	8,150	1,92	3,81	3,11

[1] estimations
D'après, *Third World Cities*, 1993.

Hiérarchie des villes millionnaires (1900-1950-2000)

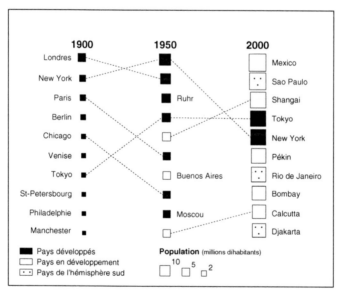

Source : R. Brunet, « Mondes nouveaux », *Géographie universelle*, Hachette-Reclus, 1990.

La localisation des sièges sociaux

Rang	Métropoles	Sièges sociaux	Rang	Métropoles	Sièges sociaux
1	Tokyo	74	10	Toronto	7
2	New York	30	10	Zurich	7
3	London	26	13	Los Angeles	6
4	Paris	25	13	Madrid	6
5	Osaka	15	13	Chicago	6
6	Beijing	12	16	Dallas	4
7	Houston	11	16	Francfurt	4
8	Atlanta	8	16	Milan	4
8	Seoul	8	16	San Francisco	4
10	Munich	7	16	Stockholm	4

Source : *Fortune*, 2002.

PALMARÈS DES ÉTATS INDUSTRIELS EN 1995

Rang	Pays	Valeur ajoutée (en millions de dollars)	% du total mondial	L'industrie en % du PNB	
		1990		1965	1995
1	États-Unis	1 192 843	22,9 %	29	18
2	Japon	867 160	16,7 %	32	26
3	Allemagne	509 002	9,8 %		29
4	Chine	285 700	5,5 %		38
5	Italie	267 456	5,1 %		21
6	France	254 160	4,9 %		19
7	Royaume-Uni	204 491	3,9 %	30	18
8	Espagne	121 881	2,3 %	25	21
9	Corée du Sud	109 785	2,1 %	18	26
10	Canada	99 070	1,9 %	23	16
11	Russie	84 097	1,6 %		21
12	Brésil	78 241	1,5 %	26	21
13	Pays-Bas	56 422	1,1 %		18
14	Suède	52 270	1,0 %	28	22
15	Australie	51 647	1,0 %	28	14
16	Argentine	49 099	0,9 %	33	21
17	Belgique	45 096	0,9 %	30	23
18	Autriche	44 116	0,8 %	33	21
19	Mexique	41 872	0,8 %	21	18

Source : ONUDI, 2000.

BIBLIOGRAPHIE

ADDA J., *La mondialisation de l'économie*, La Découverte, 2 vol., 4ᵉ édition, 2001

ASCHER F., *Métapolis ou l'avenir des villes*, Odile Jacob, 1995.

BADIE B., *La fin des territoires*, Fayard, 1995.

BAIROCH P., *Mythes et paradoxes de l'histoire économique*, La Découverte, 1999.

BENKO G., LIPIETZ A., *La richesse des régions*, PUF, 2000.

BEAUD M., *Le basculement du monde*, La Découverte, 2ᵉ édition, 2000.

BONIFACE P., *Les leçons du 11 septembre*, PUF, 2001.

BRAUDEL F., *Civilisation, économie et capitalisme, XVᵉ-XVIIIᵉ siècle*, Librairie Générale française, 1993.

BRUNET R., DOLLFUS O. *,Géographie universelle*, vol. 1. *Mondes nouveaux*, Belin-Reclus, 1994.

BRUNET, R., *Atlas mondial des zones franches et paradis fiscaux*, Fayard-Reclus, 1986.

CARROUÉ L., *Géographie de la mondialisation*, Armand Colin, 2002.

CASTELLS M., *La société en réseaux*, 3 vol., Fayard, 2ᵉ édition, 2001.

CASTELLS M., HALL P., *Technopoles of the world*, Routledge, 1994.

CHAPUIS R., *Les quatre mondes du Tiers Monde*, Armand Colin, 2ᵉ édition, 1997

CHESNAIS F., *La mondialisation du capital*, Syros, 1997.

CLAVAL P., *Géopolitique et géostratégie*, Nathan, 2ᵉ édition, 1996.

COHEN D., *Richesse du monde, pauvreté des nations*, Flammarion, 1997.

COHEN E., *L'ordre économique mondial*, Fayard, 2001.

DICKEN P., *Global shift*, Guilford Press, 3ᵉ édition, 1998.

DOLLFUS O., *La mondialisation*, Presses de Sciences Po, 2ᵉ édition, 2001.

DURAND M.F., LÉVY J., RETAILLÉ D., *Le monde, espaces et systèmes*, Dalloz, 1993.

FUKUYAMA F., *La fin de l'histoire et le dernier homme*, Flammarion, 1992.

GEORGE P., *L'URSS*, Armand Colin, 1947.

GHORRA GOBIN C., *Los Angeles, le mythe américain inachevé*, CRNS Éditions, 2002.

GIRAUD P.-N., *L'inégalité du monde*, Gallimard, coll « Folio actuel », 1996.

GUGLIELMO R., *Les grandes métropoles du monde et leur crise*, Armand Colin, 1996.

HEISBOURG F., *Hyperterrorisme : la nouvelle guerre*, Odile Jacob, 2002.

HUNTINGTON S., *Le choc des civilisations*, Odile Jacob, 2002.

IFRI, *Ramsès*, Dunod, annuel.

KNOX P., AGNEW J., *The geography of the world economy*, Arnold, 3ᵉ édition, 1998.

KRUGMAN P., *La mondialisation n'est pas coupable*, La Découverte, 1998.

LACOSTE Y., *Dictionnaire de géopolitique*, Flammarion, 1995.

LACOSTE, Y. *Géographie du sous-développement : géopolitique d'une crise*, PUF, 4ᵉ édition, 1989.

LANDES D., *Richesse et pauvreté des nations*, Albin Michel, 1998.

LASSERRE F., GONON E., *Espaces et enjeux*, L'Harmattan, 2001.

MADDISON A., *L'économie mondiale, une perspective millénaire*, OCDE, 2001.

MICHALET Ch., *La séduction des nations*, Économica, 1999.

MINC, A., *www.capitalisme.fr*, Grasset, 2000.

MOREAU DEFARGES Ph., *La mondialisation*, PUF, coll. « Que sais-je ? », 4ᵉ édition, 2002.

ONU, *World Development Report*, United Nations, 2001.

PASSET R., *Éloge du mondialisme*, Fayard, 2001.

PAULET J.-P., *La mondialisation*, Armand Colin, coll. « Synthèse », 2ᵉ édition, 2002

REICH R., *The work of nations*, Vintage Books, 1992.

SASSEN S., *La ville globale : New York, Londres, Tokyo*, Descartes, 1996.

SIMON G., *Géodynamique des migrations internationales dans le monde*, PUF, 1995.

TAYLOR P., *Political Geography*, Longman, 1985.

UNDP, *Human Development Report*, United Nations Development Program, Oxford University Press, 2001.

VANDERMOTTEM, Ch., MARISSAL, P. *La production des espaces économiques*. Éditions Université Libre de Bruxelles, 1998

VELTZ P. *Le nouveau monde industriel*, Gallimard, 2000.

WARNIER J.-P., *La mondialisation de la culture*, La Découverte, 1999.

WORLD BANK, *Globalization, growth and poverty*, Oxford, University Press, 2002.

INDEX

A

Agriculture productiviste, 77
ALENA, 93, 94, 143, 165, 170
Alliance stratégique, 61
ANSEA, 95
Antimonde, 110
Attractivité, 105
Avantage comparatif, 107

B

Bandoung, 28
Banque mondiale, 54, 55, 108, 117

C

Capitalisme patrimonial, 57, 151
Centre, 48, 49, 74, 75
Centre et périphérie, 32
Champ de forces, 7
Chute des Murs, 26, 65, 127
Coexistence pacifique, 25
Commerce international, 67
Compétitivité, 101, 102, 105
Concurrence des territoires, 59
Conflit commercial, 105
Contraction de l'espace-temps, 37
Courbe d'apprentissage, 33, 45, 83
Cycle, 141
Cycle du produit, 50

D

Décollage économique, 30
Décolonisation, 27
Délocalisation, 51, 59, 74, 107, 163, 164, 170, 171
Diaspora, 71, 157, 158, 160
Diffusion spatiale, 179
District industriel, 79, 83
Division internationale du travail (DIT), 48
Droit d'ingérence, 100

E

Échange inégal, 32

Économie-monde, 12, 13
Empire-monde, 12
Ensemble de mondes, 7
Entreprise globale, 51, 52, 146
Entreprise transnationale, 7
Espace
 – des flux, 70
 – des lieux, 70
 – industriel, 73, 78
 – productif, 73
Est-Ouest, 21, 24
État développeur, 82, 98
État-nation, 14, 18, 92, 97, 100, 110, 121, 160
État-providence, 98, 102
Eurodollar, 54

F

Filiale-relais, 51, 143
Filiales-ateliers, 51, 143
Firme transnationale, 47
Flexibilité, 51, 58, 81, 86, 155
FMI *voir* Fonds monétaire international
Fondamentalisme, 121
Fonds monétaire international, 5, 23, 54, 55, 108
Fordisme, 24, 79, 149, 169
Fuite des cerveaux, 69
Fusion-acquisition, 60, 85, 152, 153

G

GATT, 39, 93
Géoéconomie, 105
Géographie des échanges, 40
Géopolitique, 24, 119, 123, 133, 135, 137
Globalisation, 48, 109, 127, 163, 170
 – de la production, 43, 52
 – des services, 47
 – financière, 52, 57
Glocalisation, 51
Guerre froide, 23, 27, 79, 125

H

Hyperbourgeoisie mondialisée, 70
Hyperterrorisme, 126

I

IDE, 47, 74, 83, 97, 114, 182
Identité, 99, 111, 119, 120, 126, 159, 161
Indice
 – de développement humain, 29
 – de transnationalisation, 144, 146, 182
Industrialisation, 33
Industrie exportatrice, 33
Inégalité, 106, 108, 167
Innovation, 15, 17, 24, 26, 78
Intégration régionale, 93
Internationalisation, 48, 49, 50
Investissement direct étranger (IDE), 45
Islamisme, 122, 125

L

Libéralisation, 58, 153, 172
Libéralisme, 38
Libération des échanges, 16, 42
Libre-échange, 17, 38, 93
Local, 7, 92, 101, 120

M

Maquiladoras, 95, 162, 163
Mercantilisme, 37
Mercosur, 93
Métropole, 86
Métropolisation, 85
Migration internationale, 160
Mobilité, 64
Modèle socialiste, 22
Monde
 – bipolaire, 23, 26, 27
 – polynucléaire, 24
Mondialisation, 5, 6, 153, 158, 170, 174
 – culturelle, 61
 – des échanges, 36

Multilatéralisme, 39
Multinationale, 48, 49, 50, 51, 80

N

Narcoéconomie, 173, 174, 175
Nationalisme, 15, 120
NDIT *voir* Nouvelle division internationale du travail
Non-alignement, 28
Nord-Sud, 27, 74, 110, 168, 172
Nouveaux pays industrialisés *voir* NPI
Nouvel ordre mondial, 27, 119, 123, 124
Nouvelle division internationale du travail (NDIT), 48, 49
NPI, 47, 50, 80, 81, 82, 108, 113

O

OCDE, 24, 93
Oligopole mondial, 42, 59, 60, 88, 153, 156
OMC, 99, 106, 108
ONU, 123
OPEP, 54
Organisation des Nations unies, 23
Organisation des règlements des différends (ORD), 39
Organisation mondiale du commerce (OMC), 39

P

PAC européenne, 77

Paradis fiscal, 73, 80, 81
Paradoxe agricole, 75
Partage du monde, 16, 18
Partitions du monde, 20
Pays moins avancés *voir* PMA
Pays sous-développés, 27
Périphérie, 13, 48, 49, 74, 75
PMA, 114
Politique agricole commune (PAC), 76, 96
Population transnationale, 69, 157
Premier partage du monde, 13
Première mondialisation, 16
Produit, 141
Protectionnisme, 38, 39, 76, 77, 110

R

Région, 100
Régionalisation du monde, 93
Réseau, 37, 60, 82, 97, 99, 110, 126, 159
– hiérarchisé, 7
Révolution industrielle, 15, 16, 33, 44, 50
Révolution verte, 32

S

Société-monde, 7, 129
Sous-développement, 28, 32, 114, 168
Souveraineté, 101
Spécialisation spatiale, 38
Stratégie de substitution aux importations, 81

Substitution aux importations, 33
Système
– migratoire mondial, 65, 66
– productif, 85, 145
– monde, 7, 11, 41, 81, 85, 104, 113

T

Technopole, 78, 79
Territoire, 7, 71, 80, 92, 97, 99, 110, 111, 120, 126
Théorie, 67
– du commerce international, 37, 42
Tiers-monde, 27, 28, 33, 45, 72, 76, 137, 169
Tourisme, 33
Toute nouvelle division internationale du travail, 73, 74, 171
Transition démographique, 30, 82
Transnational, 7, 46, 120, 140, 142, 144
Transnationalisation, 70, 71, 160, 182
Triade, 41, 42, 45, 60, 66, 74, 88

U

Union européenne, 93, 95, 121, 143, 160

V

Ville globale, 87

Z

ZLEA, 94
Zone franche, 73, 80, 82, 163

11017183- (VIII) - (0,35) - BSB 90° - NOC - BTT

Imprimé en France par JOUVE

53100 Mayenne

N° 618688N - Dépot légal : août 2011